UNIVERSALE
ECONOMICA
FELTRINELLI / CLASSICI

Daniele Del Giudice (1949), docente e scrittore, ha pubblicato *Lo stadio di Wimbledon* (1983), *Atlante occidentale* (1985), *Nel museo di Reims* (1988), *Staccando l'ombra da terra* (1994), *Mania* (1997), *I-TIGI Canto per Ustica* (con Marco Paolini; 2001), *Orizzonte mobile* (2009), *In questa luce* (2013), *I racconti* (2016). Per i "Classici" Feltrinelli ha introdotto anche *Senilità* (1991) di Svevo.

Mario Ajazzi Mancini, psicologo, psicoterapeuta e traduttore, si occupa di psicanalisi, di teoria della letteratura e di traduzione con riguardo all'opera di Freud e alla lirica tedesca. Svolge attività clinica e didattica presso la Società di psicoterapia comparata. Ha curato *Allegorie della critica* (Liguori, 1987), *Il verbario dell'Uomo dei lupi di Nicolas Abraham e Maria Torok* (Liguori, 1992) e *Sonetti a Orfeo* di Rilke (Newton Compton, 1997), è autore di *Tra Jung e Freud* (assieme a Paolo Orvieto, Le Lettere, 1991) e di *A Nord del futuro. Scritture attorno a Paul Celan* (Clinamen, 2009). Per i "Classici" Feltrinelli ha curato di Sigmund Freud anche *L'uomo dei lupi* (1994).

Michela Marcacci è laureata in filosofia teoretica a Firenze. Tra le sue pubblicazioni: *Dalla fenomenologia al panlinguismo: Wittgenstein. fra* Tractatus *e* Grammatica filosofica (1992). Per i "Classici" Feltrinelli ha tradotto di Sigmund Freud anche *L'uomo dei lupi* (1994).

SIGMUND FREUD

Il piccolo Hans

Introduzione di Daniele Del Giudice
Cura di Mario Ajazzi Mancini
Traduzione di Michela Marcacci
Testo originale a fronte

Titolo dell'opera originale
ANALYSE DER PHOBIE EINES FÜNFJÄHRIGEN KNABEN

Traduzione dal tedesco di
MICHELA MARCACCI

Prima edizione nell'"Universale Economica" – I CLASSICI
giugno 1994
Terza edizione aprile 2021

Stampa Elcograf S.p.a. – Stabilimento di Cles (TN)

ISBN 978-88-07-90389-2

Introduzione

di Daniele Del Giudice

1. Questa è una storia con quattro personaggi principali, una giovane coppia viennese, il loro bambino Hans, e un medico loro amico. Della sorellina Hanna, si dice solo che è nata, e che questo ha provocato dei problemi, come è ovvio, per Hans. Domestici e parenti sullo sfondo, o compagni di giochi, sono semplici comparse senza caratterizzazione. Il medico, indicato nei dialoghi tra Hans e il padre come "il Professore", è anche colui che ci racconta la storia, sebbene la ricavi quasi integralmente dalle annotazioni quotidiane del padre di Hans. Come in certe narrazioni che hanno per espediente un "manoscritto ritrovato", il medico Sigmund Freud si assolve dalla responsabilità autoriale della storia che racconta: "*Il caso di malattia e guarigione di un giovanissimo paziente che verrà descritto in queste pagine non è, a rigore, frutto della mia osservazione... Anche se io ho gestito il canovaccio*". Dunque l'analisi ha un "canovaccio", *Plan* in tedesco, una trama, una traccia, uno schema, come nella commedia dell'arte o nell'abbozzo di un racconto. Certamente si tratta di un resoconto di carattere scientifico, di un "caso clinico" – come avrebbe potuto esserlo, in fisiologia, la relazione su un interessante episodio di scorbuto o di pellagra; ma la clinica in questione si occupa dell'anima. Come in ogni altra malattia, il racconto, cioè la descrizione che il malato rende della propria patologia, traduce il dolore in parole, e aiuta il medico nella dia-

gnosi: dopo, normalmente, subentravano la mano, l'erba, le polveri, l'ago, il bisturi, gli strumenti per incidere e resecare. Qui invece anche la cura prosegue con il racconto, con le parole: siamo di fronte a un racconto particolare, a un racconto che cura. Non soltanto il sintomo e la diagnosi avvengono mediante parole; anche la cura avviene *per* parole. Sintomo e farmaco sono fatti della medesima materia – il linguaggio –, uno cura l'altro, in una curiosa omeopatia. Attenzione, questo tipo di parola-medicamento lavora a diretto contatto con l'anima, o meglio lavora sull'anima in un modo e con un'intenzione totalmente diversa da qualsiasi altro racconto e parola si siano visti prima. Anche altre parole avevano potere curativo sull'anima: la preghiera, per esempio, e la parola d'amore. Ma entrambe nel segno della pacificazione, del rasserenamento. Mai come "analisi" e conflitto. Qui c'è invece una parola batterio e una parola anticorpo, in lotta.

2. In questo racconto ogni oggetto, ogni immagine, ogni evento ha questo di particolare: di essere contemporaneamente ciò che è e tutt'altro. Quando Hans racconta al padre: "Senti, ho pensato qualcosa: sono nella vasca da bagno, arriva il fabbro e la svita. Poi prende un grosso succhiello e mi colpisce nella pancia", il padre annota e traduce: "Senti, sono a letto con la mamma. Allora arriva il papà e mi spinge via. Con il suo pene grosso mi allontana dalla mamma". Non diversamente, il nero attorno alle bocche dei cavalli, probabilmente i finimenti, sono anche i baffi del padre di Hans, lo stanzino della legna è il gabinetto, la giraffa grande e la giraffa arrotolata, di cui Hans parla per giustificare il suo essersi rifugiato di notte nel letto dei genitori, sono rispettivamente, come racconta il padre: "La giraffa grossa, il pene grosso (il collo lungo) sono io, la giraffa arrotolata mia moglie, il suo sesso". E ancora, le mutande nere della madre di Hans sono "cacca", le mutande gialle sono il pene del bambino; ma "cacchetta" sono anche i cavalli e la carrozza, e poi i bambini, compresa la sorella, "cacchette" tutti. Un omnibus lungo la via è una cassa, ma

cassa e omnibus sono il ventre materno, come peraltro la vasca già menzionata; fare la cacca equivale a fare un bambino; cavallo che morde è il padre, ma anche cavallo che cade è il padre, e non soltanto il padre, immaginato morente, ma anche la madre al momento del parto; una carrozza piena di gente è un intestino costipato, una carrozza che esce dal portone è un'evacuazione intestinale; di più, tutti i carri, da carico o da trasporto, gli omnibus, le carrozze, perfino quelle ferroviarie, sono carri carichi di casse della cicogna, e sono tutti emblemi di gravidanza. Cade dunque, in questo racconto, il principio di identità e non contraddizione, che nell'inconscio non ha luogo, come non hanno luogo la successione causale degli avvenimenti, o la linearità del tempo. Tutto è evidente ma non chiaro, né definitivo, al pari dei rebus: il cavallo bianco, la vasca da bagno, il succhiello, l'idraulico, la carrozza, il camino, la cicogna, le mutande, ciascuno se stesso ed altro, attendendo una lettera, una lettera-parola che, aggiungendosi, dica la diagnosi e la cura; e al centro di tutto, come un obelisco in una piazza ingombra di oggetti misteriosi e per natura consustanziali, l'unica cosa che è perfettamente solo se stessa, e attorno alla quale tutto sembra ruotare, il "favivì", il pene del piccolo Hans. Ecco un racconto dove i fatti, compreso quello iniziale – la visione di un cavallo caduto che scatena la fobia del bambino – sono tutti eventi di immagini: quelle che Hans inventa, quelle che inventa il padre a sua volta per "interpretare" le immagini di Hans, quelle che inventa Freud o suggerisce commentando e sorvegliando a distanza le immagini inventate dal padre di Hans per "guarire" Hans. Dunque la "trama" del racconto è una semplice tessitura, creata dalle relazioni che via via ciascuno tenta di stabilire tra le diverse immagini, dal modo diverso come ognuno dei personaggi in gioco – il bambino, il padre freudiano convinto, il medico Freud fondatore –, si sforza di collegarle. È come se i "fatti", invece di essere accadimenti, azioni prodotte da un destino narrativo, venissero direttamente dall'anima dei personaggi, sgorgandone in forma di *phantasmata*. Alcune di queste immagini godono di un

conoscimento sorgivo; ad altre, invece, viene attribuito un valore ermeneutico, esplicativo, e come già con le parole, le une curano le altre: queste ultime, le immagini che "spiegano" e spiegando guariscono, riconducono sempre al corpo, al pene, all'ano; come in una *revanche*, le immagini "giuste", le immagini curative, le immagini dotate di una "verità" terapeutica, sono quelle che riportano ogni oggetto, ogni fantasia agli elementi corporali, il pene, l'ano, il ventre, la vagina, come se la medicina si prendesse un'ultima definitiva rivincita attraverso la fisiologia, se non altro, almeno delle metafore.

3. Ma il piccolo Hans non produce soltanto immagini, produce anche piccole storie compiute; poco alla volta si impadronisce dell'"analisi" e del racconto, li conduce come un narratore consumato, ogni giorno una nuova immaginazione ad uso di un ascoltatore vicino e perfino troppo ansioso di riceverla, il padre, e di uno più lontano e onnipotente, Sigmund Freud. Del resto Hans sa che il padre annota le sue storie per poi inviarle a Freud debitamente "interpretate", anzi, spesso è Hans stesso a sollecitare il padre, "perché non scriviamo qualcosa e la mandiamo al Professore?"; il bambino non può sapere che Freud è Freud, ma ha capito che quello lì, quel Professore, è come suo padre, uno da giocare, o quanto meno uno con cui si può giocare: mediante le parole, le invenzioni, i racconti, ciò che suo padre e Freud chiamano "scientificamente" *fantasie*, analizzando le quali vorrebbero fargli ammettere o spiegargli nei termini di Edipo, a lui bambino di quattro anni e mezzo, ciò che egli conosce prima di loro per istinto: il desiderio di sostituirsi al padre e stare con la madre come "marito". Hans risponde o li anticipa in termini di piccole storie, la storia della sorella Hanna imballata nella cassa e spedita in un treno merci, la storia del cocchiere a cassetta e di Hanna sul cavallo, la storia del ragazzo di strada denudato dal conduttore e obbligato a pagare cinquantamila fiorini per viaggiare su un vagoncino, la storia di quando lui, Hans, ha fatto un uovo, e ne è sgusciato fuori

un piccolo Hans, la storia del padre che deve inciampare su un sasso e sanguinare per consentire a lui, Hans, di dormire con la mamma, la storia di Hans diventato sua madre e che permette agli altri bambini, ragazzine e ragazzini, di dormire nel suo letto, sistemando sul divano quelli che non c'entrano, e altri eccedenti nelle casse, oppure portandoli tutti al gabinetto, facendogli fare quel che devono fare e poi pulendoli, fino alla storia che Hans racconta per ultima, quella in cui da madre diventa padre, sposato con sua madre con l'approvazione del padre trasformato in nonno, al quale dunque, rispetto a Edipo, Hans fa grazia della vita spostandolo nella terza età con suprema beffa, convertendo così la tragedia in comica.

Quasi ogni immaginazione si conclude con la frase *"quello che ti racconto non è affatto vero"*. Hans sa benissimo che non occorre che una storia sia vera (gli era stato chiesto di credere alla cicogna, si attende di essere creduto se descrive l'arrivo dell'idraulico che gli ha sostituito il suo "favivì" piccolo con un "favivì" più grande); sa però che una storia deve essere congruente nelle sue parti, le une in rapporto alle altre, convincente nei dettagli, e quando lui stesso ritornerà sull'episodio della cicogna venuta a portare la sorella, decidendo di raccontarlo al padre, proverà e riproverà la tenuta dei passaggi, di tutti gli elementi: dove aveva la chiave di casa? Nel becco? No, impossibile, ha suonato il campanello. E come fa? chiede il padre. Col becco, risponde Hans. Ha appoggiato il becco al campanello e ha suonato.

Hans è un narratore naturale, come tutti i bambini, ed è perfettamente coerente, come tutti i bambini del resto: se si tratta di Edipo, cioè di un componimento tragico, poetico e narrativo, che male c'è a rispondere in termini di invenzione, di narrazione?

4. Quattro personaggi, si è detto all'inizio, compongono *Il piccolo Hans*: il padre, la madre, il dottor Freud, Hans stesso. Di quest'ultimo il padre ci offre, nelle sue annotazioni, una descrizione selettiva, concentrata tutta sui tratti

della "fobia", sui sintomi, sui riscontri alla teoria freudiana, e solo su quelli. Inoltre noi non leggiamo direttamente il resoconto paterno, ma la trascrizione che Freud ne fa successivamente, quanto meno il montaggio, la scelta, esaltando probabilmente gli aspetti più significativi per il procedere dell'analisi e l'individuazione di ciò che più sta a cuore al Professore in termini conoscitivi e terapeutici. Se Hans fosse tutto qui, se i suoi pensieri fossero stati per mesi così univoci e finalizzati come ci vengono mostrati, saremmo in presenza di un bambino monomaniacale. Abbiamo nostalgia delle altre fantasie di Hans: quelle non immediatamente impiegabili come "sintomo", quelle non finalizzate ad alcunché, quelle che comporrebbero il filo delle sue giornate, quelle che non occorre "spiegare" in alcun modo, perché perfettamente gratuite al pari di ogni fantasia. Insomma, abbiamo nostalgia di un bambino intero, fatto non solo della sua "fobia". Del resto, per ammissione dello stesso Freud, Hans "non è un bambino tarato, predisposto ereditariamente alla malattia nervosa, ma un tipo fisicamente gradevole, sereno, amabile e mentalmente sveglio, che piace e non solo al proprio padre. Sulla sua precocità sessuale non ci sono dubbi, ma qui, per giudicare correttamente, ci manca molto materiale". Certamente, Hans è ingombrato e preoccupato dalle faccende dei "favivì": quello di sua proprietà, quello che non trova nella sorella, quello del padre che immagina più grosso del suo, quello dei cavalli, quello della madre che manca, e anche lì dev'esserci qualcosa di più grande, o di diverso dal "favivì" di cui, per natura, lui si ritrova dotato al momento. Ma Hans è anche un "cercatore" laborioso, uno che affronta le questioni che il proprio corpo gli impone, né si nega ad alcun tipo di gioco e di invenzione. Ama sua madre, e vorrebbe "fare le moine" nel letto con lei; ma ama anche il padre sapendo di esserne antagonista, e quando lo colpisce bacia subito lì dove ha colpito, nell'ambiguità di sentimenti perfettamente opposti e compresenti. Le sue fantasie sono "sotto il segno del traffico", dai cavalli da trasporto agli omnibus alle ferrovie, perché Hans è un bambino cui è toc-

cata una fortuna rara: quella di abitare di fronte alla Dogana Centrale di Vienna, dunque in vista continua di carri e controllori e carrozze in movimento, un viavai e un indaffararsi di carico e scarico, di funzionari e macchinari; fortuna appartenente alla stessa famiglia di fortune, per un bambino, dell'abitare di fronte a una caserma dei pompieri, a una stazione ferroviaria, a un deposito di tram, a un campo di aviazione, o a un ufficio di polizia, nell'orizzonte comunque del soccorso o del trasporto, i cui mezzi, per motivi squisitamente di fantasia, si legano all'infanzia e al suo immaginario. Che cosa c'è da stupirsi che nella mente di Hans si depositino carri e cavalli e vagoncini? Che le sue domande, come annota il padre, riguardino per lo più "i materiali e la natura degli oggetti, tramvai, macchine, etc., i tipi di persone che li fabbricano"? La particolarità di Hans è che d'improvviso questi giocattoli a grandezza naturale su cui ogni bambino investe fantasie, e per lui a portata di mano sull'altro lato della strada, diventano oggetti d'angoscia, negati per quel che sono, trasformati in altro. E mentre cambia la natura delle cose attorno, cambia anche Hans, e diventa *"il nostro piccolo paziente"*, che per la singolarità della sua terapia godrà di alcuni primati. Tra questi, di essere verosimilmente il primo bambino al mondo al quale, a fin di bene, viene spiegato che un tramvai è un sedere, carico non di passeggeri ma di significati; che lo scenario di una dogana è attinente alla procreazione; che tra la curiosità per i cavalli diventata orrore e il desiderio per la madre diventato colpa il rapporto è stretto, ma se ne può guarire, si deve guarire, guarirà. Certamente Hans dev'essere il primo bambino che dice al proprio padre *"questa cosa non si può fare, ma la si può pensare per poi scriverla al Professore"*; e certamente il primo a subire un "confronto all'americana" con la propria fobia. Avviene nello studio di Freud, durante la visita che, accompagnato dal padre, rende al Professore. Un'identificazione, per come la descrive Freud: "Mentre ascoltavo il racconto della sua fobia dei cavalli, guardandoli seduti entrambi davanti a me [Hans e suo padre], mi balenò un altro pezzo della soluzione, in

quel senso che, ora lo capivo, proprio al padre poteva sfuggire. Scherzando chiesi ad Hans se i suoi cavalli portassero gli occhiali, cosa a cui rispose negativamente; poi se suo padre portasse gli occhiali, cosa a cui rispose di nuovo negativamente, contro ogni evidenza, e se, con il nero intorno alla "bocca", non intendesse i baffi: allora gli rivelai che aveva paura del suo papà, proprio perché voleva così tanto bene alla sua mamma".

Nonostante questo, Hans continua a essere un bambino come tutti gli altri, in fondo la sua meditazione è una meditazione sul venire alla vita, sul proprio non poter "far figli", non poterli portare in grembo e partorirli, privilegio esclusivamente femminile; come ogni altro bambino cerca, al momento dovuto, di chiarirsi le idee sul suo corpo, sui suoi desideri, sulle sue paure, e in parte anche sulla morte: "A un certo punto – annota il padre – batte sul selciato con il suo bastoncino e chiede: 'Senti, c'è un uomo qua sotto... uno che è morto... o sono solo al cimitero?'. Dunque non lo interessa solo l'enigma della vita, ma anche quello della morte". Quanto alla vita e al nascere, però, Hans è titolare di un ultimo primato: è il primo bambino a essere stato previsto e atteso, oltre che dai suoi genitori, da un medico delle anime: "Già da tempo, prima che lui venisse al mondo, io sapevo che ci sarebbe stato un piccolo Hans, che avrebbe voluto così tanto bene alla mamma da dovere, per questo, aver paura del papà, e che lo avrebbe raccontato al papà", come scrive Freud.

Il padre poi, pur nell'affetto per il figlio e nell'estrema dedizione, è uno che non perde un colpo, come quei commissari di polizia apparentemente un po' distratti, in realtà implacabilmente tesi alla propria meta investigativa: torna e ritorna sugli stessi argomenti, i cavalli, l'agnellino, desideri del bambino per la madre, la gelosia per lui, le carrozze, le casse, le storie che Hans gli inventa; si muove tra simboli e interpretazioni, di cui riprende continuamente le fila, cercando connessioni e significati, la cacchetta, i baffi neri, il cavallo, l'idraulico, come un inquirente tra impronte sui bicchieri e discordanze negli alibi, mettendo Hans

ogni volta di fronte alle proprie contraddizioni, obbligandolo a dire quel che vuol fargli dire, tanto che Freud stesso deve commentare a margine: "Il padre fa troppe domande, e indaga secondo i suoi propositi, invece di lasciare che il piccolo si esprima liberamente. Per questo motivo l'analisi diventa oscura e incerta. La storia del baccano è stata chiarita in modo poco soddisfacente, come pure quella delle mutande gialle e nere". Tenero e preoccupato, questo padre, ma irremovibile, finché ottiene la piena confessione: "Io: 'Sai cosa mi sembra? Che tu desideri proprio che la mami faccia un bambino'. Hans: 'Ma io non lo voglio'. Io: 'Però lo desideri?'. Hans: 'Desiderare, sì'. Io: 'Sai perché lo desideri? Perché vorresti essere papi [...]. Vorresti essere sposato con la mami?'. Hans: 'Oh, sì'."

Certo, il "caso" è quello del piccolo Hans, il padre è qui in veste di osservatore, testimone, e in qualche modo "sostituto" di Freud, del quale seguiva le riunioni settimanali; ma chi si occuperà delle sue ansie, delle sue frasi, di ciò che di sé attribuisce al figlio, delle sue continue"misurazioni", dei paragoni tra "favivì" grandi e piccoli, della disinvoltura con cui parla, indagando, delle mutande della moglie, del suo essere parte straordinariamente in causa in un processo che non consente, vista la situazione, posizioni di oggettiva estraneità? Chi ci descriverà la storia i sentimenti e le "fantasie" di Max Graf, giovane musicologo, che in questo racconto assomma in sé contemporaneamente il ruolo tutto sperimentale di padre, antagonista, e "medico" del proprio figlio? Del resto anche Olga Hönig, madre di Hans, che prima del matrimonio era in terapia da Freud, non riceve grande attenzione: la vediamo soltanto quando risponde al marito, interrogata sulla questione delle mutande per un riscontro alle dichiarazioni di Hans ("Io: 'Cosa? Stamattina presto si è tolta le mutande nere?'. Hans: 'Stamattina presto, quando è andata via, si è tolta le mutande nere, e quando è tornata si è messa un'altra volta quelle nere' "), o quando ammette di prendere con sé il bambino nel letto, o al gabinetto, qualche volta, "come fanno tutti". È sorprendente che la madre compaia così poco, essendo il *focus* di ogni

tensione e attenzione; quasi che proprio il suo essere oggetto di ogni fantasma maschile la relegasse appunto al ruolo di fantasma.

Freud, infine, sebbene compaia anche come personaggio nel racconto, è naturalmente colui che lo "pensa" e lo controlla. Da un lato si sottrae, l'abbiamo visto, alla responsabilità "autoriale" e "clinica" limitandosi a riportare per buona parte le osservazioni quotidiane del padre di Hans, e attestandosi come semplice commentatore del racconto; dall'altro, proprio attraverso le note e i piccoli interventi a margine, giudica e interpreta l'azione, che poi riprende integralmente nell'*Epicrisi*, riattraversandola in prima persona, dimostrando come fosse lui a guidarla a distanza, rivelandone gli snodi, giudicando il procedere, traendo le conclusioni del caso, e quelle più ampiamente inerenti alla propria "dottrina". Alcune sue frasi, come "gli faccio comunicare dal padre la prima spiegazione: le donne non hanno un favivì", oppure "con questa spiegazione avevo tolto di mezzo la più forte resistenza contro il passaggio alla coscienza dei pensieri inconsci di Hans", o ancora "trovai il momento opportuno per comunicargli quello che si doveva ritenere un pezzo importante dei suoi moti inconsci", mostrano un Freud costantemente attento al momento, all'opportunità, alla situazione, alla reazione, anche in un'analisi per interposta persona; un terapeuta incessante, il quale, proprio in virtù del fatto che ogni elemento è significativo, non perde la minima occasione: come quando, al termine della visita di Hans nel suo studio (lo ricaviamo non dal testo ma da una testimonianza esterna), dopo aver constatato la sua fobia per i cavalli, dopo averne esplicitato il reale contenuto, gli regala un piccolo cavallo a dondolo in legno.

5. *Il piccolo Hans* è una storia a lieto fine: Herbert Graf, questo era il vero nome del piccolo Hans, crescerà normalmente, i suoi genitori più tardi si separeranno per contrarre nuovi matrimoni, lui si dedicherà al teatro, allestendo balletti e opere, diventerà direttore artistico del Metropo-

litan di New York. Per molti anni dimenticherà, o se preferite "rimuoverà", il fatto di aver conosciuto un medico di nome Sigmund Freud. Quando nel 1922, agli inizi della sua carriera artistica, andrà a fargli visita, confesserà al Professore di aver letto per caso *Il piccolo Hans*, e poco alla volta di aver capito, attraverso dettagli riguardanti la casa di villeggiatura, che in quel libro si parlava proprio di lui, e di essersi allora, solo allora, ricordato del medico dal quale era stato portato da bambino, dei cavalli veri, di quelli immaginari e ossessionanti, di quello in legno con cui era uscito, molti anni prima, da quello stesso studio, probabilmente "guarito".

Il caso clinico del piccolo Hans

di Mario Ajazzi Mancini

> "[L'Io] nel suo rapporto con l'Es rassomiglia al cavaliere che deve tenere a freno la forza superiore del cavallo [...]. Come al cavaliere, se non vuole separarsi dal cavallo, spesso non resta che condurlo là dove vuole andare, così l'Io è solito trasformare in azione la volontà dell'Es, come se fosse la propria."
>
> SIGMUND FREUD

1. *Fobia e interpretazione analitica*

1.1. Dottore, il bambino crea qualche problema in famiglia. È nervoso, piange spesso, bisogna consolarlo...

Signore, suo figlio sta tentando di esprimere qualcosa, qualcosa che riguarda il suo modo di abitare il mondo. Articola dei rapporti che gli sono ancora enigmatici, s'interroga, indaga su di sé, sulla posizione che assume rispetto ai propri genitori. *Desideri... paura*! Tutto quello che gli psicoanalisti chiamano con il nome di Edipo.

1.2. Reale o immaginario, questo frammento di dialogo definisce analiticamente la scena della fobia. La paura, e l'inibizione conseguente, s'iscrivono all'interno di una serie regolata di oggetti o situazioni – animali, innanzitutto, strade, profondità, sporco, spazi aperti o chiusi – che vengono a ergersi come "protezione" contro quella minaccia che Freud ha visto sorgere dall'Edipo.

Lo psicoanalista elaborerà, nel transfert, le parole dell'interdetto e del desiderio, liberandole dall'angoscia.

Qual è allora l'aspirazione rimossa? La posta in gioco del riconoscimento?

Se tutto funziona, si dirà che era una fobia leggera, passeggera, forse una "stupidaggine", come la chiamano tra loro Max e Herbert Graf.

1.3. Nonostante l'ottimismo dei Graf, il caso clinico del piccolo Hans (il nome analitico con cui è passato alla storia il giovane Herbert), redatto da Freud nel 1909, lascia intravvedere, a una lettura attuale, molti dei dubbi e delle difficoltà che caratterizzavano gli esordi della clinica psicoanalitica. L'assunto terapeutico degli inizi si era infatti costituito, a partire dalla formulazione dei *Tre saggi* del 1905, sul modello della nevrosi come "negativa" della perversione e, in seguito, della paranoia come "copertura" dell'omosessualità. Il libro del 1905 assume così una funzione fondamentale rispetto alle indagini cliniche; presentando una serie di ipotesi, che chiamano in causa nozioni di origine biologica, quali la pulsione e la libido, tenta di descrivere le tappe di un processo di sviluppo, i fattori contingenti che lo determinano e le modalità di quel "fallimento" che condurrà alla sessualità adulta. Il lavoro sulla fobia di Hans vi fa esplicito riferimento, e pare quasi essere stato scritto allo scopo di verificare e completare le tesi che vi erano esposte. Le edizioni successive dei *Tre saggi* faranno tuttavia emergere un tema non contemplato dalla prima edizione: la questione dell'interpretazione in rapporto alle dinamiche della sessualità infantile, affiorata non solo dall'analisi dei sogni degli adulti, ma soprattutto dalla comprensione del discorso e dei sintomi del piccolo Graf. Sembra quindi che, mediante la pubblicazione di questo caso, Freud cerchi di gettare un ponte, di costruire un passaggio, tra le due anime che avevano dato corpo alla sua dottrina: quella *ermeneutica* che muove da *L'interpretazione dei sogni* e attraversa i casi clinici di Dora e dell'Uomo dei topi, e quella *economico-energetica* che dai *Tre saggi* raggiunge il piccolo Hans e approda all'Uomo dei lupi.

Per segnare la distanza che separa, inizialmente, questi due pilastri della psicoanalisi, basterà ricordare – è infatti cosa nota – che nel libro del 1905 non si fa menzione, in nessun caso, del concetto di desiderio, come nella *Traumdeutung* si tace della pulsione; per cui sarebbe addirittura possibile operare una classificazione dei testi di Freud consultandone gli indici alle voci che rubricano queste due nozioni.

Tuttavia, simile scollatura riveste ben altra importanza,

valutabile nella prospettiva dell'eredità freudiana. I *Tre saggi*, infatti, che al tempo della loro comparsa avevano incontrato forti opposizioni, verranno a costituire, secondo gli stessi auspici di Freud, un "luogo comune" della riflessione psicoanalitica. Il modello genetico diverrà l'orientamento di larga parte della elaborazione postfreudiana, tesa a tracciare il percorso di uno sviluppo psicosessuale, a partire dai modi di organizzazione della libido attorno agli oggetti. L'Edipo, come pietra angolare di tale sviluppo, funzionerà quindi quale principio formatore delle istanze, consentendo, al momento della sua dissoluzione, una serie di operazioni che qualificano la misura del soggetto in rapporto alle proprie capacità di identificazione, sublimazione e simbolizzazione.

Di contro, il modello ermeneutico de *L'interpretazione dei sogni*, che al suo apparire non aveva suscitato alcuno scandalo, finirà per essere messo in discussione nei suoi stessi principi costitutivi: la critica della interpretazione come "meccanica decifrazione di simboli", giungerà a modificarne lo statuto all'interno del contesto narrativo dell'analisi, quale apertura a una dimensione intersoggettiva che richiede complesse risposte di tipo affettivo.[1]

[1] È la storia di un lungo dibattito che riguarda l'opposizione tra un Freud positivista, legato alle concezioni scientifiche dell'Ottocento, e un Freud ermeneuta che costruisce le proprie interpretazioni a partire dalla esperienza umana della comprensione e del significato. Psicoanalisti ermeneuti e ortodossi si sono dati battaglia, gli uni sostenendo che la metapsicologia è da dichiararsi obsoleta in nome di una clinica basata sulla comprensione, gli altri affermando che, in psicoanalisi, non è possibile nessuna novità che non si fondi sulla dinamica pulsionale, intesa nel suo rapporto con la sfera della coscienza. Il tentativo, tuttora più rilevante, di comporre questo conflitto è stato compiuto da P. Ricoeur, in un libro, ormai classico, del 1965. Prendendo come esempio il sogno, Ricoeur dimostra che la psicoanalisi opera delle costruzioni simboliche, potremmo dire di tipo "sintetico", in cui le spinte energetiche vengono a costituire scene rappresentative dal significato affettivo. Su questo tema, oltre a P. Ricoeur, *Dell'interpretazione. Saggio su Freud*, il Saggiatore, Milano 1967, si vedano, in ambito italiano, gli importanti lavori di G. Jervis, *La psicoanalisi come esercizio critico*, Garzanti, Milano 1989, e Id., *Fondamenti di psicologia dinamica*, Feltrinelli, Milano 1993, nonché il recente contributo sulla teoria e la tecnica dell'interpretazione analitica di G. Fossi, *La psicoanalisi verso il cambiamento*, La Nuova Italia Scientifica, Roma 1993.

Così, la tendenza attuale della clinica psicoanalitica, pur diversificandosi dall'originario dettato freudiano, sembra orientarsi verso una considerazione del sintomo come fenomeno da contestualizzare in un processo di sviluppo, basandosi, forse in modo massiccio, su assunti teorici già consolidati. In tal modo, la lettura delle psicoanalisi di Freud viene a essere improntata a una sorta di storicizzazione che ne esplicita il ruolo in rapporto alle scoperte che vi sono state compiute, e alla articolazione delle medesime relativamente alla riflessione teorica; talvolta a fini correttivi, talaltra didattico-formativi.

È però opportuno rilevare che, al di là di una discussione sulle attuali modalità di interpretazione dei casi,[2] da questi lavori sembra emergere qualcosa che non rientra, di fatto, nelle stesse scansioni che vi sono proposte. Qualcosa che ha a che fare con quella situazione che Freud ha definito "analitica", in cui si mostra tutt'altra realtà da quella accertabile dei fatti; e che delimita l'ambito di un accadere per cui ogni momento, passato o superato, può nuovamente significare come se fosse la prima volta, riproponendo esperienze e configurazioni di senso a quanti credevano ormai di poterle relegare negli archivi della storia.

In simile prospettiva, accostare il caso del piccolo Hans, nella particolarità della sua conduzione, all'istaurarsi di procedure interpretative che si sostengono sulla costruzione metapsicologica di modelli e concetti cardine – la castrazione, l'Edipo, l'angoscia – può rappresentare una diversa via d'accesso a quella stessa situazione, in quanto,

[2] L'orientamento attuale concernente i casi clinici è quello che ne privilegia l'aspetto retorico-linguistico, al fine di mostrare, da un lato, il legame che sussiste tra l'argomentazione, la proposizione tematica e la scelta terminologica, e dall'altro la posizione strategica che essi hanno assunto relativamente alla "organizzazione sociale" della disciplina; cfr. a proposito, F. SULLOWAY, *Rivalutando i casi clinici di Freud: la costruzione sociale della psicoanalisi*, in "Psicoterapia e Scienze Umane", XXVI, 1, 7-37 e 2, 5-30, 1992 e G. JERVIS, *La psicoanalisi come esercizio critico*, cit., p. 107 sgg. Per un'ampia discussione sulle modalità di lettura dei casi clinici freudiani, mi permetto di rimandare alla mia *Introduzione* a S. FREUD, *L'Uomo dei lupi*, Feltrinelli, Milano 1994.

pur seguendo il percorso della riflessione freudiana, tenta di lasciare intravvedere il terreno sul quale si muove l'analista, il senso che le sue operazioni acquistano nel medesimo momento in cui la psicoanalisi entra in gioco, stabilendo una relazione, sia pure complessa e diversificata come quella che intercorre tra Freud e la famiglia Graf.

2. *Freud, Max e Herbert Graf*

2.1. La storia della famiglia Graf ha inizio sotto il segno della psicoanalisi.

> Ho fatto la conoscenza di Freud – ricorda Max Graf nel suo ultimo libro di memorie – poco dopo il 1900, quando la *Traumdeutung* aveva penetrato le oscure profondità dell'inconscio [...]. Fu un caso che me lo fece incontrare. Una giovane donna di mia conoscenza divenne sua paziente. Mi parlò di questo straordinario trattamento medico che, attraverso la conversazione, riporta dall'inconscio moti psichici rimossi e a lungo dimenticati, facendo emergere dai loro bui nascondigli, desideri, pulsioni, istinti, moti erotici e aggressivi. Tutto questo rivoluzionò il mio modo di pensare. Giovane indagatore nel campo dell'arte, mi divenne chiaro che le trasformazioni dei complessi rimossi in immagini oniriche, forme simboliche e fantasie, potevano risolvere l'enigma della creazione artistica. Tale fu anche la ragione del mio desiderio di conoscere quel ricercatore di cui allora tutta Vienna si faceva beffe. Accettai volentieri l'invito di Freud a fargli visita nel suo studio, al numero 19 della Berggasse [...]. A quel primo incontro fecero seguito relazioni più familiari, dopo il mio matrimonio con la giovane trattata da Freud. Egli saliva spesso i quattro piani di scale che conducevano al mio appartamento.[3]

[3] M. GRAF, *Jede Stunde war erfüllt*, Forum Verlag, Wien 1957, p. 161. Per una cronologia dei rapporti tra Max Graf, Freud e il movimento psicoanalitico, cfr. B. SYLWAN, *Le Ferd-Ikt*, in "Etudes Freudiennes", 13-14, 1978, pp. 127-172.

In quei primi anni del Novecento, il giovane musicologo e la "bella moglie", Olga Hönig, abitavano in un piccolo appartamento al numero 8 della Fuchsthallergasse, dove sarebbero rimasti fino al 1907, quando si trasferirono al numero 35 della Untere Viaduktgasse, davanti alla Dogana centrale di Vienna – lo scenario dove si rappresentano desideri e fobie del caso clinico.

L'amicizia con Freud è solida. Dal 1903 Max Graf frequenta le "riunioni del mercoledì", partecipando attivamente al dibattito. Il 10 aprile di quell'anno nasce Herbert, il primo figlio della coppia. Seguirà Hanna, nell'ottobre del 1906. Lo stesso periodo in cui il padre, seguendo l'invito del Professore, inizia a comunicargli le sue prime osservazioni sul comportamento del figlio. Questi materiali saranno utilizzati da Freud, in due scritti precedenti la redazione del caso clinico: *Istruzione sessuale dei bambini* del 1907 e *Teorie sessuali dei bambini* del 1908.

> Conosco un formidabile ragazzino – scrive Freud nel lavoro del 1907 – che adesso ha quattro anni, i cui intelligenti genitori hanno rinunciato a reprimere con la forza una parte del [suo] sviluppo [...]. Il piccolo Hans [nelle edizioni prima del 1924 il bambino era chiamato il piccolo Herbert *N.d.R.*] che certamente non è stato sottoposto ad alcuna influenza seduttrice da parte della persona che lo accudisce, mostra già da qualche tempo un vivissimo interesse per quella parte del suo corpo che è solito chiamare "favivì" [...]. Posso formalmente contestare che il piccolo Hans sia un bambino sensuale o che abbia addirittura una predisposizione alla patologia; ritengo solamente che non sia stato intimidito, che non sia tormentato dalla coscienza di colpa e che perciò esprima senza malizia i suoi processi di pensiero.[4]

[4] S. FREUD, *Zur sexuellen Aufklärung der Kinder*, in *Gesammelte Werke*, bd. VII, Fischer Verlag, Frankfurt am Main 1952-1991, p. 23, tr. it., *Istruzione sessuale dei bambini*, in *Opere*, 5, Boringhieri, Torino 1967-1980. D'ora in avanti si farà riferimento all'edizione tedesca attraverso la sigla G.W., seguita dal numero romano a indicare il volume e dal numero arabo relativo alla pagina; per l'edizione Boringhieri useremo la sigla O, seguita dal numero del volume.

Il brano è affatto significativo, in quanto sottolinea il ruolo giocato dal piccolo Graf nel lungo percorso che ha condotto Freud ad affrontare "scientificamente" l'argomento scottante della sessualità infantile. Grazie ai materiali di Hans, lo psicoanalista riesce a dare fondamento ad alcune idee contenute nel libro del 1905, mostrando, infatti, che i processi di pensiero, la curiosità e la sete di sapere, così caratteristici dell'infanzia, non hanno a che fare con maliziose perversioni patologiche, ma esprimono il libero corso di una ricerca che trova adeguate condizioni di sviluppo all'interno di un sistema familiare intelligente, ovvero non eccessivamente improntato alla repressione. Max e Olga Graf sono quindi genitori giudiziosi, che non promuovono tabù o decreti irrevocabili. L'interesse del piccolo Herbert per il suo "favivì" può allora divenire il motore di ogni indagine rispetto al proprio mondo e a quello circostante: immagina, fantastica, confronta, spaziando dall'universo degli uomini a quello degli animali, addirittura all'inanimato; fino al momento dell'irruzione di quella fobia per cui il bambino diviene un personaggio psicoanalitico.

2.2. Nel gennaio del 1908, quando Herbert ha quattro anni e nove mesi, Max Graf scrive a Freud:

> Egregio Professore! Le mando ancora un pezzetto su Hans, questa volta, purtroppo, contributi per un caso clinico. Come vedrà, in lui si è sviluppato, negli ultimi giorni, un disturbo nervoso, che preoccupa molto me e mia moglie, perché non riusciamo a trovare il mezzo per eliminarlo. Le chiedo il permesso di venire domani... a farLe visita, ma Le ho... annotato per scritto il materiale disponibile.[5]

[5] S. FREUD, *Analyse der Phobie eines fünfjährigen Knaben*, in G.W., VII, p. 258, tr. it. in questo volume p. 89; d'ora in avanti si farà riferimento alla presente versione di M. Marcacci attraverso la sigla PH, seguita dal numero di pagina.

Il caso prende corpo nelle mani del Professore che conduce a distanza la cura del bambino. A casa, il padre fungerà da analista, informando quotidianamente Freud sull'andamento della terapia. In pochi mesi il lavoro è compiuto e, l'anno successivo, vedrà la luce come caso clinico, quale contributo inaugurale alla pubblicazione dello *Jahrbuch*.

Nonostante qualche critica iniziale, come per i *Tre saggi*, il caso diviene in breve tempo, uno dei più famosi di Freud, incontrando, almeno fino agli anni sessanta,[6] i favori del pubblico psicoanalitico. Certo, la personalità del Professore aveva avuto un ruolo importante nell'analisi, fino al punto di far parlare di 'suggestione'; ma "il nostro piccolo paziente [...] ha mostrato un'autonomia tale da liberarlo dall'accusa di 'suggestione'. Come tutti i bambini [...] applica al suo materiale le proprie teorie sessuali infantili."[7] Certo, la vita di un bambino così piccolo poteva essere compromessa da una terapia analitica che ne "violasse" l'innocenza; ma gli eventi futuri daranno ancora una volta ragione a Freud.

È però successo qualcosa durante il corso di quest'analisi. I rapporti con Max Graf divengono meno intensi, e le partecipazioni del musicologo alle riunioni della Società psicoanalitica cominciano a diradarsi. Dopo il 1915, il suo nome non comparirà più nei verbali delle sedute. Insieme al padre, Freud perde di vista anche il piccolo Hans. Lo reincontrerà nella primavera del '22. Giovane prestante, nient'affatto compromesso sotto il profilo psicologico, torna a fargli visita dopo aver letto il caso clinico che il Professore gli aveva dedicato. Le sue condizioni sono confortanti, ma le parole che dice spingono Freud a una riflessione che merita di essere ascoltata:

[6] Clark ed altri storici menzionano l'articolo di J. WOLPE e S. RACHMAN, *Psychoanalytic evidence: a critique based on Freud's case of little Hans*, in "Journal of Nervous and Mental disease", CXXXI, 2, 1960, pp. 135-148, come primo contributo critico sul caso, a interruzione di una lunga stagione di consensi. Cfr. R. CLARK, *Freud*, Rizzoli, Milano 1983, p. 246, nonché il § 6 della presente *Introduzione*.

[7] PH, p. 237.

Fra le cose che mi disse, una mi parve particolarmente interessante. Non oso neanche darne una spiegazione. Raccontò che quando lesse la sua storia clinica non si ricordava di nulla e solo l'episodio del viaggio a Gmunden, gli fece balenare qualcosa, quasi un barlume di ricordo che potesse trattarsi di lui. L'analisi perciò non aveva protetto l'evento dall'amnesia, era essa stessa soggiaciuta all'amnesia.[8]

Sull'amnesia torneremo in seguito. Per il momento, si può osservare che, attraverso l'inattesa visita di Herbert, Freud pare attestare il proprio allontanamento da quella famiglia che, nata sotto gli auspici della psicoanalisi, sembra adesso essersi disgregata.

Distanti dal Professore, Max e Olga Graf si sono separati e risposati entrambi, con alterne fortune sentimentali. Il musicologo ha seguito la strada su cui era avviato. Insegnante e critico, ha svolto un importante compito di promozione della cultura viennese, quale fautore delle idee "moderne" nella musica e nella letteratura dell'epoca. Nei suoi libri, ritrae la vita artistica di quegli anni; di Freud solo qualche ricordo sfumato, a eccezione di un articolo del 1942 e del suo ultimo libro di memorie, *Jede Stunde war erfüllt* (1957).

Il piccolo Hans è intanto divenuto un professionista di successo. Con l'aiuto di musicisti e pittori ha continuato a interrogarsi sul proprio destino, mettendo in scena opere e balletti nei più famosi teatri lirici del mondo – da Salisburgo a New York. Morirà a Ginevra pochi giorni prima del suo settantesimo compleanno. Nell'occasione la "Neuer Zürcher Zeitung" scrisse: "Con Herbert Graf è scomparso, dopo una lunga malattia, un uomo di teatro fecondo, un importante regista e un educatore".[9]

Sul necrologio nessuna traccia della sua storia analiti-

[8] S. Freud, *Nachschrift zur Analyse des kleinens Hans*, in G.W., XIII, p. 431, tr. it. in PH, pp. 309-311.

[9] Cfr. L. Flem, *La vita quotidiana di Freud e dei suoi pazienti*, Rizzoli, Milano 1987, pp. 81-83, nonché B. Sylwan, *Le Ferd-Ikt*, cit., pp. 127 sgg.

ca, come se Herbert e Hans fossero due persone diverse che non si sono mai incontrate.

3. *La sessualità infantile*

3.1. Il riconoscimento del valore formativo e dell'importanza delle pulsioni sessuali della prima infanzia, reso operativo dal volume del 1905, costituisce, negli anni in cui Freud lavora con il piccolo Graf, la fase conclusiva di un lungo processo di elaborazione che riconduce alla stessa data di nascita della psicoanalisi.

La svolta decisiva nella riflessione freudiana è infatti rappresentata dall'abbandono della cosiddetta "teoria della seduzione". Nella sua analisi dell'isteria, svolta, inizialmente, assieme a Breuer, Freud era giunto a pensare che la causa della malattia fosse da ricercarsi in abusi sessuali, o perversioni, da parte degli adulti sui bambini, in modo particolare da parte del padre; *reali scene* di seduzione, tali da suscitare emozioni così intense da essere affatto inconfessabili, e da innescare quel meccanismo di repressione (la rimozione) che le rendeva capaci di esprimersi soltanto attraverso il corpo, in virtù del sintomo isterico.

Tuttavia, l'autoanalisi condotta lungo il corso della corrispondenza con Fliess, insieme ad alcuni eventi della sua vita, primo tra tutti la morte del padre, spingono Freud a riconsiderare la precedente teorizzazione. L'etiologia paterna dell'isteria non è più sostenibile; l'accusa nei confronti del padre suscita autorimproveri e chiama all'adempimento "del proprio dovere verso i morti" – come si legge nella lettera del 2 novembre 1896.[10] Le motivazioni della svolta non sono però soltanto di ordine personale; riguardano piuttosto il significato della sessualità in rapporto ai processi inconsci. Il 21 settembre 1897 Freud scrive: "non esiste un dato di realtà nell'inconscio, cosicché è impossibile distinguere tra verità e finzione investita d'af-

[10] S. FREUD, *Lettere a Wilhelm Fliess (1887-1904)*, edizione integrale a cura di J.M. MASSON, Boringhieri, Torino 1986, p. 233.

fetto. (Di conseguenza rimane la spiegazione che la fantasia sessuale si impossessi regolarmente del tema dei genitori)".[11] Non si tratta più di ricercare un evento traumatico nella vita del soggetto – abuso sessuale o seduzione – ma di osservare le modalità secondo cui l'inconscio incalza e determina quegli accadimenti che descrivono l'esistenza di ciascuno. Il passo è quello che conduce alla scoperta dell'Edipo. E infatti, il 15 ottobre dello stesso anno Freud afferma:

> Mi è nata una sola idea di ordine generale: in me stesso ho trovato l'innamoramento per la madre e la gelosia verso il padre, e ora ritengo che questo sia un evento generale della prima infanzia, anche se non sempre si manifesta tanto presto come nei bambini resi isterici [...]. Se è così, si comprende il potere avvincente dell'*Edipo re*, nonostante le obiezioni che la ragione oppone alla premessa del fato [...]. La saga greca si rifà a una costrizione che ciascuno riconosce per averne avvertita in sé l'esistenza. Ogni membro dell'uditorio è stato una volta un tale Edipo in germe e in fantasia, e da questa realizzazione di un sogno trasferita nella realtà, ognuno si ritrae con orrore e con tutto il peso della rimozione che separa lo stato infantile da quello adulto.[12]

3.2. Le scene infantili di seduzione (che, nel 1916, saranno annoverate tra le "fantasie originarie") non sono che il prodotto di un fantasticare; avvenimenti precoci di ordine sessuale che vengono successivamente elaborati come ricordi di fatti davvero accaduti.

> Se gli isterici – nota Freud in *Per la storia del movimento psicoanalitico* – riconducono i loro sintomi a traumi inventati, il nuovo dato è precisamente che essi fantasticano tali scene e che la realtà psichica richiede di essere apprezzata accanto alla realtà pratica [...]. Queste fantasie sono destinate a mascherare, ad abbellire e a porre su un gradino più alto l'attività autoerotica dei primi anni dell'infanzia, e allora, dietro a queste fantasie, viene alla luce la vita sessuale del bambino in tutta la sua estensione.[13]

[11] *Ibid.*, p. 298.
[12] *Ibid.*, pp 306-307.
[13] S. FREUD, *Zur Geschichte der psychoanalytischen Bewegung*, in G.W., X, p. 56, tr. it. *Per la storia del movimento psicoanalitico*, in O, 7.

Sono quindi le esigenze della sessualità infantile a dettare i modi di quel fantasticare che colloca il soggetto all'interno di una struttura già determinata, che gli permette di articolare rapporti ed entrare in relazione con gli oggetti. Si tratta, per Freud, di processi che esulano dalla sfera della genitalità biologica, in quanto ricercano un piacere che si rivela irriducibile al mero soddisfacimento di un bisogno. Processi animati da una particolare energia di ordine sessuale, la libido: "Chiamiamo così – si legge in *Psicologia delle masse e analisi dell'Io* – considerandola una grandezza quantitativa [...], l'energia di quelle pulsioni che hanno a che fare con tutto ciò che può essere contenuto nell'*amore*".[14] Qualcosa dunque che chiama in causa le dinamiche di un desiderio, la cui soddisfazione sembra frammentare l'integrità del campo somatico, relativamente a certe attività che si svolgono attorno alle sue zone.

In simile prospettiva, diviene possibile delineare la scansione di uno sviluppo psicosessuale del bambino, a partire dalla strutturazione della libido sotto il primato di tale o talaltra regione del corpo in cui ha sede l'eccitazione. Fase orale e fase anale conferiscono significati connessi al piacere della suzione/assunzione di cibo e della defecazione/ritenzione delle feci; mentre la fase fallica sancisce la prevalenza degli organi genitali e rappresenta il vertice delle vicende pulsionali infantili.[15]

[14] S. Freud, *Massenpsychologie und Ich-Analyse*, in G.W., XIII, p. 9, tr. it. *Piscologia delle masse e analisi dell'Io*, in O, 9.

[15] La teoria delle fasi evolutive della libido si è sviluppata nel corso del tempo. La prima edizione dei *Tre saggi* faceva riferimento solo a una fase cosiddetta "autoerotica". In seguito, con la pubblicazione dei lavori clinici, verranno individuate e descritte nella loro specificità la fase orale e la fase anale, a completamento dell'edizione del 1915 dei *Tre saggi*. Per quanto riguarda la fase fallica, si dovrà attendere il 1923, con il lavoro su *L'organizzazione genitale infantile*. Su questi temi, cfr. J. Laplanche-J.B. Pontalis, *Enciclopedia della psicanalisi*, Laterza, Bari 1984^3, pp. 178-181.

3.3. L'ingresso del bambino nella società è segnato dal recedere degli impulsi sessuali di fronte alle barriere erette dalla morale e dagli altri valori culturali; ma è innegabile che siano proprio questi impulsi a guidare le prime esplorazioni nel campo dello stesso e dell'altro, qualificandosi in stretta correlazione con i processi intellettuali. La conoscenza – forse l'intera *Kultur* – ha origine dalla sessualità e sembra puntare su di essa; si determina cioè a partire da un'indagine intorno a quell'area enigmatica, affrancata dal rigore degli schemi educativi, in cui è possibile mettere alla prova le proprie capacità di rappresentazione del mondo, mobilitando sentimenti e affetti, e interrogandosi in merito alle proprie possibilità di relazione.

La ricerca che aveva preso le mosse dalla pulsione, per spiegare perversioni e fantasticherie erotiche degli adulti, si trova così a dover fronteggiare irrinunciabilmente le esigenze dei bambini, la cui elaborazione insegnerà a Freud cose di cui merita tener conto, fino al punto di aggiungerle a integrazione delle edizioni suggettive dei *Tre saggi*.

Sulla scorta dei materiali prodotti dal padre di Hans, lo psicoanalista nota infatti che il bambino, mosso da un'esigenza "vitale", costituita solitamente dalla nascita di un fratellino, inizia a porsi delle domande, le cui risposte devono essere tali da prevenire il ripetersi di eventi spiacevoli, legati all'arrivo del nuovo venuto. Privazioni e frustrazioni muovono la fantasia del piccolo a dar vita a "incredibili" teorie, costruite sul modello della propria organizzazione sessuale, e tese a risolvere la questione dell'origine – "da dove vengono i bambini?"

La soluzione che esse apportano è determinata dal primato della zona genitale e dall'autoerotismo che vi è connesso. L'organo sessuale diviene agli occhi del piccolo una parte così preziosa per cui egli non è in grado di concepire o rappresentarsi qualcuno cui possa mancare, pertanto attribuisce "a tutti gli esseri umani, anche alle persone di sesso femminile, un pene come quello che il bambino conosce dal proprio corpo".

Simile rappresentazione è dominante, fonte di un'ecci-

tazione così intensa che potrebbe portare sulla giusta strada per "postulare l'esigenza della vagina" e comprendere la funzione degli organi e il ruolo dei genitori. Ma l'indagine s'interrompe. Lo sforzo intellettuale si scontra con la stessa teoria che ha prodotto, e il pene che ha conferito alla femmina preclude l'accesso alla cavità.

Interviene quindi una seconda teorizzazione che concepisce la nascita attraverso l'unico tragitto disponibile: "il bambino deve venire evacuato come un escremento, una defecazione". Il parto diviene allora un "privilegio" che anche i maschietti possono avere, fantasticando liberamente di mettere al mondo dei figli.

Tuttavia, come talvolta può accadere, una testimonianza, seppur differita, del coito parentale rianima l'eccitazione della prima teoria, dando adito al ritorno di quegli oscuri impulsi di violenza (penetrare, mandare in frantumi, aprire un buco) che contornavano l'interrogazione sulla nascita. I bambini giungono così alla "concezione sadica del coito", quella per cui il più forte sottomette con la violenza il più debole.[16]

Con le teorie sessuali infantili la ricerca psicoanalitica progredisce fino al punto di ricentrare, in prospettiva ermeneutica, la concezione biologistica dei suoi inizi. Infatti, se simili teorie possono essere a buon diritto considerate come il "fallimento" del progetto che Freud è riuscito a realizzare nei *Tre saggi*, l'atto che il bambino manca là dove lo psicoanalista ha successo, allora quello stesso libro non deve essere semplicemente inteso come il luogo teorico da cui si diparte la strada dello sviluppo genetico, ma, probabilmente, come un'altra tessera di quel grande mosaico che è la teoria dell'interpretazione, la medesima che il lavoro sul piccolo Hans contribuisce a definire.[17]

[16] S. FREUD, *Über infantilen Sexualtheorien*, in G.W., VII, pp. 177, 181, 182, tr. it., *Teorie sessuali dei bambini*, in O, 5.

[17] Su quest'aspetto del rapporto tra teoria sessuale e teoria dell'interpretazione, cfr. O. MANNONI, *L'analisi originaria*, Armando, Roma 1973, pp. 69 sgg.

3.4. Il caso clinico del 1909 specifica questa sua funzione, riprendendo un motivo, di straordinario interesse per gli sviluppi futuri, proposto dalla *Traumdeutung* e inaspettatamente assente dai *Tre Saggi*. Si tratta del tema analitico per eccellenza, così come era comparso nel capitolo dedicato al lavoro del sogno. Il taglio dei capelli, la caduta dei denti, la decapitazione, non meno della demoltiplicazione dell'elemento fallico costituiscono la raffigurazione simbolica della castrazione e le conferiscono lo spessore di una formazione immaginaria.[18] In tal modo essa fa il suo ingresso nella teoria, attraverso il già menzionato lavoro del 1908, quale sconfessione, da parte della realtà, del fantasma di attribuzione generalizzata del pene a tutti gli esseri viventi. La percezione del sesso femminile dà corpo a una configurazione complessa in cui s'iscrivono e si compongono a un tempo l'attività masturbatoria del bambino (l'eccitazione dell'indagine) e le minacce che i genitori proferiscono in risposta a simili pratiche. Minacce materne nel caso del piccolo Hans, la cui esecuzione è tuttavia demandata al padre quale figura dominante della scena psichica; sebbene, come Freud si sforzerà di dimostrare, molto spesso l'atto, l'agente e lo stesso oggetto si trovino a essere spostati e deformati all'interno di un vasto funzionamento simbolico.

Pochi anni ancora, e al complesso di castrazione verrà conferito il proprio statuto teorico. Le indagini freudiane, compiute nei successivi casi clinici, ne dimostreranno l'universalità, ricaratterizzando i termini (masturbazione, minaccia, paura) da cui era partita l'analisi sulla sessualità infantile. Non solo gli adulti in generale, ma anche gli uomini di genio (Leonardo) e gli psicotici (il presidente Schreber) rendono possibile l'osservazione di certe dinamiche che sembrano esigere una precisa fondazione strutturale all'interno dell'apparato psichico. Il passaggio si compie nel 1913, con *Totem e tabù*, il lavoro in cui si realizza il legame tra la

[18] Cfr. S. FREUD, *Die Traumdeutung*, in G.W., II-III, p. 355, tr. it. *L'interpretazione dei sogni*, in O, 3.

castrazione e l'Edipo, quel complesso paterno che ormai Freud vede sorgere dal mito dell'orda primitiva.[19]

Non più conflitto di ordine individuale, o vicenda di una singola teoria, quel legame mostra che il complesso si costituisce filogeneticamente e si trasmette attraverso le generazioni, indicando così la condizione della paura, il senso della minaccia e dell'istituzione di quel tabù che dà origine all'organizzazione della psiche, della famiglia e della società. La masturbazione acquisisce quindi un proprio contenuto inconscio di tipo incestuoso che definisce i motivi autoerotici e narcisistici delle teorie sessuali infantili. La madre è l'oggetto primario e l'atto, al di là di quello schema causale che tiene insieme minaccia e paura, lascia intravvedere la struttura edipica fondamentale.

> Il bambino – scriverà Freud nel 1922 – sviluppa affatto presto un investimento oggettuale per la madre [...]; del padre s'impossesserà per identificazione. Le due relazioni procedono per un tratto l'una accanto all'altra, fino a quando, per il rafforzarsi dei desideri erotici, sorge il complesso edipico. L'identificazione con il padre assume adesso una tonalità ostile, si volge verso il desiderio di eliminare il padre per so-

[19] Cfr. S. FREUD, *Totem und Tabu*, in G.W., IX, tr. it. *Totem e tabù*, in O, 7. Laplanche e Pontalis sostengono che "il complesso di castrazione non può essere compreso se non è riferito alle tesi [...] del carattere nucleare e strutturante dell'Edipo [...]. Il bambino può superare l'Edipo e accedere all'identificazione paterna solo se ha attraversato la crisi di castrazione, cioè se si è visto rifiutare l'uso del suo pene come strumento del suo desiderio per la madre. Il complesso di castrazione va riferito all'ordine culturale in cui il diritto a un certo uso è sempre correlativo a un divieto. Nella minaccia di castrazione, che sigilla il divieto dell'incesto, viene a incarnarsi la funzione della Legge in quanto istitutiva dell'ordine umano, come è illustrato, in modo mitico, in *Totem e tabù*, dalla teoria del padre originario, che si riserva, con la minaccia di castrare i figli, l'uso sessuale esclusivo delle donne dell'orda [...]. Per quanto discutibile dal punto di vista storico questa [teoria] va intesa [...] come un mito che esprime l'esigenza imposta a ogni uomo di essere un Edipo in germe. Il complesso di Edipo non è riducibile a una situazione reale [...]. La sua efficacia deriva dal fatto che con esso interviene un'istanza proibitrice (proibizione dell'incesto) che sbarra l'accesso al soddisfacimento naturalmente cercato e lega indissolubilmente il desiderio e la legge" (*Enciclopedia della psicanalisi*, cit. p. 81 e 87-88).

stituirsi a lui presso la madre. Da allora in poi il rapporto verso il padre è ambivalente [...]. L'atteggiamento ambivalente verso il padre e la tendenza oggettuale esclusivamente affettuosa verso la madre descrivono, per il bambino, il contenuto del complesso edipico semplice e positivo.[20]

Senza addentrarsi nelle zone d'ombra dell'Edipo negativo e della sessualità femminile,[21] è tuttavia possibile notare che la formulazione matura del complesso di Edipo viene a sottolinearne quegli aspetti per cui la rivalità col padre non può semplicemente risolversi nel possesso di un oggetto d'amore, dal momento che mobilita, a un tempo, aggressività e tenerezza, omo ed eterosessualità; così l'affetto può anche trasformarsi in odio, come i desideri ostili in apprensione per la sorte del padre – "paura *del* padre e paura *per* il padre" come si legge a proposito del piccolo Herbert Graf.

4. *Analisi della fobia di un bambino di cinque anni*

4.1. Hans è un ragazzino sveglio e robusto, nient'affatto nevrotico. La sua fobia è un fenomeno abbastanza frequente dell'infanzia. Tuttavia, spesso, queste manifestazioni vengono passate sotto silenzio dai rimproveri di quegli stessi genitori che, in nome dell'educazione, finiscono per non considerare l'impatto dei propri sistemi pedagogici sulla vita dei figli. In tal senso, si comprende come l'elaborazione freudiana sulla sessualità infantile implichi anche una riconsiderazione degli strumenti educativi, assieme alla proposta di una maggiore flessibilità da parte degli adulti così da sottoporre i bambini solo a quel tanto di costrizione che è necessaria a far loro mantenere "una buona

[20] S. FREUD, *Das Ich und das Es*, in G.W., XIII, p. 260, tr. it. *L'Io e l'Es*, in O, 9.

[21] Sulla questione dell'Edipo negativo e della sessualità femminile, cfr. A. GREEN, *Il complesso di castrazione*, Borla, Roma 1991. Per una ripresa di questi motivi, si veda oltre al § 5 della presente *Introduzione*.

condotta". Ciò, sicuramente al fine di facilitare la risoluzione di quei conflitti che, sebbene inevitabili, divengono tanto più dolorosi quanto più repressivo è l'ordinamento della famiglia e della società; ma, molto probabilmente, anche per creare una specie di osservatorio privilegiato sul mondo infantile, tale da far emergere elementi probatori a conferma delle intuizioni cliniche e della conseguente teorizzazione. Così, se l'analisi degli adulti, dopo un lungo e laborioso percorso, riesce a mostrare che moti e desideri hanno una precisa origine nell'infanzia, l'educazione improntata alla psicoanalisi potrà consentirne una diretta osservazione in tutta la loro "vivente freschezza". Infatti, sostiene Freud, se l'angoscia di Hans ha potuto manifestarsi con più audacia che in altri casi, ciò è dovuto al modo in cui il bambino è stato educato, "senza intimidazioni, con più riguardi e meno costrizioni possibili".[22]

Sulla base di questa raggiunta evidenza, i primi di gennaio del 1908 ha inizio la storia della malattia di Herbert Graf.

4.2. Le annotazioni del padre, anteriori a quella data, costituiscono una sorta di antecedente clinico per la corretta impostazione del caso. Ricapitolano, in rapida successione, gli eventi della vita del bambino dai tre anni in avanti, lasciando intravvedere molti dei materiali che Freud ha utilizzato per i lavori del 1907 e del 1908. In modo particolare, l'interesse per il "favivì" e la comparsa del fantasma di castrazione sotto forma di una minaccia materna, subito stornata, pronunciata nel momento in cui il piccolo è sorpreso a masturbarsi. Tale situazione indica, secondo la prospettiva dei *Tre saggi*, che l'attività autoerotica ha iniziato il suo "normale" decorso, e si è estesa alla ricerca di un piacere che concerne la madre, definendone il ruolo rispetto a una precisa scelta oggettuale. La meta è quindi la "bella madre" con cui Hans ha condiviso l'espe-

[22] PH, p. 301.

rienza del letto, quando il padre, per lavoro, lascia la casa di Gmunden. Il desiderio del bambino trova quindi sulla propria strada un padre che va e viene, interdice e concede; un padre, tuttavia, che a Vienna, di ritorno dalle vacanze, sarebbe sempre rimasto accanto alla propria moglie, negando ad Hans quella soddisfazione che lo trasforma in "un piccolo Edipo che vorrebbe [...] eliminare il padre, per restare solo con la bella madre, dormire con lei".[23]

La nascita della sorellina Hanna giunge a complicare i rapporti con i genitori, e a sollevare degli interrogativi cui il piccolo non è in grado di rispondere. Le teorie sessuali prendono campo e, nell'inconscio, Max e Hanna vengono accomunati da un medesimo impulso ostile.

4.3. Quasi improvvisamente Hans rifiuta di proseguire le sue abituali passeggiate in compagnia della governante; ha paura, vuole tornare a casa per farsi coccolare dalla mamma. Ma Olga non riesce a consolarlo, neppure con la sua presenza rassicurante. La paura perdura e, poco dopo, farà emergere la rappresentazione su cui viene a fissarsi: essere morso da un cavallo.

Freud viene consultato, e la terapia analitica comincia a svolgersi attraverso uno scambio giornaliero di comunicazioni con la Berggasse. I genitori del bambino, infatti, a loro modo educati psicoanaliticamente, formulano delle ipotesi che sottopongono all'attenzione del Professore. La paura di Hans viene quindi inizialmente interpretata come conseguenza dell'attività masturbatoria, cui il piccolo indulge da tempo. Un ricordo del periodo di vacanza – *"non mettere il dito sul cavallo bianco, perché ti morde"*[24] – permette la connessione tra la rappresentazione fobica e le parole della minaccia materna, evidenziando il motivo della paura nel soddisfacimento onanistico.

L'interpretazione dei Graf convince Freud solo in par-

[23] PH, p. 249.
[24] PH, p. 101.

te, dal momento che non sembra accordare il giusto rilievo alla tenerezza verso la madre, quella componente fondamentale del sintomo che era stata rivelata dal primo sogno della malattia. La zoofobia la sostituirebbe, esprimendo la rimozione del desiderio di vedere il "favivì" della mamma. Il Professore suggerisce così al padre di informare il bambino sulla realtà del sesso femminile, al fine di valutarne le reazioni per cogliere i complessi inconsci che lo abitano. Il piccolo Hans si difende infatti con una fantasia, in cui la madre fa sfoggio dell'organo maschile, per cui egli può affermare con veemenza che tutti ne hanno uno, "crescerà insieme a me, quando diventerò più grande; è proprio attaccato".[25]

I processi del fantasticare permettono al bambino di fronteggiare la castrazione e di confrontarsi col proprio desiderio; giunge così a costruire scene in cui il "prendere possesso della madre" evoca oscure sensazioni di violenza e divieto. L'allusione al coito parentale rende infine esplicita la sua aspirazione: "Vorrei fare qualcosa con la mamma – sembra dire al padre –, qualcosa di proibito, non so che cos'è, ma so che anche tu lo fai".[26]

4.4. Il 30 marzo Max ed Herbert Graf varcano la porta dello studio della Berggasse. È la prima e unica volta che Freud incontra il bambino durante il corso di tutta la terapia. Davanti al Professore, Hans ha un comportamento irreprensibile. Ascolta, meravigliato, quelle spiegazioni che gli mostrano il significato della sua "stupidaggine". I cavalli rappresentano il padre, che ha grandi baffi neri come il muso di quegli animali. Il piccolo lo teme a causa dei propri moti inconsci di gelosia e ostilità; ritiene che sia in collera con lui perché non riesce a frenare il proprio impulso amoroso verso la mamma. "Ma non era vero – dice Freud –, perché il papà gli voleva bene e a lui poteva dir tutto senza paura."[27]

[25] PH, p. 109.
[26] PH, p. 267.
[27] PH, p. 123.

Il seguito dell'analisi è scandito da questa interpretazione che pone in evidenza il tema centrale del timore del padre – una delle resistenze più significative "contro la riproduzione del materiale patogeno inconscio"[28] –, e mostra al bambino che la sua fobia non è che un modo per fronteggiare una situazione penosa, che non ha trovato altro luogo per rappresentarsi.

I materiali emergono così in abbondanza, rivelando gli oggetti e le situazioni della paura: non solo i cavalli, e il loro morso (Hans smetterà presto di parlarne, commenta Freud), ma anche i carri, le carrozze, i cavalli che partono velocemente, tutto quello che il bambino vede davanti a casa, alla Dogana centrale di Vienna.

Si scopre allora che la malattia ha anche una causa immediata: un avvenimento di cui Hans è stato testimone. Ha visto cadere il cavallo dell'omnibus, e ha pensato che fosse morto, immaginando che tutti i cavalli sarebbero caduti e avrebbero fatto la stessa fine. Cavallo che morde e cavallo che cade richiamano entrambi la figura del padre, di quel padre che lo avrebbe punito a causa dei suoi desideri... Tuttavia, l'insistenza di Max Graf su questo tema non impedisce al figlio di introdurre un altro motivo, in merito ai cavalli, che consentirà di precisarne la funzione simbolica. Seguendo le teorie intorno all'enigma dell'origine, Hans si mette infatti a indagare sul significato della cacca, lasciando intravvedere un'equazione tra il carro, trainato da cavalli, carico di merci, e l'intestino, carico di feci. Se i bambini – come lui e la sorellina Hanna – vengono al mondo come cacche, la caduta dei cavalli non può che rappresentare la situazione del parto, all'interno di un complesso funzionamento che, al padre che muore, associa il mistero della gravidanza, l'atto di dare alla luce un figlio – la madre che partorisce.

4.5. Con la teoria cloacale, Hans si sbarazza di quelle strane storie sulla cicogna che il padre era solito proporre

[28] PH, p. 269 n. 14.

in risposta alle sue insistenti domande sulla nascita; indicando all'analista che la comprensione della castrazione non va senza sollevare la questione della femminilità, in forza di un passaggio che concerne a un tempo la defecazione e la teoria sessuale sul parto. È il momento cruciale dell'analisi, nel quale si stabilisce il legame tra il tema dell'origine e il ruolo del padre, giungendo a far luce su quelle oscure sensazioni che il piccolo provava sul "favivì", ogni volta che pensava a queste cose.

La situazione pareva infatti senza sbocco. Se i genitori non avevano mai fornito alcun ragguaglio in merito al ruolo paterno nella procreazione, ogni tentativo che il bambino compiva per cercare di sapere cosa si dovesse fare con la mamma per avere dei figli affondava nell'inconscio, dando corso alla fobia. Eppure Hans, procedendo quasi alla cieca sul filo delle interpretazioni paterne, riesce ad apportare una soluzione, immaginando una scena in cui è possibile comprendere come un pene possa dar vita a un neonato.

È la mattina del 2 maggio 1908 e il piccolo Herbert esprime al padre un suo pensiero: "*È venuto l'idraulico e con una tenaglia mi ha tolto prima il popò e me ne ha dato un altr e poi il favivì*".[29] Si tratta della ripetizione – del chiarimento – di una fantasia precedente che vedeva il fabbro svitare la grande vasca da bagno in cui si trovava il bambino, e poi colpirlo allo stomaco con un grande cacciavite. "La grossa vasca – sostiene il padre – significa il popò, il succhiello o cacciavite [...] il favivì."[30] Ma l'equazione non consente di risolvere il problema della nascita, né di chiarire quale sia il ruolo del padre. La restituzione di un pene più grande da parte dell'idraulico – del medico, suggerisce Freud – ha a che fare col motivo della castrazione, col fatto che il piccolo riesce a superarla e accettarla in virtù di un'identificazione. La seconda fantasia ha però in sé un altro contenuto:

[29] PH, p. 225.
[30] *Ibid.*

Una fantasia di procreazione. La grossa vasca [...] è il ventre materno; mentre il "succhiello" (*Bohrer*) , in cui già il padre riconosce un grande pene, è menzionato per via della sua relazione all'esser fatto nascere (*Geborenwerden*). Sarebbe naturalmente molto singolare che dovessimo interpretare così la fantasia: col tuo grosso pene mi hai forato (*gebohrt*), fatto nascere, e deposto nel ventre materno.[31]

Hans ha quindi immaginato la propria nascita. Il passaggio linguistico dal succhiello al nascere, dal tema del pene a quello della procreazione è la connessione fondamentale dell'analisi, che ne permette la soluzione. Grazie a essa, infatti, il bambino è "come papà", in grado di esprimere il proprio desiderio di sposare la mamma e di avere molti figli, affidando la felicità del padre al matrimonio con sua madre.

Tutto si conclude bene – termina Freud –. Il piccolo Edipo ha trovato una soluzione più felice di quella imposta dal destino. Anziché eliminare il padre, gli concede la stessa felicità che domanda per sé: lo elegge nonno e fa sposare anche lui con la propria madre.[32]

5. *Angoscia e fobia*

5.1. Nel 1925, ritornando sui temi del piccolo Hans, Freud richiama certe sue posizioni riguardo all'angoscia che risalgono agli anni precedenti l'abbandono della "teoria della seduzione". Pensava di aver riconosciuto "il processo metapsicologico di una trasformazione diretta della libido in angoscia", secondo un modello economico. Si legge, infatti, in *Inibizione, sintomo e angoscia*:

Trovai che determinate pratiche sessuali [...] producevano attacchi di angoscia [...] quando l'eccitazione sessuale veniva

[31] PH, p. 275.
[32] PH, p. 223.

inibita, trattenuta o distratta nel suo corso verso il soddisfacimento. Poiché l'eccitazione sessuale è espressione di moti pulsionali libidici, non sembrava azzardato assumere che la libido si trasformasse in angoscia attraverso l'effetto di tali disturbi.[33]

Si tratta della descrizione della cosiddetta "nevrosi d'angoscia", alla quale, nel 1895, era stato dedicato un lavoro che tentava di precisarne la sintomatologia all'interno del quadro nosografico delle "nevrastenie". L'angoscia – l'elemento principale di tale nevrosi – si mostra come reazione somatica all'accumulo di un'eccitazione sessuale che il soggetto non riesce a controllare, e che si trasforma in sintomo senza alcuna mediazione da parte dell'apparato psichico. Angoscia cronica, attesa ansiosa, *pavor nocturnus*, non meno di varie forme di fobia (in cui è impossibile riconoscere un sostituto simbolico della rappresentazione rimossa), derivano da ostacoli, mancanze o irregolarità nelle pratiche di ordine sessuale, che impediscono o ritardano la scarica.[34]

Tuttavia, Freud, pur continuando a ritenere valide queste osservazioni cliniche (accumulo di tensione e mancanza di elaborazione psichica), scopre ben presto che il semplice soddisfacimento sessuale non è sufficiente a superare l'attacco d'angoscia, né a risolvere la questione della nevrosi.

Sono gli anni della discussione intorno alla realtà del trauma, all'attualità degli ostacoli da rimuovere; e il nuovo scenario si apre su eventi che hanno la consistenza dell'intreccio tra percezioni e fantasie, processi dell'immaginazione:

[33] S. FREUD, *Hemmung, Symptom und Angst*, in G.W., XIV, pp. 263-264, tr. it. *Inibizione, sintomo e angoscia*, in O, 10.

[34] S. FREUD, *Über die Berechtigung, von der Neurasthenie einen bestimmten Symptomen komplex als "Angstneurose" abzutrennen*, in G.W., I, pp. 313 sgg., tr. it. *Legittimità di separare dalla nevrastenia un preciso complesso di sintomi come "nevrosi d'angoscia"*, in O, 2.

Attraverso la costruzione di fantasie – si legge nella *Minuta M* del 1897 – [...] i sintomi mnestici cessano. Al loro posto si presentano drammatizzazioni inconsce che non sono soggette alla difesa. Se l'intensità di tale fantasia aumenta [...], la fantasia soggiace alla rimozione e si genera un sintomo per riflusso [...] della fantasia sui ricordi che la costituiscono. Tutti i sintomi d'angoscia (fobie) derivano in questo modo dalla fantasia.[35]

Il brano segna un punto di svolta verso la caratterizzazione del modello dinamico, e conduce a riconsiderare, attraverso la tematizzazione della fantasia, la relazione che intercorre tra le diverse patologie che Freud aveva rubricato come "nevrastenie" e "neuropsicosi da difesa".

Due nozioni permettono la classificazione e la descrizione dei fenomeni psichici. L'*importo*, o *ammontare* d'affetto, come quantità o somma d'eccitazione (mobile, soggetta a spostamento, diminuzione, accrescimento o scarica), e il *legame*, quale elaborazione psichica, connessione tra affetto e rappresentazione.[36] Le "neuropsicosi" si producono quindi attraverso l'innervazione dell'energia sul corpo (isteria), ovvero attraverso una sorta di sconnessione tra affetto e rappresentazione (ossessioni e fobie). Da un lato le rappresentazioni vengono rimosse e spostate sul corpo, come nel sintomo isterico, dall'altro sostituite come nella fobia. L'angoscia sorge quindi da un conflitto psichico in quanto corrisponde alla trasformazione di un'aspirazione libidica rimossa, intollerabile o inconciliabile; essa, tuttavia, non è il sintomo, dal momento che questo viene inteso funzionare come un mezzo di difesa, a protezione dal sopraggiungere dell'attacco.

5.2. L'angoscia è presente nell'isteria di conversione non meno che nella fobia. Nella prima c'è una somatizza-

[35] S. FREUD, *Minute teoriche per Wilhelm Fliess*, in O, 2, p. 62.

[36] Cfr. J. LAPLANCHE-J.B. PONTALIS, *Enciclopedia della psicanalisi*, cit., pp. 226 e 290.

zione che nella seconda manca. Tuttavia il meccanismo che le definisce è affatto simile; ed è a partire da questa somiglianza che Freud propone il termine "isteria d'angoscia" per caratterizzare la patologia del piccolo Hans, quale caso specifico tra i molti in cui conversione e angoscia s'intrecciano.

> [Nell'isteria d'angoscia] la libido uscita dal materiale patogeno per via della rimozione non viene convertita, non viene utilizzata al di fuori della sfera psichica in una innervazione corporea, ma viene liberata come angoscia.[37]

Benché non sia che libido riconvertita, l'angoscia è correlata ai desideri incestuosi su cui ha operato la rimozione, mantenendoli sotto il proprio dominio. Qual è allora la causa della rimozione? Nel 1909 la risposta di Freud è nota: la paura di Hans di fronte a quel cavallo che rappresenta il pericolo di un padre che può rendere attuale quanto è stato udito una volta – "Se lo rifai – aveva detto la mamma – faccio venire il dottor A. che ti taglia il favivì".[38] La rimozione si rivela così inseparabile da una situazione di pericolo, anche se la minaccia, a questa altezza della riflessione freudiana, necessita ancora di un'attivazione.

Con il caso di Hans viene però segnata una nuova tappa che stringe dappresso la relazione tra angoscia e complesso di castrazione. L'analisi dei sintomi del bambino scopre infatti che lo spostamento sull'oggetto fobico è successivo all'irrompere dell'angoscia. Il pericolo ha quindi un diverso statuto, frutto di un'elaborazione fantasmatica che specifica la natura e l'oggetto del danno. In una nota, aggiunta al caso nel 1923, Freud sostiene che, sebbene il complesso di castrazione possa avere "radici" in esperienze precoci di separazione e distacco, il "termine" deve essere riservato

[37] PH, p. 255.
[38] PH, p. 65.

[...] Agli eccitamenti e agli effetti connessi alla perdita del pene. Chi sia convinto, dalle analisi svolte su adulti, che questo complesso è immancabile, troverà difficile ricondurlo a una minaccia occasionale [...] e dovrà supporre che il bambino si costruisca questo pericolo in base ai più lievi accenni, che ci sono sempre.[39]

L'angoscia non è quindi la riedizione di un trauma precedente, ma la risposta a un pericolo del genere, che ha il proprio centro tematico nella minaccia di castrazione, la quale, per produrre i suoi effetti, non ha più bisogno di alcuna formulazione esplicita. Una reazione che muove il soggetto a prendere precauzioni, come nel caso della fobia di Hans e dell'inibizione che ne consegue:

[...] Il malato può essersi liberato dall'angoscia, ma solo a costo di inibizioni e restrizioni a cui deve sottostare. Nell'isteria d'angoscia viene fin dall'inizio condotto un lavoro psichico, per legare di nuovo psichicamente l'angoscia che si è liberata, ma questo lavoro non può né provocare la ritrasformazione dell'angoscia in libido, né ricollegarsi allo stesso complesso dal quale proviene la libido. Non rimane nient'altro che sbarrare tutte le possibili occasioni di sviluppo dell'angoscia attraverso un avancorpo psichico come una cautela, una inibizione, un divieto, e sono queste costruzioni di difesa che ci appaiono come fobie e per le nostre percezioni costituiscono l'essenza della malattia.[40]

L'isteria d'angoscia si rivela così come una sorta di compromesso tra il modello economico e quello dinamico, tra la trasformazione dell'energia e la protezione come meccanismo di difesa.

5.3. L'ultima tappa della riflessione psicoanalitica sull'angoscia è rappresentata dagli scritti del 1925 (*Inibizione, sintomo e angoscia*) e del 1932 (trentaduesima lezione di

[39] PH, p. 67 n. 3.
[40] PH, p. 257.

Introduzione alla psicoanalisi). Ripercorrendo il cammino tracciato, Freud esamina nuovamente la relazione che intercorre tra "lo sviluppo d'angoscia" e la "formazione di sintomo", e giunge alla conclusione che "lo sviluppo d'angoscia è il precedente, la formazione di sintomo il conseguente, come se i sintomi venissero prodotti per evitare l'esplosione dello stato d'angoscia".[41] Simile affermazione è tesa a indicare l'oggetto in rapporto a un pericolo interno, non riconosciuto come tale, che la fobia converte in pericolo esterno, caratterizzando l'angoscia come "angoscia reale", di fronte a un pericolo reale. E ancora una volta il caso di Hans fornisce una conferma. A una prima considerazione sembrava infatti che l'atteggiamento libidico verso la madre si fosse trasformato a causa della rimozione, per mostrarsi, in forma sintomatica, relativamente a un sostituto del padre. L'approfondimento compiuto in *Inibizione, sintomo e angoscia* svela però che non è la rimozione a produrre l'angoscia, ma l'angoscia la rimozione:

> L'affetto d'angoscia della fobia, che ne costituisce l'essenza, non deriva dal processo di rimozione, dagli investimenti libidici dei moti rimossi, piuttosto dallo stesso rimovente; l'angoscia della zoofobia è l'angoscia di castrazione non trasformata, dunque un'angoscia reale, angoscia di fronte a un pericolo effettivamente incombente o che viene giudicato come reale. Qui è l'angoscia che produce la rimozione, e non, come ho creduto in precedenza, la rimozione che produce l'angoscia.[42]

Si ha quindi angoscia di fronte a una situazione in cui una minaccia incombente appare come reale; e tale situazione, per Freud, è quella definita dalla castrazione – autentico pericolo dinanzi al quale il soggetto deve attrezzarsi e intervenire ogniqualvolta la libido fa sentire le proprie esigenze di soddisfacimento. L'angoscia specifica allora la

[41] S. Freud, *Neue Folge der Vorlesungen zur Einführung in die Psychoanalyse*, in G.W., xv, p. 90, tr. it. *Introduzione alla psicoanalisi (Nuova serie di lezioni)*, in O, 11.

[42] S. Freud, *Hemmung, Sympton und Angst*, cit., p. 137.

propria funzione difensiva, dando l'innesco a quei dispositivi che consentono di legare o inibire il flusso degli investimenti. Come risulta dall'analisi della fobia:

> Appena l'Io ha riconosciuto il pericolo di castrazione, dà il segnale d'angoscia e inibisce [...] il minaccioso processo d'investimento nell'Es. Nello stesso tempo si compie la formazione della fobia. L'angoscia di castrazione riceve un oggetto diverso e una espressione deformata: essere morso dal cavallo (divorato dal lupo) invece di essere castrato dal padre. La formazione sostitutiva ha due vantaggi evidenti, innanzitutto quello di evitare un conflitto di ambivalenza, dal momento che il padre è allo stesso tempo un oggetto amato, e secondariamente quello di permettere all'Io di interrompere lo sviluppo d'angoscia.[43]

5.4. Nel lavoro del 1925 Freud accosta il caso del piccolo Hans a quello dell'Uomo dei lupi, e a un altro di un gio-

[43] *Ibid*, pp. 155-156. In rapida sintesi, i passaggi compiuti riguardano la caratterizzazione dell'angoscia come modalità difensiva del soggetto. La svolta degli anni venti, la descrizione della seconda topica, e il ricentramento delle pulsioni sull'istanza dell'Io permettono a Freud di cogliere come l'angoscia non sia più, soltanto, la tonalità affettiva che assumono le eccitazioni ogniqualvolta il loro contenuto è stato rimosso. Le nuove osservazioni cliniche, assieme a un rinnovato interesse per i fenomeni psicotici, hanno infatti mostrato che la teoria delle pulsioni, nella sua formulazione metapsicologica, non era in grado di giustificare certe manifestazioni psichiche. Era quindi necessario riformularla in termini di pulsioni sessuali e di interessi dell'Io, ossia di pulsioni legate all'autoconservazione. All'Io viene così riconosciuta una libido particolare che si qualifica in rapporto al ritiro degli investimenti; quando questo supera un certo limite, che preclude la conversione o un ulteriore investimento sull'oggetto, si produce angoscia di tipo ipocondriaco. Essa si differenzia dall'angoscia nevrotica, quale difesa contro le pulsioni, e dall'angoscia reale, connessa ai pericoli che sopraggiungono dall'esterno. L'Io, negli ultimi scritti freudiani, appare così, secondo una nota metafora, come una "cittadella" assediata dall'esterno e dall'interno, che si difende attraverso la produzione di sintomi (fobia e angoscia nevrotica) e di formazioni reattive (nevrosi ossessiva), in risposta alle esigenze superegoiche e alle istanze punitive che ne derivano. Per una caratterizzazione di questo modello cfr. F. PETRELLA, *Il modello freudiano*, in *Trattato di psicoanalisi*, vol. 1, a cura di A.A. Semi, Raffaello Cortina Editore, Milano 1988, pp. 41-130, con relativa bibliografia, nonché A. FONTANA, *Angoscia/Colpa*, in *Enciclopedia*, vol. 1, Einaudi, Torino 1980, pp. 548-575. Sulla concezione psicoanalitica degli affetti si veda il fondamentale lavoro di A. GREEN, *Il discorso vivente*, Astrolabio, Roma 1974.

vane americano che si chiama l'Uomo di marzapane. Tale accostamento ha lo scopo di illustrare la genesi dell'angoscia a partire dallo stesso fantasma che i tre condividono. Si tratta di un fantasma di divoramento – l'idea di essere morso, mangiato, divorato dal padre. Idea certamente estranea, che difficilmente può essere attribuita al piccolo Graf, ma di sicura appartenenza al patrimonio infantile, alla filogenesi e alla mitologia. L'analisi è però in grado di scorgervi "l'espressione *regressiva* degradata di un moto passivo affettuoso, quello di essere amato dal padre come oggetto nel senso dell'erotismo genitale".[44]

Nonostante l'interpretazione freudiana, l'idea sembra essere di natura diversa dalla castrazione, in quanto il soggetto vi perviene in virtù della regressione; come verrà ribadito nel 1937, in un passaggio relativo a *La scissione dell'Io nel processo di difesa*:

> [Il ragazzo] – probabilmente si allude all'Uomo dei lupi – è stato minacciato di castrazione da parte del padre e, subito dopo, contemporaneamente alla creazione del feticcio, è comparsa in lui un'intensa paura per la punizione del padre, che lo ha preoccupato a lungo, e che ha potuto superare e sovracompensare con dispendio di tutta la sua mascolinità. Anche questa paura del padre tace della castrazione. Con

[44] *Ibid.*, p. 134 (corsivo mio). Appare chiaro che in questo contesto viene ripreso un motivo che ha svolto un ruolo cruciale nel corso dell'analisi dell'Uomo dei lupi: la fantasia, espressa regressivamente, di avere un rapporto sessuale col padre, per avere dei figli da lui; il che comporta la perdita del proprio pene, ossia la castrazione; ciò, in termini freudiani, richiede la premessa di una componente femminile-passiva nella costituzione specifica del soggetto; componente, tuttavia, nient'affatto evidenziata nel caso di Hans. La prima fantasia del fabbro, quella del succhiello che colpisce Hans allo stomaco, farebbe però pensare che un'idea del genere non fosse del tutto estranea alla mente del bambino. Al di là delle differenze tra i due soggetti analizzati, preme comunque sottolineare, in entrambi i casi, la presenza di un contenuto arcaico che contribuisce alla costituzione dell'oggetto fobico, rivelandosi non immediatamente riconducibile alla castrazione, sebbene Freud si adoperi in tal modo. Sugli esiti di questo passaggio e di quello successivo inerente alla regressione, si veda oltre al § 6 della presente *Introduzione*.

l'aiuto della regressione a una fase orale essa appare come paura di essere divorato dal padre.[45]

La regressione indica che il fantasma di divoramento appartiene a una fase più arcaica dello sviluppo libidico, e costituisce una sorta di premessa alla questione della castrazione. L'oggetto della fobia mostra quindi che il moto aggressivo verso il padre è stato rimosso attraverso la trasformazione nel contrario, "essere aggrediti invece di aggredire", ma lascia anche intravvedere che il "motore" di questa rimozione, l'angoscia che il soggetto avverte come incombente, è quella che si esprime nel linguaggio degli "antichi" moti pulsionali orali.

6. *Sulle tracce del cavallo*

6.1. Sebbene l'angoscia si origini da una percezione distorta di quella stessa realtà che è posta a fondamento dell'esperienza del bambino, essa, secondo le ultime formulazioni freudiane, è comunque da iscriversi all'interno

[45] S. FREUD, *Die Ichspaltung in Abwehrvorgang*, in G.W., XVII, p. 62, tr. it. *La scissione dell'Io nel processo di difesa*, in O, 11. "In un processo psichico – scrivono Laplanche e Pontalis – avente un senso di percorso o di sviluppo si designa con regressione un ritorno in senso inverso da un punto già raggiunto a un punto anteriore a esso. Intesa nel senso topico, la regressione si attua [...] lungo una serie di sistemi psichici [...]. Nel suo senso temporale [...] suppone una successione genetica e designa il ritorno del soggetto a fasi superate del suo sviluppo [...]. Nel senso formale, la regressione designa il passaggio a modi di pensare [...] di un livello inferiore da un punto di vista della complessità, della strutturazione della differenziazione" (*Enciclopedia della psicanalisi*, cit., p. 197-198). La regressione è quindi un fenomeno che deve essere inteso all'interno della conformazione, presente e attuale, della struttura del soggetto. Nel caso del fantasma di divoramento si tratterebbe di una modalità, relativa a un vissuto precoce, la cui emergenza genera un'angoscia che sembra precedere quella di castrazione, in quanto, come si vedrà in seguito, ha a che fare con un modo di riparazione (l'allucinazione, il delirio) non più, non ancora, regimentabile da parte del gioco di identificazioni, trasformazioni e deformazioni che concerne la dinamica del desiderio, così come Freud l'ha descritta nel corso del suo lavoro.

di una prospettiva di sviluppo che qualifica la soggettività infantile come una sorta di struttura autonoma, che sembra definirsi indipendentemente dai rapporti con i genitori e con l'ambiente circostante. Le modalità edipiche scandiscono infatti i tempi di un processo di maturazione le cui tappe sono segnate fondamentalmente da fattori costituzionali:

> Sebbene il complesso edipico – scrive Freud nel 1924 – sia vissuto individualmente dalla maggior parte dei bambini, esso è tuttavia un fenomeno determinato, predisposto dall'ereditarietà, che deve scomparire secondo un programma, quando inizia la successiva fase [...] dello sviluppo.[46]

Motivazioni specifiche e mezzi atti al raggiungimento di fini propri fanno del bambino "un piccolo adulto", dalla situazione psichica definita e leggibile attraverso precise coordinate analitiche.

Tuttavia, proprio negli stessi anni in cui Freud si pronuncia in merito alla scansione di quel "programma", la riflessione metapsicologica sull'angoscia fa comparire sulla scena un fantasma che rende problematica la medesima linearità dell'ipotizzato sviluppo genetico. Dall'analisi della fobia emerge quindi un'altra dimensione temporale che, all'azione differita (tematizzata nel caso dell'Uomo dei lupi), associa la compresenza di strati diversificati della soggettività, articolandone la differenza all'interno di una formazione sintomatica. Se ciò è vero, le affermazioni freudiane del 1922 e del 1924 non forniscono soltanto la descrizione dell'Edipo nella sua forma completa, ma indicano anche che, se il complesso ha una dinamica processuale, esso non può essere assunto come sistema di significato al di là delle sue costellazioni particolari, delle singole sto-

[46] S. FREUD, *Das Untergang des Ödipuskomplexes*, in G.W., XIII, pp. 395-396, tr. it. *Il tramonto del complesso edipico*, in O, 10. Su questo tema è di utile consultazione il classico studio di J. GREENBERG e S. MITCHELL, *Le relazioni oggettuali nella teoria psicoanalitica*, il Mulino, Bologna 1986, pp. 61-87.

rie che descrive. Ed è quanto Freud riteneva nel 1909, all'altezza del suo lavoro con Herbert Graf:

> Il bambino prende entrambi i genitori [...] come oggetto dei suoi desideri erotici. Di solito segue la stessa iniziativa dei genitori, la cui affettuosità ha i caratteri più chiari di una attività sessuale [...]. Il padre favorisce di solito la figlia, la madre il figlio; il bambino reagisce quindi desiderando, come figlio, di essere al posto del padre, come figlia, al posto della madre.[47]

Per avvicinarsi ad Hans sembra pertanto necessario considerare tutti gli elementi che la storia del suo caso lascia trasparire, dalla modalità regressiva insita nella costituzione dell'oggetto fobico, alla promozione dell'Edipo da parte dei comportamenti consci e inconsci dei suoi stessi genitori. Dalla narrazione di Freud potranno così originarsi altri intrecci che, in via d'ipotesi, consentiranno un confronto con le questioni e i dubbi sollevati dalla recente critica freudiana.[48]

[47] S. FREUD, *Über Psychoanalyse*, in G.W., VIII, pp. 49-50, tr. it. *Cinque conferenze sulla psicoanalisi*, in O, 6.

[48] "Il cinquenne piccolo Hans – afferma Sulloway, compendiando le riflessioni critiche sul caso – fu visto da Freud una sola volta, dato che la sua analisi era condotta dal padre [...]. Va detto inoltre che il piccolo Hans, le cui affermazioni venivano ripetutamente distorte sia da suo padre che da Freud per adattarle alla teoria psicoanalitica, sembra essersi reso conto della semplicità della fonte traumatica della sua fobia dei cavalli [...] meglio di quanto non avessero fatto i suoi sedicenti terapeuti. Facendo ricorso a notevoli quote di buon senso, il piccolo Hans cercò [...] di resistere alle costruzioni edipiche e alle interpretazioni di Freud; ma suo padre e Freud [...] ne fiaccarono le resistenze nel tentativo di conferire alla sua storia clinica i criteri di un caso clinico psicoanaliticamente corretto" (*Rivalutando i casi clinici di Freud: la costruzione sociale della psicoanalisi*, cit., 1, p. 22). Per la discussione sul caso del piccolo Hans, oltre al già menzionato articolo di Wolpe e Rachman, cfr. H. EYSENCK, *Decline and fall of the freudian empire*, Viking Penguin, New York 1985, pp. 104-113, nonché i saggi di J. GLENN, *Freud's advise to Hans father: the first supervisory session*, e di M. SILVERMAN, *A fresh look at the case of little Hans*, nel volume collettaneo a cura di M. KANZER e J. GLENN, *Freud and his patients*, Aronson, New York 1980, rispettivamente pp. 121-134 e 95-120, che contiene un ampio saggio bibliografico sulle esperienze infantili. Per una bibliografia generale sui casi clinici di Freud, cfr. P. GAY, *Freud*, Bompiani, Milano 1988, pp. 693-696.

6.2. Il lavoro sull'angoscia del 1925 è il testo in cui Freud traccia un bilancio complessivo delle sue elaborazioni in merito a questo tema; esso appare tanto più necessario in quanto, in quegli anni, la tesi di Rank, relativa al trauma della nascita, aveva guadagnato molto terreno nell'ambito della ricerca psicoanalitica.

L'angoscia – sostiene Rank – ha carattere primario, originario, perché connaturata alla stessa esperienza che determina la separazione del neonato dal corpo della madre. Freud discuterà a lungo questa tesi, distinguendo la situazione del parto da quella dello svezzamento; e, soprattutto, ribadirà la propria posizione riguardo all'angoscia di castrazione quale elemento cardine per la clinica delle nevrosi, in virtù del suo legame strutturale con l'Edipo come "complesso nucleare".[49]

Sulla scorta di simili passaggi, diviene tuttavia lecito chiedersi se Freud intende la centralità dell'angoscia in rapporto a ogni situazione clinica, ovvero soltanto a quelle manifestazioni psichiche che definisce "psiconevrosi di transfert", isteria, fobia, nevrosi ossessiva.[50] La questione è a un tempo clinica e teorica. La tesi di Rank muove infatti alla considerazione di affetti peculiari, relativi a vissuti affatto precoci, come quelli rubricati nei cosiddetti "stadi preedipici",[51] in cui, per entrambi i sessi, predomina l'at-

[49] Cfr. O. RANK, *Il trauma della nascita e il suo significato psicoanalitico*, Guaraldi, Rimini 1972, e S. FREUD, *Hemmung, Symptom und Angst*, cit., *passim*. Per la definizione del *Kernkomplex*, cfr. S. FREUD, *Über infantilen Sexualtheorien*, cit., p. 176.

[50] Su questi temi cfr. A. GREEN, *Il complesso di castrazione*, cit., pp. 63-70.

[51] Non è questo il luogo per aprire una discussione sulla consistenza psicoanalitica degli stadi preedipici, ovvero a seconda delle diverse teorizzazioni postfreudiane pregenitali o preverbali. L'orientamento analitico generale, sviluppatosi a partire dall'elaborazione della Klein, è quello che fa dell'Edipo la condizione stessa dell'articolazione simbolica, del sistema universale di significazione, attraverso il quale divengono leggibili le espressioni e i comportamenti del soggetto. Senza il discorso, la *langue* dei linguisti, non è possibile alcuna *parole*, alcuna produzione di senso, sia pure bizzarra o inconsueta. Come sostiene Lacan, tali produzioni o formazioni significative non devono essere riferite "agli stadi preedipici, che

taccamento alla madre. Ciò significherebbe spingere l'analisi al di là di quello spartiacque costituito dall'Edipo che, sebbene renda leggibili i fenomeni, rappresenterebbe soltanto lo strato "superficiale" dell'ascolto. Reazioni terapeutiche negative e resistenze alla guarigione avrebbero pertanto origine da traumi precedenti, anteriori all'istaurarsi del complesso "nucleare", e di natura non soltanto sessuale. Così, paure e angosce propriamente dette non sarebbero che eventi tardivi, che Freud inserisce e descrive all'interno di un funzionamento già in atto.

L'interazione madre-bambino chiama infatti in causa una serie di bisogni, necessità e sicurezze, che non sono semplicemente riferibili ai destini della libido, e indicano una diversa area di oggetti (pre-oggetti?) atti a soddisfarli. Assieme a essi, varie modalità di appropriazione e separazione, contornate da affetto, che ne qualificano la gradazione specifica, fino alla castrazione che si inserisce nell'Edipo. In tal senso, il modo regressivo della fobia può acquistare un significato non soltanto riconducibile al travestimento della genitalità sotto mentite spoglie orali, in quanto consentirebbe di intravvedere, all'interno dello stesso funzionamento triangolare dell'Edipo, l'operatività di un fantasma, di un contenuto arcaico della psiche, che

beninteso non sono inesistenti (come è messo sufficientemente in evidenza dall'opera [...] di Melanie Klein) ma agli stadi pregenitali in quanto ricevono il proprio ordinamento in funzione della retroazione dell'Edipo" (*Una questione preliminare ad ogni possibile trattamento della psicosi*, in *Scritti*, 2, Einaudi, Torino 1974, pp. 550-551). In ogni caso, rispetto alla riflessione freudiana, si può osservare che il termine "preedipico" compare tardivamente, e in relazione a una valutazione delle modalità della sessualità femminile; cfr. S. FREUD, *Über die weibliche Sexualität*, in G.W., XIV, pp. 515-537, tr. it. *Sessualità femminile*, in O, 11. Laplanche e Pontalis notano che la tesi di Freud è abbastanza "sfumata" e tale da preservare intatta l'idea dell'Edipo come complesso nucleare: "a partire dalla tesi [...] di Freud si aprono due direzioni: o si mette l'accento sulla esclusività della relazione duale, o si enucleano molto precocemente delle manifestazioni edipiche al punto da non poter circoscrivere una fase propriamente preedipica. Come esempio della prima direzione si può citare il lavoro di R. Mack Brunswick [...]. Nella direzione opposta, la scuola di Melanie Klein" (*Enciclopedia della psicanalisi*, cit., p. 401).

sembra far convergere su di sé le dinamiche di appropriazione e separazione dagli oggetti materni. Fantasma dalla natura orale, che svela la consistenza della soggettività di fronte alla minaccia che dà corso alla fobia. Sorgendo in risposta a privazioni e mancanze ancora senza nome, esso viene al posto di una bocca vuota di seno che deve riempirsi di parole, e mostra, come ha riconosciuto Freud, un'aggressività che ritorna alla propria fonte, cambiando di segno: non divoro, sono divorato... da un altro.

La bocca del cavallo, davanti alla quale Hans arretra impaurito, tradurrebbe allora, nel linguaggio edipico, un'altra esperienza di bocca che dall'esterno lo guarda come un pericolo incombente. Un'allucinazione? Il cavallo nient'altro che una formazione delirante con cui il soggetto si ripara dall'orrore del vuoto?

> Un carattere universale dell'allucinazione – scrive Freud in *Costruzioni nell'analisi* – è che in essa ritorna qualcosa delle esperienze vissute in un periodo arcaico e poi dimenticate, qualcosa che il bambino ha visto o udito in un tempo in cui era appena capace di parlare, e che adesso importuna la coscienza, probabilmente deformato e spostato per effetto delle forze che si oppongono a tale ritorno [...]. Forse le formazioni deliranti, in cui così regolarmente troviamo inserite queste allucinazioni, non sono così indipendenti dalla spinta ascensionale dell'inconscio e dal ritorno del rimosso.[52]

Benché il Professore tenti di ricondurre il fenomeno allucinatorio alla dinamica della rimozione, il suo testo si spinge più avanti, in un mondo abitato da percezioni quasi silenziose, che talvolta irrompono generando ansie e comportamenti bizzarri. È il mondo della psicosi, cui la fobia fa cenno, evidenziando una struttura soggiacente che accomuna Hans all'Uomo dei lupi. Il fantasma che condividono – messo in luce dallo stesso Freud – reca infatti in sé la marca di un vissuto enigmatico, inesprimibile in termini

[52] S. FREUD, *Konstruktionen in der Analyse*, in G.W., XIV, p. 54, tr. it. *Costruzioni nell'analisi*, in O, 11.

di castrazione, che tuttavia dice dell'angoscia di una frantumazione, di un annichilimento, che può essere ritrovato ogni volta che si produce una regressione. Certo il cavallo è più rassicurante del lupo, ma il modo del loro porsi come oggetti di paura lascia comunque affiorare, da parte del soggetto, la risposta a una minaccia la cui realizzazione comporterebbe un annullamento incontenibile dagli argini eretti dalla metapsicologia freudiana. Delirio ipocondriaco per il *Wolfmann*, fobia per il piccolo Hans.[53]

In ogni caso, l'emergere di questa struttura rivela, nel contesto della storia analitica di Herbert Graf, una certa fragilità nell'impostazione edipica del caso che muove a riguardarne altre circostanze.

6.3. Di cosa parla il cavallo di Hans? Sicuramente di quello straordinario intreccio di fantasmi e situazioni contingenti, di realtà e fantasie che Freud è riuscito a mostrare, analizzando meccanismi e processi che presiedono alla formazione del sintomo fobico; forse con un "eccesso" di razionalizzazione che finisce per vedere, nel sintomo stesso, un segnale, un modo per dire che c'è del pericolo. Così, l'oggetto della paura non è che il risultato di uno spostamento rispetto alla sua condizione primaria; per cui è facile comprendere come il cavallo sia il padre e la paura nient'altro che il timore della castrazione, a causa dei desideri per la bella mamma.

La malattia di Hans ha tuttavia un decorso proprio, che non sembra rispettare del tutto le interpretazioni del Professore. Infatti, se l'oggetto della fobia è la castrazione,

[53] Cfr. S. FREUD, *L'Uomo dei lupi*, cit. Sull'interpretazione dell'oggetto fobico nella prospettiva del delirio, cfr. J. KRISTEVA, *Poteri dell'orrore*, Spirali, Milano 1981, pp. 35-61, e A. GREEN, *Il discorso vivente*, cit., pp. 130-133. In merito a questo tema, specificatamente rispetto all'individuazione di un luogo della fobia come elemento fondamentale per la clinica delle psicosi, è opportuno menzionare, in ambito italiano, il lavoro condotto da S. Finzi e V. Finzi Ghisi nel loro seminario e sulla rivista "Il piccolo Hans", in particolare, cfr. di V. FINZI GHISI, *La barriera delle tasse: l'apparato psichico e la sua rappresentazione nella storia di una fobia*, in "Il piccolo Hans", 31, 1981, e *La forma logica del luogo della fobia preliminare a una comprensione della schizofrenia*, in "Il piccolo Hans", 53, 1987, e di S. FINZI, *Il posto dell'origine nel riconoscimento della psicosi*, in "Il piccolo Hans", 48, 1985.

perché le informazioni in materia sessuale placano l'angoscia invece di acuirla? Perché il bambino non ha nessun timore dinanzi ai genitori? E, in fondo, perché teme che proprio un cavallo lo morda?

Seguendo rapidamente le tracce che il cavallo ha lasciato dietro di sé, si può tentare di aprire la porta della Berggasse, e osservare persone e cose che entrano ed escono. Ad esempio lo stesso Professor Freud, con un bel cavallo a dondolo tra le braccia. È il 10 aprile del 1906, come ricorderà Max Graf molti anni dopo, il giorno del terzo compleanno di suo figlio Herbert: "Freud gli fece dono di un cavallo a dondolo, che portò lui stesso per i quattro piani di scale che conducevano al mio appartamento".[54] Dell'episodio, nessuna menzione nel caso clinico. E il musicologo aspetterà il 1942 per rendere noto il fatto.

L'omissione di Freud e il differimento del padre di Hans potrebbero far supporre l'esistenza di una storia di cavalli passata sotto silenzio. Una storia che sembra stabilire un legame tra il Professore, il suo nome (omofono del cavallo: *Freud-Pferd*),[55] e l'origine della fobia del bambino.

[54] M. GRAF, *Reminescences of Sigmund Freud*, in "Psychoanalytic Quarterly", 11, 1942, p. 474.

[55] Cfr. B. SYLWAN, *Le Ferd-Ikt*, cit., p. 130 e M. TOROK, *Storia di paura*, in N. ABRAHAM, *La scorza e il nocciolo*, Borla, Roma 1993, pp. 386 sgg. Il legame tra i due termini può apparire arbitrario, frutto di associazioni da parte dell'interprete, o del lettore. Tuttavia, nella fantasia del fabbro, Freud sembra riconoscere che l'omofonia è il mezzo per cui Hans riesce a operare il passaggio, fondamentale per l'analisi, tra il tema del pene e quello della nascita. Come nota J. FORRESTER, *Il linguaggio e le origini della psicoanalisi*, il Mulino, Bologna 1984, pp. 310 sgg., Freud è qui armato di uno strumento filologico comprovato, che gli permette di interpretare con passo sicuro, al di là dell'arbitrio. Certo il nesso tra *Pferd* e *Freud* non è sostenuto da alcuna prova filologica; ma una serie di rime nel testo sembrano rendere lecito l'accostamento. Infatti, il cavallo (*Pferd*) ha qualcosa di nero intorno alla bocca (*Sig-Mund*); i piaceri (*Freude*) masturbatori di Hans sono interpretati dal padre in nome del Professor *Freud*; e il bambino passa le sue giornate a giocare a *Pferd/Freud* con i suoi piccoli amici (*Freunde*). I linguisti, sulla scorta di Jakobson, conoscono bene il principio secondo il quale le equivalenze o affinità foniche hanno il compito di sottolineare equivalenze o affinità semantiche (identità?), per cui le differenze di significato possono essere abolite. Cfr. R. JAKOBSON, *Saggi di linguistica generale*, Feltrinelli, Milano 1982, pp. 40 sgg.

Non soltanto nella sua causa immediata, quanto rispetto a quel polo attorno al quale ruotano le dinamiche di una coppia di genitori che pare tutt'altro che promuovere il conflitto edipico da cui dovrebbe sorgere la paura. Olga Hönig, prima di sposarsi, era stata paziente di Freud, e Max Graf fervente fautore del movimento psicoanalitico. Due adulti che si definiscono in rapporto a un terzo che sembra quasi costituire la condizione della loro reciproca appartenenza; un terzo assente dalla prima scena di Hans, ma sempre evocato: probabilmente nei ricordi (nell'inconscio?) della madre, di certo dalle parole del padre che gli riferisce tutto, che interpreta ogni cosa in suo nome. Quel nome che il bambino potrebbe facilmente identificare col dono ricevuto, tramite il quale fa la sua comparsa l'animale che diverrà il suo preferito, oggetto di piacere e... di paura. Di una paura che gli appartiene davvero? Che fa propria sviluppando il sintomo? O piuttosto indotta, importata dall'esterno attraverso Freud?[56]

La questione della fobia di Hans, e non solo, rimane aperta, anche se la psicoanalisi, per garantirsi un fondamento, ha tentato di ricondurla alle vicissitudini della sessualità infantile, quale motivo preminente delle manifestazioni dell'anima umana.

6.4. Se per il piccolo Herbert Graf il cavallo può significare il rapporto della sua famiglia col Professore, l'autorità che egli detiene e i sentimenti che suscita, per Freud cosa indica?

Le strade da seguire sono molte, e non riguardano soltanto l'oggetto della fobia del piccolo Hans. Nel 1922, infatti, interrogandosi sulle relazioni tra l'Io e l'Es, Freud propone un'interessante analogia:

> [L'Io] nel suo rapporto con l'Es rassomiglia al cavaliere che deve tenere a freno la forza superiore del cavallo [...]. Come al

[56] Cfr. M. Torok, *Storia di paura*, cit., che fornisce una lettura del caso di Hans a partire dalla fobia come elemento introdotto dalla stessa analisi freudiana.

cavaliere, se non vuole separarsi dal cavallo, spesso non resta che condurlo là dove vuole andare, così l'Io è solito trasformare in azione la volontà dell'Es, come se fosse la propria.[57]

E dieci anni dopo, con le stesse parole: "il cavaliere deve condurre il cavallo là dove vuole andare".[58] Come a dire che, se in analisi non si vuole essere disarcionati, bisogna assecondare la volontà del cavallo, i movimenti che l'Es, l'inconscio ci detta.

L'analogia ha una lunga storia, che riconduce ai tempi della corrispondenza con Fliess. Il 7 luglio 1898, parlando di quella "psicologia" che costituirà il settimo capitolo de *L'interpretazione dei sogni*, Freud confida all'amico:

> Mi è stato dettato tutto dall'inconscio, secondo la ben nota risposta di Itzig, cavaliere della domenica.
> "Itzig, dove vai?"
> "Non chiederlo a me, chiedilo al cavallo."[59]

Il passo fermo della psicoanalisi sorge dall'incertezza: "ogni volta che iniziavo un paragrafo, non sapevo come l'avrei terminato" – prosegue Freud nella lettera – "non ho ancora la più pallida idea di che forma assumerà alla fine". Favorire allora la corsa del cavallo, assumendo semplicemente che sia significativa? Stabilire relazioni, connessioni tra elementi eterogenei, al di là della mera somiglianza?

L'impresa di Freud, e non solo quella iniziale, ricorda dappresso i modi del delirio, ma di un delirio per così dire riuscito. Ricordando la propria esperienza con Fliess, il Professore confida a Ferenczi il 6 ottobre 1910:

> Io non sento più il bisogno di aprirmi completamente agli altri [...] dopo il caso Fliess – e Lei mi ha visto impegnato a superarlo – questa esigenza in me si è spenta. Una parte dell'in-

[57] S. FREUD, *Das Ich und das Es*, cit., p. 253.
[58] S. FREUD, *Neue Folge der Vorlesungen zur Einführung in die Psychoanalyse*, cit., p. 83.
[59] S. FREUD, *Lettere a Wilhelm Fliess (1887-1904)*, cit., p. 375.

vestimento omosessuale è stata ritirata e impiegata per accrescere l'Io. *Sono riuscito là dove il paranoico fallisce.*[60]

Il senso di questo successo è probabilmente lo stesso della psicoanalisi, in quanto essa viene a occupare quello spazio vuoto, al limite della scienza positiva, in cui per il soggetto si formulano delle domande che riguardano la vita e la morte, il sesso, l'odio e l'amore, il proprio essere uomo o donna – domande che chiamano in causa gli statuti del sapere di fronte alle dinamiche del desiderio. L'analisi istaura e descrive questo diverso rapporto tra sapere e desiderio, e può farlo semplicemente perché Freud ha accettato di parlare il medesimo linguaggio dei sintomi, supponendo che essi fossero risposte significative, là dove non apparivano che caotiche configurazioni senza senso.

Ancora una volta l'azzardo? Il rischio del delirio? Ma l'accostamento seduce l'analista, e stabilisce un'equazione dai tratti perturbanti; si legge infatti ancora in *Costruzioni nell'analisi* del 1937: "le formazioni deliranti del malato mi sembrano l'equivalente delle costruzioni nel trattamento analitico".[61]

La famosa bonifica dello Zuidersee non è allora un progressivo movimento di emancipazione, ma un oscillare della ragione sullo stesso bordo di quella follia da cui cerca di affrancarsi. E se ciò è vero, il grande edificio metapsicologico, eretto sulle fondamenta delle psicoanalisi, non si rappresenta soltanto come la descrizione delle leggi e dei con-

[60] S. Freud - S. Ferenczi, *Lettere (1908-1914)*, vol. 1, Raffaello Cortina Editore, Milano 1993, p. 228 (corsivi miei). È importante ricordare che nel 1910 Freud stava preparando una nuova edizione dei *Tre saggi*, in cui verranno a trovare fondamento le elaborazioni teoriche che permettono di comprendere come possa avvenire l'allargamento dell'Io a partire dal ritiro di una pulsione omosessuale. Sempre nello stesso periodo, a coronamento di due lavori clinici fortunati, il Professore si accingeva allo studio delle *Memorie* del Presidente Schreber, che, in breve tempo, approderà alla scrittura del caso clinico a esse dedicato, cfr. *Psychoanalytische Bemerkungen über einen autobiographisch beschriebenen Fall von Paranoia (dementia paranoides)*, in G.W., VIII, pp. 239-320.

[61] S. Freud, *Konstruktionen in der Analyse*, cit., p. 55.

tenuti dell'apparato psichico, ma, soprattutto, come il tentativo di rendere legittima la mossa di quel cavallo che Hans, Itzig e lo stesso Freud riportano continuamente sulla scena.

7. *L'amnesia*

7.1. Per il pensiero psichiatrico e neurologico del secolo scorso l'amnesia costituiva un modello efficace per spiegare quanto sfugge alla presa della coscienza. L'orientamento etiologico supponeva infatti che, dietro a ogni sintomo, vi fosse una causa, la cui scoperta produceva effetti terapeutici. Causa determinata da motivi psichici, quali l'astenia o lo stato (semi)ipnoide, come quelli delle isteriche trattate da Freud e Breuer.

In un passo de *L'interpretazione dei sogni*, Freud richiama quelle posizioni scientifiche quali principali obiezioni alla sua spiegazione dinamica dell'oblio dei sogni. Attribuire alla resistenza la ragione della dimenticanza significa misconoscere il tipo di amnesia che producono gli "stati psichici dissociati", fornendo un'interpretazione che non rende conto del fenomeno generale.[62]

Eppure tale è l'intento di Freud. Dietro ai sintomi non c'è tanto una causa, quanto un senso che può essere determinato se si è disposti a confrontarsi con un'altra modalità del ricordo, una sorta di perdita che chiama in causa una diversa cornice temporale.

7.2. Di fronte al fatto che il giovane Graf dichiari di non ricordare nulla della sua passata storia analitica, Freud commenta:

> L'analisi [...] non aveva protetto l'evento dall'amnesia, era essa stessa soggiaciuta all'amnesia. A chi abbia familiarità con la psicoanalisi, qualcosa di simile succede a volte nel sonno.

[62] S. Freud, *Die Traumdeutung*, cit., p. 525.

Si sveglia da un sogno, decide di analizzarlo senza indugio, si riaddormenta, soddisfatto del risultato della propria fatica, e la mattina dopo sogno e analisi sono dimenticati.[63]

Lo stesso fenomeno era stato registrato dalla *Traumdeutung*, subito prima di discutere l'amnesia relativa agli stati dissociati. Perché allora il Professore non prosegue il commento nel poscritto del 1922? Perché non illustra il suo pensiero sull'episodio riferito da Hans?

L'epoca della visita dell'ex paziente e il rinvio al libro sui sogni fanno pensare che Freud intenda leggere il passaggio come prodursi di quella rimozione che coincide con la soluzione dell'Edipo, col distogliersi dell'Io dalle dinamiche complessuali, per procedere a identificazioni e scelte oggettuali proprie. Herbert Graf non ricorda perché, superando l'esile linea di confine tra normale e patologico, ha portato a termine il suo distacco dal complesso.[64]

Se ciò è vero, ad avere effetto terapeutico non sono tanto i ricordi in se stessi, quei ricordi che possono essere recuperati durante il trattamento, venendo a capo delle resistenze, quanto il loro collegamento con un altro evento che non sembra rientrare nell'ordine dei fatti. Evento di cui non si dà propriamente memoria, perché la sua attestazione dipende dallo stesso oblio che produce, dallo spossessamento da quella storia sintomatica che costituisce il senso e l'obiettivo di ogni analisi. Il caso clinico del piccolo Hans narra così, nella complessità della sua articolazione, di questo straordinario accadere che rende consistente il proprio passato solo in quanto lo affida a una dimenticanza che ne mostra il significato più autentico, il motivo dell'angoscia, di quella sofferenza nevrotica di cui il presente non è che la dissoluzione.

[63] PH, p. 311.
[64] Cfr. S. FREUD, *Das Ich und das Es*, cit., *passim*, e ID, *Der Untergang des Ödipuskomplex*, cit., *passim*.

Elenco delle opere citate nell'Introduzione

AA.VV., *Freud and his patients*, a cura di M. Kanzer e J. Glenn, Aronson, New York 1980.

N. ABRAHAM - M. TOROK, *La scorza e il nocciolo*, a cura di L. Russo, Borla, Roma 1993.

R. CLARK, *Freud*, Rizzoli, Milano 1983.

H. EYSENK, *Decline and fall of the freudian empire*, Viking Penguin, New York 1985.

S. FINZI, *Il posto dell'origine nel riconoscimento della psicosi*, in "Il piccolo Hans", 48, 1985.

V. FINZI GHISI, *La barriera delle tasse: l'apparato psichico e la sua rappresentazione nella storia di una fobia*, in "Il piccolo Hans", 31, 1981.

La forma logica del luogo della fobia preliminare a una comprensione della schizofrenia, in "Il piccolo Hans", 53, 1987.

L. FLEM, *La vita quotidiana di Freud e dei suoi pazienti*, Rizzoli, Milano 1987.

A. FONTANA, *Angoscia/Colpa*, in *Enciclopedia*, vol. 1, Einaudi, Torino 1980.

J. FORRESTER, *Il linguaggio e le origini della psicoanalisi*, il Mulino, Bologna 1984.

G. FOSSI, *La psicoanalisi verso il cambiamento*, La Nuova Italia Scientifica, Roma, 1993.

S. FREUD, *Lettere a Wilhelm Fliess (1887-1904)*, a cura di J.M. Masson, Boringhieri, Torino 1986.

S. FREUD - S. FERENCZI, *Lettere (1908-1914)*, vol. 1, Raffaello Cortina Editore, Milano 1993.

P. GAY, *Freud*, Bompiani, Milano 1988.

M. Graf, *Reminescences of Sigmund Freud*, in "Psychoanalytic Quarterly"', 11, 1942, pp. 465-476.
Jede Stunde war erfüllt, Forum Verlag, Wien 1957.
A. Green, *Il discorso vivente*, Astrolabio, Roma 1974.
Il complesso di castrazione, Borla, Roma 1991.
J. Greenberg - S. Mitchell, *Le relazioni oggettuali nella teoria psicoanalitica*, il Mulino, Bologna 1986.
R. Jakobson, *Saggi di linguistica generale*, Feltrinelli, Milano 1982.
J. Kristeva, *Poteri dell'orrore*, Spirali, Milano 1981.
G. Jervis, *La psicoanalisi come esercizio critico*, Garzanti, Milano 1989.
Fondamenti di psicologia dinamica, Feltrinelli, Milano 1993.
J. Lacan, *Scritti*, 2, Einaudi, Torino 1974.
J. Laplanche - J.B. Pontalis, *Enciclopedia della psicanalisi*, Laterza, Bari 1984[3].
O. Mannoni, *L'analisi originaria*, Armando, Roma 1973.
P. Petrella, *Il modello freudiano*, in *Trattato di psicoanalisi*, vol. 1, a cura di A.A. Semi, Raffaello Cortina Editore, Milano 1988, pp. 41-130.
O. Rank, *Il trauma della nascita e il suo significato psicoanalitico*, Guaraldi, Rimini 1972.
P. Ricoeur, *Dell'interpretazione. Saggio su Freud*, Il Saggiatore, Milano 1967.
F. Sulloway, *Rivalutando i casi clinici di Freud: la costruzione sociale della psicoanalisi*, in "Psicoterapia e Scienze Umane", xxvi, 1, pp. 7-37, e 2, pp. 5-39, 1992.
B. Sylwan, *Le Ferd-Ikt*, in "Etudes Freudiennes", 13-14, 1978, pp. 127-172.
J. Wolpe - S. Rachman, *Psychoanalytic evidence: a critique based on Freud's case of little Hans*, in "Journal of Nervous and Mental disease", cxxxi, 2, 1960, pp. 135-148.

Tradurre Freud

Nota alla seconda edizione dei casi clinici di Mario Ajazzi Mancini

> Sembra che dalla psicologia non si esigano progressi nel sapere, piuttosto qualche altra soddisfazione; le si fa rimproveri per ogni problema irrisolto, ogni incertezza confessata. Chi ama la scienza della vita dell'anima, dovrà accettare anche queste ingiustizie.
>
> SIGMUND FREUD

Nel 1931 Edoardo Weiss, medico triestino di formazione viennese, e membro dell'Associazione psicoanalitica internazionale dal 1913, diede luogo alla rifondazione della Società italiana di psicoanalisi, già nominalmente costituitasi nel 1925, per opera di Marco Levi Bianchini. Si trattava, tuttavia, soltanto di un gruppo di persone, semplicemente interessate alla disciplina freudiana, senza un'adeguata preparazione tecnica e scientifica. Weiss individuò una lista di nomi – tra cui corre l'obbligo ricordare Perotti, Servadio e Musatti – e propose a Freud la loro candidatura quali membri effettivi della Società, al fine di dar corso a un'organizzazione strutturata che ottenesse l'affiliazione da parte dell'Associazione internazionale.[1]

La nuova Società, ben presto formatasi, si trovò ad affrontare una serie di problemi, non solo di tipo organizzativo; primo tra tutti quello che riguardava lo statuto del linguaggio psicoanalitico, la costituzione di un lessico, legittimato dall'Associazione, che mettesse ordine nel caos terminologico che si era ingenerato a partire dalle prime traduzioni dei pionieri. Vennero così definite "scientificamente" quelle nozioni della dottrina freudiana che forniranno l'assunto di base al grande progetto editoriale com-

[1] Cfr. M. DAVID, *La psicoanalisi nella cultura italiana,* Boringhieri, Torino 1990, pp. 144-242, e C. MUSATTI, *Introduzione,* in S. FREUD, *Opere,* 12, Boringhieri, Torino 1967, pp. 7-15. Sulla figura e l'opera di Marco Levi Bianchini, cfr. AA.VV., *La psicoanalisi tra scienze umane e neuroscienze,* a cura di Rosario Conforti, Rubbettino, Catanzaro 2006, pp. 19-285, atti del convegno dal medesimo titolo svoltosi tra Salerno e Nocera Inferiore, dal 18 al 20 ottobre del 2001.

piuto da Boringhieri, adesso Bollati Boringhieri, per i tipi della propria casa editrice: la pubblicazione dei dodici volumi delle *Opere di Freud* (1967-1980), a cura di Cesare Musatti, con il corredo critico di James Strachey, l'editore della *Standard Edition* (1953-1974).[2]

La traduzione italiana delle *Opere di Sigmund Freud*,[3] com-

[2] Il riferimento a questa edizione, e al suo curatore, è inevitabile ogni qual volta è in gioco la traduzione del testo psicoanalitico. La *Standard Edition*, infatti, nonostante le molte critiche di cui stata oggetto, ha rappresentato l'edizione principe di Freud, non solo perché accreditata dall'approvazione del Professore, ma anche perché ha supplito alla mancanza di una edizione definitiva in lingua tedesca, impraticabile almeno fino al 2009, anno di scadenza dei diritti. Così, benché siano stati riconosciuti molti degli arbitri di Strachey, la completezza e l'apparato critico del suo lavoro continuano a essere un punto di riferimento per studiosi e traduttori, il canale principale per la trasmissione e l'insegnamento. Per comprendere la portata della *Standard Edition*, si potrebbe ricordare che gli analisti di madre lingua tedesca, emigrati negli Stati Uniti, fecero proprio il testo di Strachey, adottandolo nel loro lavoro di ricerca e didattica. Solo nei primi anni ottanta, B. Bettelheim si è interrogato sul significato di questa adozione che lo aveva personalmente coinvolto per decenni, giungendo a formulare giudizi e ipotesi di traduzione che aprono a un profondo ripensamento dell'edizione di Strachey (cfr. B. BETTELHEIM, *Freud e l'anima dell'uomo*, Feltrinelli, Milano 1983). Certo queste proposte, come hanno sostenuto alcuni autori che hanno trattato analiticamente il problema della traduzione, potrebbero, per il fatto stesso di essere "rivoluzionarie", generare "confusione", costringere il testo freudiano a una risignificazione al di là degli argini consolidati dell'abituale ricezione psicoanalitica (cfr. J. AMATI MEHLER, S. ARGENTIERI, J. CANESTRI, *La Babele dell'inconscio*, Raffaello Cortina Editore, Milano 2003[2], pp. 287-318). Ciò nonostante, in ambito anglosassone si è continuato a discutere in merito alla *Standard Edition*; ne è testimonianza il lavoro di D.G. Ornston, autore in proprio di numerosi saggi sulla traduzione e curatore di un ormai classico contributo, cfr. *Translating Freud*, Yale University Press, New Haven 1992. Per quanto concerne la Francia, è solo dal 1984 che A. Bourguignon, J. Laplanche e P. Cotet si sono adoperati in proprio ad approntare un'edizione completa delle opere di Freud, presso Presses Universitaires de France (PUF). Se i francesi si sono risolti piuttosto tardi a una pubblicazione di tal genere, gli spagnoli possono invece vantare una traduzione integrale di Freud fin dal 1948, per opera di Lòpez-Ballestreros (Biblioteca Nuova, Madrid). Ma la *Standard Edition* ha esercitato il proprio influsso anche in lingua castigliana; dal 1975 al 1981, in Argentina è stata pubblicata una nuova traduzione delle opere complete (Amorrortu, Buenos Aires), che si serve dell'apparato critico di Strachey.

[3] Nel 2005, sempre per i tipi di Bollati Boringhieri, sono comparsi due volumi – dei dieci annunciati – di un'integrale intitolata *Sigmund Freud. Testi e Contesti*, a cura di M. RANCHETTI, la cui specificità risiedeva nel proporre, accanto ai testi freudiani (in nuova e/o aggiornata traduzione), lavori dei collaboratori più stretti del Professore, lettere scelte, resoconti delle riunioni della società analitica, verbali delle relazioni di Freud ai congressi. Un tentativo, in

piuta sull'originale tedesco, segna una tappa importante rispetto all'impatto del pensiero freudiano nel nostro paese. Includendo una serie di inediti, scoperti dopo la pubblicazione della *Standard Edition*, si propone come un corpo unitario di scritti, ordinati cronologicamente, commentati e annotati, nonché successivamente integrati da complementi ed epistolari. Una sorta di "vocabolario", di "dizionario enciclopedico",[4] che consente la circolazione, il trasferimento di termini e concetti analitici dal campo strettamente psicologico ad altre aree quali la letteratura e la critica letteraria, la sociologia, il cinema, l'antropologia ecc. Si tratta di un passaggio culturale di grande portata, che indica come l'Associazione si sia fatta garante della trasmissione del sapere, assicurando pure identità al messaggio.

E allora, tradurre Freud? Quale necessità?

Da un lato, considerandolo un classico, ci si potrebbe appellare a Benjamin e sostenere che è proprio la traducibilità continua a essere il tratto preminente della consistenza e del valore di un'opera, tanto in ambito artistico quanto scientifico. Dall'altro, per non sostare sul banale aggiornamento al passo con i tempi, alle moderne scienze della traduzione, che la individuano come

breve, di ricostruire storicamente un'impresa culturale inedita, di testimoniare di una rivoluzione epistemica. In seguito a un "furiosa" polemica – simile a quella che ha accompagnato la prima edizione di questi casi clinici – in merito alla titolarità della traduzione e della legittimità degli aggiornamenti, l'editore ha ritirato i due volumi comparsi, vol. 3: *Scritti di metapsicologia (1915-1917)*, e vol. 5: *Sulla storia della psicoanalisi* – di cui l'attuale mercato non reca traccia.

[4] L'esigenza di regolazione e uniformità del vocabolario psicoanalitico è stata avvertita anche dalla Federazione europea di psicoanalisi, che ha approntato un *Glossario*, nelle quattro lingue ufficiali – tedesco, inglese, francese, spagnolo – sul modello della storica *Enciclopedia della psicoanalisi* di Laplanche e Pontalis (edizione originale PUF, Paris 1967, tr. it. Laterza, Bari, vol. I 2005[3], vol. II 2006[3]). Anche rispetto a quest'opera, la traduzione italiana compie un passo che sembra indicativo dello spirito che ha animato l'edizione delle *Opere di Sigmund Freud*. In origine si trattava di un *Vocabulaire de la psychanalyse*, di un lavoro destinato a repertoriare e a "chiarire la terminologia analitica", attraverso un commento che supera il semplice ambito della definizione, secondo il modello storico-critico inaugurato in Francia dal *Vocabulaire de la philosophie* di Lalande. Commento, citazione ed esperienza analitica degli autori non significano tuttavia esposizione sistematica di quella disciplina che si chiama psicoanalisi. Scopo del vocabolario è infatti la raccolta dei concetti, il loro ordinamento e la loro spiegazione in vista della costituzione di un corpo unitario, soggetto, come la lingua, a modificazioni; e non la delimitazione di un campo del sapere già amministrato da norme proprie, cui è sempre possibile far riferimento per governare i singoli casi.

strumento privilegiato per l'analisi dei testi – modalità di costituzione e tropologia.[5] Ripartendo quindi dall'originale – qui e per la prima volta riportato a fronte – per analizzarne funzionamento e struttura, al fine, sperabilmente, di rinvigorire quella "lettura freudiana" che, nella svolta istituzionale, pare essersi sedimentata in cliché e/o stereotipi, volgarizzati pure e con una certa sollecitudine da una manualistica pronta cassa.

Chiedersi come funziona un testo, per procedere poi a un "messa a dimora" in un'altra lingua, è operazione epistemica ed etica a un tempo. Equivale a indagare i modi in cui si è prodotto il passaggio dall'osservazione all'astrazione, dalla clinica alla metapsicologia. Freud ha più volte ribadito che le vicende di cui scrive hanno da leggersi come racconti o novelle, in quanto il fantasticare vi gioca una parte preminente, costituendone l'autentico potenziale "speculativo". La sua opera, pertanto, e nelle sue stesse intenzioni, presenta un duplicità affatto caratteristica: da un lato, "scienza della vita dell'anima", dall'altro, finzione teorica che utilizza modelli propri della letteratura, metafore, analogie, paragoni... Il motivo risiede probabilmente in una domanda: come organizzare un sapere – per non dire, come poterlo trasmettere? – intorno a un oggetto pressoché invisibile? Ovvero, com'è fatta questa "scienza della vita dell'anima"?

La risposta è nota. Prima della psicoanalisi, sogni, lapsus, arguzie, non meno dei sintomi, apparivano soltanto come curiose conformazioni senza senso; dopo Freud, dimorano nell'altra scena di un pensiero che sostiene e rappresenta un soggetto, che per lo più lo ignora. È spesso un inciampo, una svista o una distrazio-

[5] Sull'argomento, la bibliografia è pressoché sterminata. Si ricordano, tra gli altri, i lavori ormai classici di R. Jakobson, *Studi di linguistica generale*, Feltrinelli, Milano 1966; G. Steiner, *Dopo Babele*, Sansoni, Firenze 1984, e *Errata*, Garzanti, Milano 1998; F. Apel, *Il movimento del linguaggio. Una ricerca sul problema del tradurre*, Marcos y Marcos, Milano 1997; C. Hauge, *L'uomo di parole*, Einaudi, Torino 1983; e, relativamente alla traduzione poetica, Y. Bonnefoy, *La comunità dei traduttori*, Sellerio, Palermo 2000, la cui pratica del "leggere scrivente" ha fatto scuola. In ambito psicoanalitico nostrano, dove ha prevalso per lo più l'orientamento anglosassone, manca una trattazione specifica del problema; si può fare riferimento, oltre che al giù menzionato *La Babele dell'inconscio*, ai lavori, in certo qual modo pionieristici rispetto a una "psicoanalisi in lingua italiana", di M. Focchi, *La lingua indiscreta*, Franco Angeli, Milano 1985, e *L'oggetto immemore*, Franco Angeli, Milano 1987, nonché allo straordinario contributo di teoria della traduzione, presente all'interno stesso del testo freudiano, fornito da N. Abraham e M. Torok, *Il Verbario dell'Uomo dei lupi*, preceduto da *F(u)ori* di J. Derrida, a cura di M. Ajazzi Mancini, Liguori, Napoli 1992 (edizione originale, Aubier Flammarion, Paris 1976).

ne, a rivelargli quanto sa di sé, nella forma di una teoria di cui fruisce senza sapere. Teoria sovente enigmatica che l'anticipa – che fa problema – pur essendo elaborata al fine di venire a capo di questioni tanto micidiali da decidere della sua sorte, del suo rapporto con gli altri, della sua gioia come del suo dolore. Perché, per risolvere il mistero della propria posizione nel mondo, questo soggetto – che potremmo chiamare freudiano – opera con il linguaggio, monta frammenti di parole, di rappresentazioni, produce modelli e schemi di comportamento, di cui talvolta è vittima.

Per ricostruire i tratti di tale montaggio, il Professore, sin dagli esordi, ha fatto ricorso a una "strega". Dinanzi a ciò che sfugge di continuo, e che tiene desti la notte, non c'è che un'opzione: *phantasieren, übersetzen, erraten*[6] – non tanto interpretare e congetturare, ma letteralmente fantasticare, tradurre, indovinare. Questa affermazione che è suonata come una sfida alla scienza positiva, non è che la faticosa constatazione che dello psichico[7] si può dire solo se siamo in grado di fare conti differenti, servendosi nondimeno di quegli arnesi che sono rimasti all'incirca gli stessi nel lungo corso della ricerca. Speculare, teorizzare, fantasticare metapsicologico – quando i responsi non soddisfano, bisogna ricorrere alla *Hexe*[8] – scrive Freud nel '37; alla strega goethiana, riconoscendo alla fantasia quel ruolo che in questo testo sembra celarsi dietro a un lapsus da correggere.

Il tema della fantasia aveva ricevuto attenzione analitica già dal 1907. Freud le dedica un breve saggio – *Der Dichter und das Phantasieren*[9] – in cui, rapportando il gioco infantile alla creazio-

[6] Il 25 maggio 1895 Freud scrive all'amico berlinese Fliess: "Nelle ultime settimane [...] ho impiegato le ore notturne [...] intento a fantasticare, interpretare e congetturare, interrompendomi solo quando arrivavo a qualche assurdità o quando non ne potevo proprio più, con la conseguenza che poi perdevo interesse per il mio lavoro quotidiano" (S. FREUD, *Lettere a Wilhelm Fliess (1887-1904)*, Boringhieri, Torino 1986, p. 155).

[7] Per Freud, psichico e vita dell'anima si equivalgono, e lo ribadisce sia nelle *Nuove Lezioni* che nel *Compendio*, cfr. S. FREUD, *Neue Folge der Vorlesungen zur Einführung in der Psychoanalyse*, in G.W., XV, pp. 5, 15 e 62-87; cfr. ID., *Abriss der Psychoanalyse*, in G.W., XVII, p. 65.

[8] Cfr. S. FREUD, *Die endliche und unendliche Analyse*, in G.W., XVI, p. 69: "'Largo alla strega, allora' (come legge F. FORTINI nella splendida traduzione del *Faust*, Mondadori, Milano 1970, p. 195). La strega metapsicologica, quindi. Senza speculare e teorizzare metapsicologico – stavo per dire fantasticare – non si avanza di un passo".

[9] Cfr. S. FREUD, *Der Dichter und das Phantasieren*, in G.W., VII, pp. 213-225.

ne poetica, sostiene che quest'ultima è il risultato di un processo di distacco, una sorta di lutto rispetto all'abbandono dell'appoggio che il mondo circostante fornisce all'immaginazione del bambino. Invece di giocare, il poeta fantastica, ma solo sullo sfondo di una insoddisfazione. Come il sogno, il *Phantasieren* è l'appagamento di un desiderio, la costruzione di una scena in cui prende forma qualcosa che non è realmente a disposizione: non tanto l'oggetto perduto, quanto l'oggetto davvero mancante, quell'oggetto che non c'è e che, tenuto presente dalla fantasia, consente al soggetto di compiere una serie di operazioni simboliche che l'ancorano alla realtà.

In tale ancoraggio si dà la specificità di ciascuna lingua – il suo modo d'intendere, per dirla ancora con Benjamin –, ciò che la differenzia da un'altra e rende continuamente necessaria la traduzione. Non tanto quale ripetizione o riproduzione dello stesso, quanto del modo, ogni volta singolare e proprio, in cui lo stesso è ripetuto o riprodotto: della diversa produzione del significato di quanto permane medesimo.[10]

Il ricorso freudiano al *Phantasieren* testimonia la difficoltà che la *Standard Edition* ha cercato di risolvere, optando per una sorta di lingua psicoanalitica immediatamente esportabile: trasmettere un senso unitario, un messaggio riconoscibile, facendolo transitare in un discorso, la metapsicologia, che, per procedere, pare ogni volta dover ripartire dall'inizio. Il lavoro psicoanalitico del lutto assomiglia davvero a un compito infinito... Ma il fantasticare metapsicologico può fornire anche un'indicazione alla traduzione, a un ritorno alla fonte. L'oggetto che la fantasia intrattiene indica infatti che la lingua, per avere da dire, abbia da poggiare su una scansione appena percettibile, quel passaggio che consente la *Wiederholung*, la ripetizione nell'accezione freudiana dell'andare a prendere di nuovo ciò che è venuto meno, e ottenere un guadagno inatteso. La clinica lo coglie per lo più come un lapsus, un *Witz*, fraintendimento o errore – condizione di quel transito, di quella traduzione che il Professore ha chiamato *Übertragung*, transfert. Materia di poeti come di analisti – che è

[10] "In *Brot* e *pain* l'inteso è senza dubbio identico, ma il modo d'intenderlo non lo è. Dipende, cioè, dal modo d'intendere che le due parole significano qualcosa di diverso per il francese e per il tedesco, che non sono intercambiabili per l'uno e per l'altro, e che anzi, in ultima istanza, tendono a escludersi; mentre dipende dall'inteso che esse, prese assolutamente, significano una sola e medesima cosa" (W. BENJAMIN, *Il compito del traduttore*, in *Angelus Novus*, Einaudi, Torino 1976, p. 49).

tanto legame musaico quanto condizione autentica di accesso, senza tema di smentita... Tradurre Freud costituirebbe allora la fantasia di una "psicoanalisi in lingua italiana". Occasione per riguardare in essa, non tanto la conformità dei riferimenti a un testo divenuto canone, quanto la loro efficacia nella bottega della clinica, là dove si costruisce la teoria; perché anche questa si fa *nachträglich*, non solo successivamente, ma anche in ritardo, "a cose fatte": correttezza o scorrettezza, conformità o meno, potremo venirne a conoscenza solo a partire dagli esiti.

Proporre un "modello" di una traduzione che proceda senza criterio stabilito, senza la garanzia di un riferimento certo per la trasmissione del sapere, e farlo rispetto a una disciplina come la psicoanalisi freudiana, potrebbe far pensare a una vaghezza di idee, a un'improvvisazione destinata al silenzio o al naufragio. Ha nondimeno un precedente illustre nella storia delle lettere, che merita interesse.

Tema del più noto idillio leopardiano è il frangersi di un'abitudine – il *sempre* – che tiene insieme una pluralità di accadimenti e ne assicura la ripetizione. Condizione di un'esperienza che è tanto teoretica quanto è in grado di mettere alla prova della comparazione l'evento cui quella rottura dà adito. Affiora così un altro luogo nel luogo dell'abitudine stessa – presente e vivo – in cui il pensiero trova infine la propria condizione di "dolcezza": è qualcosa che si può avere quando se ne sono estinte le ipoteche, quando, dopo l'estenuante giro dei raffronti, se ne intravede la figura spensierata. Dono o ricavo ulteriore che vincola a una fedeltà del tutto originale – quella che concerne la dimensione per cui una lingua è lingua, tale da non poterne sapere in anticipo.

Leopardi le ha dato il nome dell'infinito, Hölderlin, indugiando sulla traduzione ai margini della follia, quello dello smisurato: *das Ungeheuere* che, sotto la specie del tradimento, di una "sacra" infedeltà, marca nella *Sprache* il luogo di un incontro, tra le lingue non meno che tra uomini e dei. Ma è stato Celan, riprendendo le note di quest'ultimo, a rivelarne lo statuto "segreto" – tra suono e significato (*Deut/Bedeutung*) – in un gesto che è conviviale perché si compie e si celebra nell'interruzione, su quel *Königszäsur* cui la pratica della traduzione ha dato l'agio di mostrare la "rappresentazione stessa"[11]:

[11] "Nella successione ritmica delle rappresentazioni [...] diviene necessario ciò che in metrica si chiama cesura, la parola pura, l'interruzione antiritmica al fine cioè di affrontare il trascinante alternarsi delle rappresentazioni

ICH TRINK WEIN aus zwei Gläsern *und zackere an* *der Königszäsur* *wie Jener* *am Pindar,*	BEVO VINO da due bicchieri e zappetto alla cesura reale come quello con Pindaro,
Gott gibt die Stimmgabel ab *als einer der kleinen* *Gerechten,*	Dio cede il diapason come uno dei piccoli giusti,
aus der Lostrommel fällt *unser Deut.*	dall'urna della sorte cade la nostra monetina.[12]

Un soldino di poco conto. Eppure il pegno e l'impegno che la lingua richiede. Come la traduzione di Freud, nella nuova epoca libera dai diritti d'autore e, si auspica, da sterili polemiche.

nel suo culmine, in modo tale che non appaia più l'alternarsi della rappresentazione, bensì la rappresentazione stessa" (F. HÖLDERLIN, *Edipo il tiranno*, Feltrinelli, Milano 1991, p. 194).

[12] P. CELAN, *Ich trink Wein*, in *Gesammelte Werke in sieben Banden*, Suhrkamp, Frankfurt am Main 2000, III, p. 108.

Tracce bibliografiche

L'incidenza dell'opera freudiana nel nostro secolo è così preponderante da rendere impossibile la redazione di una nota bibliografica esaustiva. Ci limiteremo pertanto alla segnalazione di alcuni titoli che, raggruppati secondo criteri tematici, permetteranno al lettore di contornare l'area problematica dei casi clinici. Sulle psicoanalisi esiste infatti una letteratura sterminata, non riassumibile, che ne rende difficile la classificazione, essendo distribuita sui vari assi che delineano lo sviluppo del pensiero freudiano e postfreudiano. Così, rispetto alla presente edizione, preferiamo suggerire un orientamento generale, costituito da opere di carattere sistematico sulla tecnica e la clinica analitica, da lavori storico-biografici, da monografie, e dalle testimonianze di coloro che hanno avuto un rapporto psicoanalitico col Professore.

L'opera di Freud, secondo un vecchio adagio, è come una taverna spagnola, in cui ciascuno trova quello che vi porta. Così, non solo gli analisti, di formazione diversa, ma anche i filosofi, i linguisti, gli storici, gli antropologi, i critici letterari vi cercano e trovano temi inerenti alle proprie singole discipline, proponendo letture e confronti con la ricerca più strettamente psicologica. Quest'apertura è certamente proficua, e indica, nel pluralismo, la strada da percorrere per sormontare gli irrigidimenti di scuola, i conflitti tra le varie istituzioni che si professano fedeli al dettato del Maestro. Ciò non significa che ogni prospettiva sia di per sé legittima, ma che da ogni lettura, rilettura del testo freudiano possono continuamente generarsi nuovi veritici, nuovi punti di vista – tutte quelle ombreggiature che appaiono necessarie affinché

ciascuno possa cogliere, nel ritratto freudiano, la propria immagine, e farlo nel momento stesso in cui si dissolve. Immagine d'orrore, talvolta, che Freud ha insegnato a superare attraverso quella forma d'amore che ha chiamato transfert, in cui, per ognuno, viene a giocarsi la partita con l'altro, anche con l'altro in sé, che è indispensabile per diventare un Io.

Perché tale partita, tale incontro avvenga è necessario delimitarne il terreno, disegnarne la cornice. Per questo, sulla soglia di questa breve nota bibliografica, vogliamo menzionare, dopo le opere di Freud, alcuni grandi saggi di bibliografia.

1. *Opere di Sigmund Freud*

S. Freud, *Gesammelte Werke*, a cura di A. Freud, E. Bibring, W. Hoffer, E. Kriss, in collaborazione con M. Bonaparte, in 18 voll., 1ª edizione Imago, London 1940-1952. Questa edizione è adesso disponibile presso la Fischer Verlag, Frankfurt a. M. 1952-1991.

S. Freud, *Standard Edition of the Complete Psychological Works of Sigmund Freud*, tradotta sotto la direzione di J. Strachey, in collaborazione con A. Freud, A. Strachey e A. Tyson, in 24 voll., Hogarth Press, London 1953-1974.

S. Freud, *Opere*, a cura di C. Musatti, col corredo critico di J. Strachey, in 12 voll., Boringhieri, Torino 1967-1989.

Per le edizioni francesi e spagnole si rinvia a *Tradurre Freud* (n. 2, pp. 48-49)

2. *Saggi di bibliografia freudiana*

Aa.Vv., *La critica freudiana*, a cura di F. Rella, Feltrinelli, Milano 1977, pp. 265-279.

F. Barale, *Nota bibliografica su Freud*, in *Trattato di psicoanalisi*, vol. 1, a cura di A.A. Semi, Raffaello Cortina Editore, Milano 1988, pp. 131-144.

S. Ferrari, *Psicoanalisi, arte e letteratura*, Pratiche, Parma 1985.

P. Gay, *Freud*, Bompiani, Milano 1988, pp. 673-712.

F. Sulloway, *Rivalutando i casi clinici di Freud: la costruzione sociale della psicoanalisi*, in "Psicoterapia e Scienze Umane", xxvi, 2, 1992, pp. 25-30.

3. *Opere di carattere sistematico sulla tecnica analitica*

AA.VV., *Trattato di psicoanalisi*, a cura di A. A. Semi, Raffaello Cortina Editore, Milano 1988.
R.H. ETCHEGOYEN, *Fondamenti della tecnica psicoanalitica*, Astrolabio, Roma 1990.
O. FENICHEL, *Trattato di psicoanalisi delle nevrosi e delle psicosi*, Astrolabio, Roma 1951.
E. GLOVER, *La tecnica della psicoanalisi*, Astrolabio, Roma 1971.
A. GREEN, *Il discorso vivente*, Astrolabio, Roma 1974.
R.R. GREENSON, *Tecnica e pratica psicoanalitica*, Feltrinelli, Milano 1974.
J. LAPLANCHE - J.B. PONTALIS, *Enciclopedia della psicanalisi*, Laterza, Bari 1984[3].
C. MUSATTI, *Trattato di psicoanalisi*, Boringhieri, Torino 1977.
H. NAGERA, *I concetti fondamentali della psicoanalisi*, 3 voll., Boringhieri, Torino 1972-1974.
R. SCHAFER, *L'atteggiamento analitico*, Feltrinelli, Milano 1984.
H. THOMÄ - H. KÄCHELE, *Trattato di terapia psicoanalitica*, vol. 1, Boringhieri, Torino 1990.
E. WEISS, *Elementi di psicoanalisi*, Studio Tesi, Pordenone 1985.

4. *Opere di carattere storico-biografico e monografie su Freud*

D. ANZIEU, *L'autoanalisi di Freud e la scoperta della psicoanalisi*, 2 voll., Astrolabio, Roma 1976.
R. CLARK, *Freud*, Rizzoli, Milano 1983.
H.F. ELLENBERGER, *La scoperta dell'inconscio*, Boringhieri, Torino 1972.
L. FLEM, *La vita quotidiana di Freud e dei suoi pazienti*, Rizzoli, Milano 1987.
P. GAY, *Freud*, Bompiani, Milano 1988.
M. KRÜLL, *Padre e figlio. Vita familiare di Freud*, Boringhieri, Torino 1982.
E. JONES, *Vita e opere di Sigmund Freud*, 3 voll., Garzanti, Milano 1977.
O. MANNONI, *Freud*, Spirali, Milano 1992.
M. ROBERT, *La rivoluzione psicoanalitica*, Boringhieri, Torino 1967.
H. SACHS, *Freud maestro e amico*, Astrolabio, Roma 1971.

M. Schur, *Il caso Freud*, Boringhieri, Torino 1976.
S. Vegetti Finzi, *Storia della psicoanalisi*, Mondadori, Milano 1986.
R. Wollheim, *Guida a Freud*, Rizzoli, Milano 1977.

5. *Testimonianze dei pazienti di Freud*

S. Blanton, *La mia analisi con Freud*, Feltrinelli, Milano 1974.
M. Bonaparte, *Memorie di Sigmund Freud*, in C. Bertin, *L'ultima Bonaparte*, Centro Scientifico Torinese, Torino 1984.
H. Deutsch, *A confronto con me stessa*, Astrolabio, Roma 1976.
H. Doolittle, *I segni sul muro*, Astrolabio, Roma 1973.
A. Kardiner, *Una piccola nevrosi. Reminiscenze di un'analisi con Freud*, Sesamo, Roma 1977.
J. Wortis, *Frammenti di un'analisi con Freud*, Liguori, Napoli 1978.

6. *La tecnica di Freud*

Aa.Vv., *Freud and his patients*, a cura di M. Kanze e J. Glenn, Aronson, New York 1980.
Aa.Vv., *Il divano di Freud*, a cura di L. Albano, Pratiche, Parma 1987.
J. Cremerius, *Il mestiere dell'analista*, Boringhieri, Torino 1985.
M.M. Gill, *Teoria e tecnica dell'analisi del transfert*, Astrolabio, Roma 1985.
A. Merini, *I primi pazienti della psicoanalisi*, Clueb, Bologna 1985.
D.P. Spence, *Verità narrativa e verità storica*, Martinelli, Firenze 1987.
F. Sulloway, *Rivalutando i casi clinici di Freud: la costruzione sociale della psicoanalisi*, in "Psicoterapia e Scienze Umane", xxvi, 1, pp. 7-37 e 2, cit., pp. 5-39, 1992.

IL PICCOLO HANS

Analisi della fobia di un bambino di cinque anni

I
EINLEITUNG

Die auf den folgenden Blättern darzustellende Kranken- und Heilungsgeschichte eines sehr jugendlichen Patienten entstammt, streng genommen, nicht meiner Beobachtung. Ich habe zwar den Plan der Behandlung im ganzen geleitet und auch ein einziges Mal in einem Gespräche mit dem Knaben persönlich eingegriffen; die Behandlung selbst hat aber der Vater des Kleinen durchgeführt, dem ich für die Überlassung seiner Notizen zum Zwecke der Veröffentlichung zu ernstem Danke verpflichtet bin. Das Verdienst des Vaters reicht aber weiter; ich meine, es wäre einer anderen Person überhaupt nicht gelungen, das Kind zu solchen Bekenntnissen zu bewegen; die Sachkenntnis, vermöge welcher der Vater die Äußerungen seines 5jährigen Sohnes zu deuten verstand, hätte sich nicht ersetzen lassen, die technischen Schwierigkeiten einer Psychoanalyse in so zartem Alter wären unüberwindbar geblieben. Nur die Vereinigung der väterlichen und der ärztlichen Autorität in einer Person, das Zusammentreffen des zärtlichen Interesses mit dem wissenschaftlichen bei derselben, haben es in diesem einen Falle ermöglicht, von der Methode eine Anwendung zu machen, zu welcher sie sonst ungeeignet gewesen wäre.

Der besondere Wert dieser Beobachtung ruht aber in Folgendem: Der Arzt, der einen erwachsenen Nervösen psychoanalytisch behandelt, gelangt durch seine Arbeit des schichtweisen Aufdeckens psychischer Bildungen schließlich zu gewissen Annahmen über die infantile Sexualität, in deren Komponenten er die Triebkräfte aller neurotischen Symptome des späteren Lebens gefunden zu

I

INTRODUZIONE

Il caso di malattia e guarigione di un giovanissimo paziente che verrà descritto in queste pagine non è, a rigore, frutto della mia osservazione. Anche se io ho completamente gestito il canovaccio dell'analisi e in una occasione ho operato personalmente, in un colloquio col bambino, tuttavia il trattamento lo ha realizzato il padre, al quale sono profondamente grato della cessione dei suoi appunti per la pubblicazione. In realtà il merito del padre va ben oltre; penso che a un'altra persona non sarebbe riuscito indurre il bambino a queste confessioni; senza quella cognizione di causa, grazie alla quale il padre seppe interpretare le espressioni del figlioletto di cinque anni, le difficoltà di una psicoanalisi in così tenera età sarebbero rimaste insormontabili. Solo la fusione, in un'unica persona, di autorità paterna e autorità del medico, il concorso di interesse affettivo e interesse scientifico, hanno reso possibile, in questo caso, compiere un'applicazione del metodo per la quale esso, altrimenti, sarebbe stato inutilizzabile.

Ma il valore peculiare di questa osservazione è un altro. Il medico che tratta psicoanaliticamente un adulto con problemi di nervi, attraverso l'operazione di scoperta, per strati, delle formazioni psichiche, perviene a certe ipotesi sulla sessualità infantile, nelle cui componenti crede di aver ravvisato le forze istintive di tutti i sintomi nevrotici della vita

haben glaubt. Ich habe diese Annahmen in meinen 1905 veröffentlichten „Drei Abhandlungen zur Sexualtheorie" dargelegt; ich weiß, daß sie dem Fernerstehenden ebenso befremdend erscheinen wie dem Psychoanalytiker unabweisbar. Aber auch der Psychoanalytiker darf sich den Wunsch nach einem direkteren, auf kürzerem Wege gewonnenen Beweise jener fundamentalen Sätze eingestehen. Sollte es denn unmöglich sein, unmittelbar am Kinde in aller Lebensfrische jene sexuellen Regungen und Wunschbildungen zu erfahren, die wir beim Gealterten mit soviel Mühe aus ihren Verschüttungen ausgraben, von denen wir noch überdies behaupten, daß sie konstitutionelles Gemeingut aller Menschen sind und sich beim Neurotiker nur verstärkt oder verzerrt zeigen?

In solcher Absicht pflege ich meine Schüler und Freunde seit Jahren anzueifern, daß sie Beobachtungen über das zumeist geschickt übersehene oder absichtlich verleugnete Sexualleben der Kinder sammeln mögen. Unter dem Material, welches infolge dieser Aufforderung in meine Hände gelangte, nahmen die fortlaufenden Nachrichten über den kleinen Hans bald eine hervorragende Stelle ein. Seine Eltern, die beide zu meinen nächsten Anhängern gehörten, waren übereingekommen, ihr erstes Kind mit nicht mehr Zwang zu erziehen, als zur Erhaltung guter Sitte unbedingt erforderlich werden sollte, und da das Kind sich zu einem heiteren, gutartigen und aufgeweckten Buben entwickelte, nahm der Versuch, ihn ohne Einschüchterung aufwachsen und sich äußern zu lassen, seinen guten Fortgang. Ich gebe nun die Aufzeichnungen des Vaters über den kleinen Hans wieder, wie sie mir zugetragen wurden, und werde mich selbstverständlich jedes Versuches enthalten, Naivität und Aufrichtigkeit der Kinderstube durch konventionelle Entstellungen zu stören.

Die ersten Mitteilungen über Hans datieren aus der Zeit, da er noch nicht ganz drei Jahre alt war. Er äußerte damals durch verschiedene Reden und Fragen ein ganz besonders lebhaftes Interesse für den Teil seines Körpers, den er als „Wiwimacher" zu bezeichnen gewohnt war. So richtete er einmal an seine Mutter die Frage:

successiva. Ho esposto queste ipotesi nei *Tre saggi sulla teoria sessuale,* uscito nel 1905; so che appariranno sorprendenti all'estraneo quanto innegabili allo psicoanalista. Ma anche lo psicoanalista ha motivo di confessare il desiderio che quelle tesi fondamentali vengano dimostrate in modo più immediato, attraverso una via più breve. Ci si chiede allora se non sia possibile conoscere direttamente sul bambino, in completa freschezza, quei moti sessuali e quelle formazioni di desiderio che nell'adulto dissotterriamo con tanta fatica dalle loro ricoperture, che, oltretutto, secondo noi, costituiscono un patrimonio comune a tutti gli uomini, e nel nevrotico si manifestano semplicemente in modo amplificato o distorto.

A questo proposito sono anni che rinnovo ad allievi e amici l'invito a raccogliere osservazioni sulla vita sessuale del bambino, in genere abilmente ignorata o deliberatamente negata. Tra il materiale pervenutomi grazie a questo invito, presto assunsero un posto di rilievo le notizie continuative sul piccolo Hans. I genitori, entrambi miei strettissimi seguaci, avevano deciso di educare il loro primo bambino in modo non più coercitivo di quanto fosse indispensabile a conservare buone maniere e l'esperimento di far sì che crescesse e si esprimesse senza timori procedeva bene, visto che il ragazzino si sviluppava allegro, buono e sveglio. Riferirò le annotazioni del padre sul piccolo Hans così come mi sono state consegnate, astenendomi da ogni tentativo di turbare, con alterazioni convenzionali, l'ingenuità e la franchezza del discorso infantile.

Le prime comunicazioni su Hans risalgono al tempo in cui non aveva ancora tre anni. A quell'epoca manifestò, con diversi discorsi e domande, un interesse particolarmente vivo per quella parte del proprio corpo che era abituato a chiamare il "favivì".[1] Una volta rivolse a sua madre la domanda:

[1] Traduco quasi alla lettera il termine "Wiwimacher", il cui significato è "fa-pipì"(machen=fare). Hans, evidentemente, pronuncia "Wiwi" il termine tedesco "Pipi", corrispondente all'italiano "pipì". [*N.d.T.*]

Hans: „Mama hast du auch einen Wiwimacher?"

Mama: „Selbstverständlich. Weshalb?"

Hans: „Ich hab' nur gedacht."

Im gleichen Alter kommt er einmal in einen Stall und sieht, wie eine Kuh gemolken wird. „Schau, aus dem Wiwimacher kommt Milch."

Schon diese ersten Beobachtungen machen die Erwartung rege, daß vieles, wenn nicht das meiste, was uns der kleine Hans zeigt, sich als typisch für die Sexualentwicklung des Kindes herausstellen wird. Ich habe einmal ausgeführt[1], daß man nicht zu sehr entsetzt zu sein braucht, wenn man bei einem weiblichen Wesen die Vorstellung vom Saugen am männlichen Gliede findet. Diese anstößige Regung habe eine sehr harmlose Abkunft, da sie sich vom Saugen an der Mutterbrust ableitet, wobei das Euter der Kuh, — seiner Natur nach eine Mamma, seiner Gestalt und Lage nach ein Penis — eine passende Vermittlung übernimmt. Die Entdeckung des kleinen Hans bestätigt den letzten Teil meiner Aufstellung.

Sein Interesse für den Wiwimacher ist indes kein bloß theoretisches; wie zu vermuten stand, reizt es ihn auch zu Berührungen des Gliedes. Im Alter von $3^1/_2$ Jahren wird er von der Mutter, die Hand am Penis, betroffen. Diese droht: „Wenn du das machst, lass' ich den Dr. A. kommen, der schneidet dir den Wiwimacher ab. Womit wirst du dann Wiwi machen?"

Hans: „Mit dem Popo."

Er antwortet noch ohne Schuldbewustsein, aber er erwirbt bei diesem Anlasse den „Kastrationskomplex", den man in den Analysen der Neurotiker so oft erschließen muß, während sie sich sämtlich gegen die Anerkennung desselben heftig sträuben. Über die Bedeutung dieses Elements der Kindergeschichte wäre viel Wichtiges zu sagen. Der „Kastrationskomplex" hat im Mythus (und zwar nicht nur im griechischen) auffällige Spuren hinterlassen; ich habe

[1] Bruchstück einer Hysterie-Analyse, 1905. [Ges. Werke, Bd. V.]

Hans: "Mamma, hai anche tu un favivì?"
Mamma: "Certo. Perché?"
Hans: "Pensavo".

Alla stessa età, entrato in una stalla, vide mungere una mucca: "Guarda, dal favivì viene fuori latte".

Già da queste osservazioni possiamo aspettarci che molto, se non la maggior parte, di quello che il piccolo Hans ci mostrerà, si riveli tipico dello sviluppo sessuale del bambino. Una volta ho argomentato[2] che non bisogna scandalizzarsi troppo quando in un essere di sesso femminile rinveniamo l'immaginazione di succhiare il membro maschile, perché questo impulso sconveniente ha un'origine molto innocente, derivando dal succhiare al seno materno, e la mammella della mucca – mammella per natura, pene per forma e posizione – costituisce un appropriato intermediario. La scoperta del piccolo Hans conferma l'ultima parte della mia affermazione.

Nel frattempo il suo interesse per il favivì non è puramente teorico; come era presumibile, diventa anche uno stimolo a toccarsi il membro. All'età di tre anni e mezzo viene sorpreso con la mano sul pene dalla madre. Quest'ultima minaccia: "Se lo rifai, faccio venire il dottor A. che ti taglia il favivì. Poi con cosa farai vivì?"

Hans: "Con il popò".

Risponde ancora senza senso di colpa, ma in questa occasione acquisisce il "complesso di castrazione", che così spesso si deve scoprire nelle analisi dei nevrotici, mentre tutti loro si oppongono strenuamente al suo riconoscimento. Sul significato di questa componente della storia infantile ci sarebbe qualcosa di più importante da dire. Il "complesso di castrazione" ha lasciato vistose tracce nel mito (non solo in quello greco): ho sfiorato l'argomento del suo

[2] *Frammento di una analisi d'isteria*, Biblioteca Boringhieri, N.17, p. 54.

seine Rolle in einer Stelle der „Traumdeutung" (p. 385 der zweiten Auflage, 7. Aufl. p. 456) und noch anderwärts gestreift.[2]

Etwa im gleichen Alter (3½ Jahre) ruft er in Schönbrunn vor dem Löwenkäfige freudig erregt aus: „Ich hab' den Wiwimacher vom Löwen gesehen."

Die Tiere verdanken ein gutes Stück der Bedeutung, die sie im Mythus und im Märchen haben, der Offenheit, mit der sie dem kleinen, wißbegierigen Menschenkinde ihre Genitalien und ihre sexuellen Funktionen zeigen. Die sexuelle Neugierde unseres Hans leidet wohl keinen Zweifel, aber sie macht ihn auch zum Forscher, gestattet ihm richtige begriffliche Erkenntnisse.

Er sieht auf dem Bahnhofe, 3¾ Jahre alt, wie aus einer Lokomotive Wasser ausgelassen wird. „Schau, die Lokomotive macht Wiwi. Wo hat sie denn den Wiwimacher?"

Nach einer Weile setzt er nachdenklich hinzu: „Ein Hund und ein Pferd hat einen Wiwimacher; ein Tisch und ein Sessel nicht." So hat er ein wesentliches Kennzeichen für die Unterscheidung des Lebenden vom Leblosen gewonnen.

Wißbegierde und sexuelle Neugierde scheinen untrennbar voneinander zu sein. Hans' Neugierde erstreckt sich ganz besonders auf die Eltern.

2 [*Zusatz 1923:*] Die Lehre vom Kastrationskomplex hat seither durch die Beiträge von Lou Andreas, A. Stärcke, F. Alexander u. a. einen weiteren Ausbau erfahren. Man hat geltend gemacht, daß der Säugling schon das jedesmalige Zurückziehen der Mutterbrust als Kastration d. h. als Verlust eines bedeutsamen, zu seinem Besitz gerechneten Körperteils empfinden mußte, daß er die regelmäßige Abgabe des Stuhlgangs nicht anders werten kann, ja daß der Geburtsakt als Trennung von der Mutter, mit der man bis dahin eins war, das Urbild jeder Kastration ist. Unter Anerkennung all dieser Wurzeln des Komplexes habe ich doch die Forderung aufgestellt, daß der Name Kastrationskomplex auf die Erregungen und Wirkungen zu beschränken sei, die mit dem Verlust des Penis verknüpft sind. Wer sich in den Analysen Erwachsener von der Unausbleiblichkeit des Kastrationskomplexes überzeugt hat, wird es natürlich schwierig finden, ihn auf eine zufällige und doch nicht so allgemein vorkommende Androhung zurückzuführen, und wird annehmen müssen, daß das Kind sich diese Gefahr auf die leisesten Andeutungen hin, an denen es ja niemals fehlt, konstruiert. Dies ist ja auch das Motiv, das den Anstoß gegeben hat, nach den allgemein vorfindlichen tieferen Wurzeln des Komplexes zu suchen. Umso wertvoller wird es aber, daß im Falle des kleinen Hans die Kastrationsandrohung von den Eltern berichtet wird und zwar aus einer Zeit, da seine Phobie noch nicht in Frage kam.

ruolo in un punto della *Interpretazione dei sogni*, e anche altrove.[3]

Più o meno alla stessa età (tre anni e mezzo), a Schönbrunn, davanti alla gabbia del leone, grida tutto eccitato: "Ho visto il favivì del leone".

Gli animali debbono buona parte dell'importanza che detengono nel mito e nella fiaba al fatto di esibire candidamente ai piccoli dell'uomo, avidi di sapere, i loro genitali e le loro attività sessuali. Sulla curiosità sessuale del nostro Hans non ci sono dubbi, ma essa lo rende anche un indagatore, consentendogli conoscenze concettuali corrette.

A tre anni e nove mesi, alla stazione, vede che da una locomotiva viene fatta scaricare acqua. "Guarda, la locomotiva fa vivì. Ma dove ha il favivì?"

Dopo un po' aggiunge meditabondo: "Un cane e un cavallo hanno il favivì; un tavolo e una sedia no". In questo modo ha acquisito un criterio essenziale di distinzione tra animato e inanimato.

Avidità di sapere e curiosità sessuale sembrano inseparabili. La curiosità di Hans si estende in particolar modo ai genitori.

[3] [Appendice del 1923]: La dottrina del complesso di castrazione ha da allora ricevuto uno sviluppo ulteriore a opera dei contributi di Lou Andreas Salomè, A. Staercke, F. Alexander e altri. È stato determinato che il lattante deve già sentire come castrazione, cioè come privazione di una importante parte del corpo, intesa come propria, il distacco dalla mammella materna, che non può considerare diversamente la regolare emissione delle feci, e che l'immagine originaria della castrazione è la nascita stessa, in quanto separazione dalla madre, con la quale fino a quel momento c'era stata completa unità. Pur riconoscendo tutte queste radici del complesso, ho sostenuto l'esigenza di riservare la denominazione "complesso di castrazione" agli eccitamenti e agli effetti connessi alla perdita del pene. Chi si sia convinto, dalle analisi svolte su adulti, che questo complesso è immancabile, troverà difficile ricondurlo a una minaccia occasionale, che certo non sempre ha luogo, e dovrà supporre che il bambino si costruisca questo pericolo in base ai più lievi accenni, che ci sono sempre. Questo è anche il motivo che ha spinto a ricercare radici più profonde e generali del complesso. Ma diventa tanto più importante che, nel caso del piccolo Hans, la minaccia di castrazione venga confermata dai genitori, e risalga a un periodo in cui la fobia non entrava ancora in questione.

Hans, $3^3/_4$ Jahre: „Papa, hast du auch einen Wiwimacher?"
Vater: „Ja natürlich."
Hans: „Aber ich hab' ihn nie gesehen, wenn du dich ausgezogen hast."
Ein andermal sieht er gespannt zu, wie sich die Mama vor dem Schlafengehen entkleidet. Diese fragt: „Was schaust du denn so?"
Hans: „Ich schau' nur, ob du auch einen Wiwimacher hast?"
Mama: „Natürlich. Hast du denn das nicht gewußt?"
Hans: „Nein, ich hab' gedacht, weil du so groß bist, hast du einen Wiwimacher wie ein Pferd."
Wir wollen uns diese Erwartung des kleinen Hans merken; sie wird später zu Bedeutung kommen.
Das große Ereignis in Hansens Leben ist aber die Geburt seiner kleinen Schwester Hanna, als er genau $3^1/_2$ Jahre alt war (April 1903 bis Oktober 1906). Sein Benehmen bei diesem Anlasse wurde vom Vater unmittelbar notiert: „Früh um 5 Uhr, mit dem Beginne der Wehen, wird Hans' Bett ins Nebenzimmer gebracht; hier erwacht er um 7 Uhr und hört das Stöhnen der Gebärenden, worauf er fragt: „Was hustet denn die Mama?" — Nach einer Pause: „Heut' kommt gewiß der Storch."
„Man hat ihm natürlich in den letzten Tagen oft gesagt, der Storch wird ein Mäderl oder Buberl bringen, und er verbindet das ungewohnte Stöhnen ganz richtig mit der Ankunft des Storches."
„Später wird er in die Küche gebracht; im Vorzimmer sieht er die Tasche des Arztes und fragt: „Was ist das?", worauf man ihm sagt: „Eine Tasche." Er dann überzeugt: „Heut' kommt der Storch." Nach der Entbindung kommt die Hebamme in die Küche und Hans hört, wie sie anordnet, man möge einen Tee kochen, worauf er sagt: „Aha, weil die Mammi hustet, bekommt sie einen Tee." Er wird dann ins Zimmer gerufen, schaut aber nicht auf die Mama, sondern auf die Gefäße mit blutigem Wasser, die noch im Zimmer stehen, und bemerkt, auf die blutige Leibschüssel deutend, befremdet: „Aber aus meinem Wiwimacher kommt kein Blut."
„Alle seine Aussprüche zeigen, daß er das Ungewöhnliche der

Hans, a tre anni e nove mesi: "Papà, hai anche tu un fa-vivì?"

Padre: "Sì, certo".

Hans: "Ma non l'ho mai visto quando ti sei spogliato".

Un'altra volta osserva curioso la mamma che si spoglia prima di andare a letto. Questa chiede: "Cosa c'hai da guardare così?"

Hans: "Guardo soltanto se anche tu hai un favivì".

Mamma: "Certo, cosa pensavi?"

Hans: "No, ho pensato che, siccome sei così grossa, hai un favivì come un cavallo".

Prendiamo nota di questa aspettativa del piccolo Hans; più tardi acquisterà senso.

Ma nella vita di Hans il grande evento è la nascita della sorellina Hanna, quando lui aveva tre anni e mezzo (da aprile del 1903, quando era nato, a ottobre del 1906). Il suo comportamento in questa occasione fu immediatamente annotato dal padre: "La mattina presto, alle cinque, quando iniziano le doglie, il letto di Hans viene portato nella camera accanto; qui alle sette si sveglia e sentendo gemere la partoriente chiede: 'Che ha la mamma da tossire?' Dopo una pausa: 'Oggi arriva di certo la cicogna'.

"Naturalmente negli ultimi giorni gli era stato detto spesso che la cicogna avrebbe portato una bambina o un bambino e lui, molto giustamente, ricollega quel gemito insolito all'arrivo della cicogna.

"Più tardi viene portato in cucina; nell'ingresso vede la borsa del medico e chiede: 'Cos'è questa?' gli viene detto: 'Una borsa'. Allora lui convinto: 'Oggi viene la cicogna'. Dopo il parto viene in cucina l'ostetrica e Hans sente che ordina di preparare un tè, al che dice: 'Ah, siccome la mamma tossisce si prende un tè.' Poi viene chiamato nella camera, ma non guarda la mamma bensì le bacinelle di acqua insanguinata che sono ancora nella stanza e, riferendosi alla padella insanguinata, nota stupito: 'Ma dal mio favivì non esce il sangue'.

"Tutte le osservazioni di Hans mostrano che ricollega la

Situation mit der Ankunft des Storches in Zusammenhang bringt. Er macht zu allem, was er sieht, eine sehr mißtrauische, gespannte Miene, und zweifellos hat sich das erste Mißtrauen gegen den Storch bei ihm festgesetzt."

Hans ist auf den neuen Ankömmling sehr eifersüchtig und sagt, wenn irgend wer sie lobt, schön findet usw., sofort höhnisch: „Aber sie hat noch keine Zähne[3]." Als er sie nämlich zum erstenmal sah, war er sehr überrascht, daß sie nicht sprechen kann, und meinte, sie könne nicht sprechen, weil sie keine Zähne habe. Er wird in den ersten Tagen selbstverständlich sehr zurückgesetzt und erkrankt plötzlich an Angina. Im Fieber hört man ihn sagen: „Aber ich will kein Schwesterl haben!"

„Nach etwa einem halben Jahre ist die Eifersucht überwunden, und er wird ein ebenso zärtlicher wie seiner Überlegenheit bewußter Bruder[4]."

„Ein wenig später sieht Hans zu, wie man seine einwöchentliche Schwester badet. Er bemerkt: „Aber ihr Wiwimacher ist noch klein," und setzt wie tröstend hinzu: „Wenn sie wachst, wird er schon größer werden[5]."

[3] Wiederum ein typisches Verhalten. Ein anderer, nur um zwei Jahre älterer Bruder pflegte unter den gleichen Verhältnissen ärgerlich mit dem Ausrufe „zu k(l)ein, zu k(l)ein" abzuwehren.

[4] „Der Storch soll ihn wieder mitnehmen," äußerte ein anderes, etwas älteres, Kind zum Willkomm des Brüderchens. Vergleiche hiezu, was ich in der „Traumdeutung" über die Träume vom Tode teuerer Verwandter bemerkt habe (p. 173 ff., 8. Aufl. Ges Werke, Bd. II/III).

[5] Das nämliche Urteil, in den identischen Worten ausgedrückt und von der gleichen Erwartung gefolgt, wurde mir von zwei anderen Knaben berichtet, als sie den Leib eines kleinen Schwesterchens zuerst neugierig beschauen konnten. Man könnte über diese frühzeitige Verderbnis des kindlichen Intellekts erschrecken. Warum konstatieren diese jugendlichen Forscher nicht, was sie wirklich sehen, nämlich, daß kein Wiwimacher vorhanden ist? Für unseren kleinen Hans können wir allerdings die volle Aufklärung seiner fehlerhaften Wahrnehmung geben. Wir wissen, er hat sich durch sorgfältige Induktion den allgemeinen Satz erworben, daß jedes belebte Wesen im Gegensatze zum Unbelebten einen Wiwimacher besitzt; die Mutter hat ihn in dieser Überzeugung bestärkt, indem sie ihm bejahende Auskünfte über solche Personen gab, die sich seiner eigenen Beobachtung entzogen. Er ist nun ganz und gar unfähig, seine Errungenschaft wegen der einen Beobachtung an der kleinen Schwester wieder aufzugeben. Er urteilt also, der Wiwimacher ist auch hier vorhanden, er ist nur noch sehr klein, aber er wird wachsen, bis er so groß geworden ist wie der eines Pferdes.

Wir wollen zur Ehrenrettung unseres kleinen Hans ein Weiteres tun. Er benimmt sich eigentlich nicht schlechter als ein Philosoph der Wundtschen Schule. Für einen solchen ist das Bewußtsein der nie fehlende Charakter des Seelischen, wie für Hans der Wiwimacher das unentbehrliche Kennzeichen alles Lebenden. Stößt der Philosoph nun auf seelische Vorgänge, die man erschließen muß, an denen aber wirklich nichts

stranezza della situazione con l'arrivo della cicogna. Davanti a tutto ciò che vede, fa una faccia sospettosa, tesa, e *senza dubbio si è fatto strada in lui il primo sospetto sulla cicogna*".

Hans è molto geloso della nuova venuta; quando qualcuno la loda, la trova bella ecc. dice subito sarcastico: "Ma se non ha ancora denti".[4] Quando l'ha vista per la prima volta, è rimasto molto sorpreso del fatto che lei non sapesse parlare e ha pensato che non potesse farlo perché non aveva denti. Nei primi giorni, naturalmente, viene molto trascurato e si ammala improvvisamente di angina. Nella febbre lo si sente dire: "Ma io non voglio avere una sorellina!"

"Più o meno nel giro di sei mesi la gelosia viene superata, e lui diventa un fratello tenero quanto conscio della propria superiorità."[5]

"Un po' dopo Hans assiste al bagno della sorella, che ha una settimana. Nota: 'Ma il suo favivì è ancora molto piccolo,' e aggiunge, in tono consolatorio: 'Quando lei cresce, diventerà più grosso'."[6]

[4] Di nuovo un comportamento tipico. Un altro fratellino, di soli due anni, nelle stesse circostanze, di solito ribatteva, arrabbiato, con l'esclamazione: "Troppo piccola, troppo piccola". [*N.d.T.*: è intraducibile il gioco di parole creato dal modo di esprimersi del bambino, che pronuncia klein (=piccolo) come kein(=nessuno)].

[5] "La cicogna deve riprenderselo," disse un altro bambino, un po' più grande, come benvenuto al fratellino. Confronta con quanto ho notato ne *L'interpretazione dei sogni* a proposito dei sogni di morte di parenti cari.

[6] Lo stesso pregiudizio, espresso con identiche parole e seguito dalla stessa aspettativa, mi è stato raccontato a proposito di altri due bambini, quando poterono osservare per la prima volta il corpo della sorellina. Ci si potrebbe spaventare di questa precoce tortuosità dell'intelletto infantile. Perché questi giovani indagatori non constatano ciò che vedono veramente, cioè che non c'è nessun favivì? Per quanto riguarda il nostro piccolo Hans possiamo, a ogni modo, spiegare la sua erronea percezione. Sappiamo che, in seguito a una accurata induzione, ha acquisito il principio generale che ogni essere vivente, al contrario di quelli inanimati, possieda un favivì; la madre lo ha rafforzato in questa convinzione, dandogli conferme su persone che si sottraevano alla sua osservazione. Ora si rifiuta di rinunciare alla propria acquisizione in base all'unica osservazione della sorellina. Pensa perciò che il favivì sia presente anche in questo caso, solo ancora molto piccolo, ma che comunque crescerà fino a diventare grosso come quello di un cavallo.

„Im gleichen Alter, zu 3¾ Jahren, liefert Hans die erste Erzählung eines Traumes. „Heute, wie ich geschlafen habe, habe ich geglaubt, ich bin in Gmunden mit der Mariedl.“

„Mariedl ist die 13jährige Tochter des Hausherrn, die oft mit ihm gespielt hat.“

Wie nun der Vater den Traum der Mutter in seiner Gegenwart, erzählt, bemerkt Hans richtigstellend: „Nicht mit der Mariedl, ganz allein mit der Mariedl.“

Hiezu ist zu bemerken: „Hans war im Sommer 1906 in Gmunden, wo er sich den Tag über mit den Hausherrnkindern herumtrieb. Als wir von Gmunden abreisten, glaubten wir, daß ihm der Abschied und die Übersiedlung in die Stadt schwer fallen würden. Dies war überraschenderweise nicht der Fall. Er freute sich offenbar über die Abwechslung und erzählte durch mehrere Wochen sehr wenig von Gmunden. Erst nach Ablauf von Wochen stiegen öfter lebhaft gefärbte Erinnerungen an die in Gmunden verbrachte Zeit in ihm auf. Seit etwa 4 Wochen verarbeitet er diese Erinnerungen zu Phantasien. Er phantasiert, daß er mit den Kindern Berta, Olga und Fritzl spielt, spricht mit ihnen, als ob sie gegenwärtig wären, und ist imstande, sich stundenlang so zu unterhalten. Jetzt, wo er eine Schwester bekommen hat und ihn offenbar das Problem des Kinderkriegens beschäftigt, nennt er Berta und Olga nur mehr „seine Kinder“ und fügt einmal hinzu: „Auch meine Kinder, Berta und Olga, hat der Storch gebracht.“ Der Traum, jetzt nach 6monatlicher

von Bewußtsein wahrzunehmen ist — man weiß nämlich nichts von ihnen und kann doch nicht umhin, sie zu erschließen — so sagt er nicht etwa, dies seien unbewußte seelische Vorgänge, sondern er heißt sie *dunkelbewußte*. Der Wiwimacher ist noch sehr klein! Und bei diesem Vergleiche ist der Vorteil noch auf Seiten unseres kleinen Hans. Denn, wie so häufig bei den Sexualforschungen der Kinder, ist auch hier hinter dem Irrtume ein Stück richtiger Erkenntnis verborgen. Das kleine Mädchen besitzt allerdings auch einen kleinen Wiwimacher, den wir Klitoris heißen, wenn er auch nicht wächst, sondern verkümmert bleibt. (Vgl. meine kleine Arbeit „Über infantile Sexualtheorien,“ Sexualprobleme, 1908; enthalten in Band VII dieser Gesamtausgabe.)

Alla stessa età, tre anni e nove mesi, Hans fornisce il primo racconto di un sogno: "Oggi, quando ho dormito, ho creduto di essere a Gmunden con Mariedl".

"Mariedl è la figlia tredicenne del padrone di casa, che ha giocato spesso con lui."

Quando il padre racconta il sogno alla madre in sua presenza, Hans nota correggendo: "Non con Mariedl, completamente solo con Mariedl".

A questo proposito bisogna osservare: "Nell'estate del 1906 Hans era a Gmunden, dove passava le giornate a gironzolare con i figli del padrone di casa. Quando lasciammo Gmunden, credevamo che la partenza e il trasferimento in città sarebbero stati duri per lui. Sorprendentemente non fu così. Era chiaramente felice del cambiamento e, per parecchie settimane, di Gmunden raccontò molto poco. Solo dopo del tempo in lui emersero ricordi, spesso intensamente coloriti, del periodo trascorso a Gmunden. Da circa quattro settimane rielabora questi ricordi in fantasie. Fantastica di giocare con i bambini Berta, Olga e Fritzl parlando con loro come se fossero presenti ed è capace di divertirsi così per ore. Adesso che ha una sorella ed è preso dal problema dell'avere bambini, Berta e Olga non le chiama più che 'sue bambine' e una volta aggiunge: 'Anche le mie bambine Berta e Olga le ha portate la cicogna'. Il sogno, visto che l'assenza da Gmunden è ormai di sei mesi, è

Per riabilitare il nostro piccolo Hans faremo ancora qualcosa. In realtà non si comporta peggio di un filosofo che sia seguace della scuola di Wundt. Per uno di costoro, la coscienza è un immancabile carattere dell'animato, come per Hans il favivì è l'irrinunciabile contrassegno di tutti i viventi. Se ora il filosofo si imbatte in processi psichici che si devono postulare anche se la coscienza non ne ha percezione alcuna - cioè, dei quali non si può fare a meno di ipotizzare l'esistenza, nonostante che non se ne sappia nulla - egli non dice che si tratta di processi psichici inconsci, ma li chiama *semiconsci*. Il favivì è ancora molto piccolo! E con questo paragone chi ci guadagna è il nostro piccolo Hans. Perché anche qui, come accade spesso nelle investigazioni sessuali dei bambini, dietro l'errore si cela una parte di conoscenza corretta. In effetti la bambina possiede anch'essa un piccolo favivì, che chiamiamo clitoride, anche se non cresce ma resta atrofizzato. (Cfr. il mio breve lavoro *Teorie sessuali dei bambini*, 1908.)

Abwesenheit von Gmunden, ist offenbar als Ausdruck seiner Sehnsucht, nach Gmunden zu fahren, zu verstehen."

So weit der Vater; ich bemerke vorgreifend, daß Hans mit der letzten Äußerung über seine Kinder, die der Storch gebracht haben soll, einem in ihm steckenden Zweifel laut widerspricht.

Der Vater hat zum Glück mancherlei notiert, was später zu ungeahntem Werte kommen sollte. „Ich zeichne Hans, der in letzter Zeit öfter in Schönbrunn war, eine Giraffe. Er sagt mir: „Zeichne doch auch den Wiwimacher." Ich darauf: „Zeichne du ihn selbst dazu." Hierauf fügt er an das Bild der Giraffe folgenden Strich (die Zeichnung liegt bei), den er zuerst kurz zieht und dem er dann ein Stück hinzufügt, indem er bemerkt: „Der Wiwimacher ist länger."

Fig. 1.

„Ich gehe mit Hans an einem Pferde vorbei, das uriniert. Er sagt: „Das Pferd hat den Wiwimacher unten so wie ich."

„Er sieht zu, wie man seine 3monatliche Schwester badet, und sagt bedauernd: „Sie hat einen ganz, ganz kleinen Wiwimacher."

„Er erhält eine Puppe zum Spielen, die er auskleidet. Er schaut sie sorgfältig an und sagt: „Die hat aber einen ganz kleinen Wiwimacher."

Wir wissen bereits, daß es ihm mit dieser Formel möglich gemacht ist, seine Entdeckung (vgl. p. 70) aufrecht zu halten.

Jeder Forscher ist in Gefahr, gelegentlich dem Irrtume zu verfallen. Ein Trost bleibt es, wenn er, wie unser Hans im nächsten Beispiele, nicht allein irrt, sondern sich zur Entschuldigung auf den Sprachgebrauch berufen kann. Er sieht nämlich in seinem Bilderbuche einen Affen und zeigt auf dessen aufwärts geringelten Schwanz: „Schau, Vatti, der Wiwimacher."

In seinem Interesse für den Wiwimacher hat er sich ein ganz besonderes Spiel ausgedacht. „Im Vorzimmer ist der Abort und eine dunkle Holzkammer. Seit einiger Zeit geht Hans in die Holzkammer und sagt: „Ich geh' in mein Klosett." Einmal schaue

chiaramente da intendere come espressione della nostalgia di tornare a Gmunden".

Fin qui il padre; io noto, anticipando, che Hans, con l'ultima dichiarazione sui suoi bambini che devono esser stati portati dalla cicogna, contrasta un dubbio che si è instillato in lui.

Per fortuna il padre ha annotato varie cose che in seguito avrebbero assunto un valore insospettabile. "Disegno una giraffa a Hans, che ultimamente è stato di frequente a Schönbrunn. Mi dice: 'Disegna un po' anche il favivì'. E io: 'Disegnacelo tu stesso'. Allora lui appone all'immagine della giraffa il seguente tratto (disegno di figura 1), che prima traccia breve e poi allunga di un pezzo, notando: 'Il favivì è più lungo'.

Fig. 1

"Passo con Hans vicino a un cavallo che sta urinando. Lui dice: 'Il cavallo ha il favivì sotto, come me'.

"Osserva la sorella di tre mesi che viene lavata e dice con rincrescimento: 'Ha un favivì molto, molto piccolo'.

"Riceve una bambola per giocare, che lui spoglia. La osserva scrupolosamente e dice: 'Ma questa ha un favivì piccolo piccolo'."

Sappiamo già che questa formula gli consente di tenere in piedi la sua scoperta (Cfr. n. 6 di p. 71.)

Ogni indagatore corre il pericolo di cadere occasionalmente in errore. È consolante se, come il nostro Hans nel prossimo esempio, non sbaglia da solo, ma può giustificarsi appellandosi all'uso linguistico: nel suo libro di figure vede una scimmia e indica la sua coda arricciata all'insù: "Guarda, papi, il favivì".[7]

Il suo interesse per il favivì gli ha fatto anche escogitare un gioco tutto particolare. "Nell'anticamera c'è il gabinetto e lo stanzino della legna, che è buio. Da un po' di tempo Hans va nello stanzino della legna, dicendo: 'Vado al

[7] In tedesco, il pene viene talvolta chiamato "coda", *Schwanz*. [*N.d.T.*]

ich hinein, um zu sehen, was er in der dunklen Kammer macht. Er exhibiert und sagt: „Ich mache Wiwi.“ Das heißt also: er „spielt“ Klosett. Der Spielcharakter erhellt nicht nur daraus, daß er das Wiwimachen bloß fingiert und nicht etwa wirklich ausführt, sondern auch daraus, daß er nicht ins Klosett geht, was eigentlich viel einfacher wäre, vielmehr die Holzkammer vorzieht, die er „sein Klosett“ heißt.“

Wir würden Hans unrecht tun, wenn wir nur die autoerotischen Züge seines Sexuallebens verfolgten. Sein Vater hat uns ausführliche Beobachtungen über seine Liebesbeziehungen zu anderen Kindern mitzuteilen, aus denen sich eine „Objektwahl“ wie beim Erwachsenen ergibt. Freilich auch eine ganz bemerkenswerte Beweglichkeit und polygamische Veranlagung.

„Im Winter ($3^3/_4$ Jahre) nehme ich Hans auf den Eislaufplatz mit und mache ihn mit den beiden etwa 10 Jahre alten Töchterchen meines Kollegen N. bekannt. Hans setzt sich neben sie, die im Gefühle ihres reifen Alters ziemlich verächtlich auf den Knirps herabblicken, und schaut sie verehrungsvoll an, was ihnen keinen großen Eindruck macht. Hans spricht trotzdem von ihnen nur als „meine Mäderln“. „Wo sind denn meine Mäderln? Wann kommen denn meine Mäderln?“ und quält mich zu Hause einige Wochen lang mit der Frage: „Wann geh' ich wieder auf den Eisplatz zu meinen Mäderln?“

Ein 5jähriger Cousin von Hans ist bei dem nun 4jährigen zu Besuch. Hans umarmt ihn fortwährend und sagt einmal bei einer solchen zärtlichen Umarmung: „Ich hab' dich aber lieb.“

Es ist dies der erste, aber nicht der letzte Zug von Homosexualität, dem wir bei Hans begegnen werden. Unser kleiner Hans scheint wirklich ein Ausbund aller Schlechtigkeiten zu sein!

„Wir sind in eine neue Wohnung eingezogen. (Hans ist 4 Jahre alt.) Von der Küche führt die Tür auf einen Klopfbalkon, von wo aus man in eine vis-à-vis gelegene Hofwohnung sieht. Hier hat Hans ein etwa 7—8jähriges Mäderl entdeckt. Er setzt sich

mio gabinetto'. Una volta mi affaccio per vedere cosa combina nello stanzino buio. Lui fa una esibizione e dice: 'Faccio viví'. Perciò significa che 'fa il gioco' del gabinetto. L'aspetto ludico non consiste solo nel fingere di far viví, senza farla veramente, bensì anche nel fatto che non vada al gabinetto, il che sarebbe molto più semplice, ma preferisca piuttosto lo stanzino della legna, che chiama 'il suo gabinetto'."

Faremmo torto a Hans se ci occupassimo solo degli aspetti autoerotici della sua vita sessuale. Il padre, a proposito dei suoi rapporti affettivi con altri bambini, ci ha fornito dettagliate osservazioni, dalle quali emerge una "scelta dell'oggetto", come accade agli adulti. A dire il vero, anche una volubilità, ovvero un'attitudine alla poligamia, del tutto degna di nota.

"D'inverno (a tre anni e nove mesi) porto Hans al pattinaggio e gli faccio conoscere le due figliolette di un mio collega, che hanno circa dieci anni. Hans si siede accanto a loro, che guardano alquanto sdegnosamente dall'alto in basso il marmocchio, sentendosi mature, mentre lui le contempla in adorazione, senza suscitare in loro un grande effetto. Ciononostante, Hans non parla di loro se non come delle 'mie ragazzine'. 'Dove sono le mie ragazzine? Quando vengono le mie ragazzine?' e per alcune settimane, a casa, mi tortura con la domanda: 'Quando torno al pattinaggio dalle mie ragazzine'?"

Un cugino di cinque anni viene a trovare Hans, che ora ha quattro anni. Hans lo abbraccia continuamente e, durante uno di questi teneri abbracci, una volta dice: "Ti voglio proprio bene".

È il primo, ma non ultimo, tratto di omosessualità che incontreremo in Hans. Il nostro piccolo Hans sembra davvero essere una collezione di tutte le depravazioni.

"Ci siamo trasferiti in un nuovo appartamento. (Hans ha quattro anni.) Dalla cucina si esce su una loggetta, dalla quale si può guardare in un appartamento che si trova sul lato opposto del cortile. Qui Hans ha notato una ragazzina di sette-otto anni. Per ammirarla si siede sul gra-

nun, um sie zu bewundern, auf die Stufe, die zum Klopfbalkon führt, und bleibt dort stundenlang sitzen. Speziell um 4 Uhr p. m., wenn das Mäderl aus der Schule kommt, ist er nicht im Zimmer zu halten und läßt sich nicht abbringen, seinen Beobachtungsposten zu beziehen. Einmal, als das Mäderl sich nicht zur gewohnten Stunde beim Fenster zeigt, wird Hans ganz unruhig und belästigt die Hausleute mit Fragen: „Wann kommt das Mäderl? Wo ist das Mäderl?" usw. Wenn sie dann erscheint, ist er ganz selig und wendet den Blick von der Wohnung gegenüber nicht mehr ab. Die Heftigkeit, mit der diese „Liebe per Distanz"[6] auftrat, findet ihre Erklärung darin, daß Hans keinen Kameraden und keine Gespielin hat. Zur normalen Entwicklung des Kindes gehört offenbar reichlicher Verkehr mit anderen Kindern."

„Dieser wird dann Hans zuteil, als wir kurz darauf (4½ Jahre) zum Sommeraufenthalte nach Gmunden übersiedeln. In unserem Hause sind seine Spielgefährten die Kinder des Hausherrn: Franzl (etwa 12 Jahre), Fritzl (8 Jahre), Olga (7 Jahre), Berta (5 Jahre) und überdies die Nachbarkinder: Anna (10 Jahre) und noch zwei Mäderl im Alter von 9 und 7 Jahren, deren Namen ich nicht mehr weiß. Sein Liebling ist Fritzl, den er oft umarmt und seiner Liebe versichert. Er wird einmal gefragt: „Welches von den Mäderln hast du denn am liebsten?" Er antwortet: „Den Fritzl." Gleichzeitig ist er gegen die Mädchen sehr aggressiv, männlich, erobernd, umarmt sie und küßt sie ab, was sich namentlich Berta ganz gerne gefallen läßt. Als Berta eines Abends aus dem Zimmer kommt, umhalst er sie und sagt im zärtlichsten Tone: „Berta, du bist aber lieb", was ihn übrigens nicht hindert, auch die anderen zu küssen und seiner Liebe zu versichern. Auch die etwa 14 Jahre alte Mariedl, ebenfalls eine Tochter des Hausherrn, die mit ihm spielt, hat er gerne und sagt eines Abends, als er zu Bette gebracht wird: „Die Mariedl soll bei mir schlafen." Auf die Antwort: „Das geht nicht," sagt er: „So soll sie bei der Mammi oder dem

6 W. Busch: Und die Liebe per Distanz,
Kurzgesagt, mißfällt mir ganz.

dino che porta in loggetta e lì resta seduto per ore. Specialmente alle quattro del pomeriggio, quando la ragazzina torna da scuola, non è possibile tenerlo in camera né dissuaderlo dal servirsi del suo posto di osservazione. Una volta che la ragazzina non si fece vedere alla finestra alla solita ora, Hans si agitò terribilmente e importunò le persone di casa con domande: 'Quando viene la ragazzina? Dove è la ragazzina?' ecc. Quando lei comparve, diventò tutto radioso e non distolse più lo sguardo dall'appartamento di fronte. L'intensità con cui si instaurò questo 'amore a distanza'[8] trova spiegazione nel fatto che Hans non ha amici né compagni di gioco. Per il normale sviluppo del bambino c'è chiaramente bisogno di sufficienti rapporti con gli altri bambini.

"Questo per Hans si verifica quando noi, poco dopo (quattro anni e mezzo) ci trasferiamo a Gmunden per le vacanze estive. Nella nostra casa i suoi compagni di gioco sono i figli del padrone: Franzl (circa dodici anni), Fritzl (otto anni), Olga (sette anni), Berta (cinque anni) e inoltre i bambini dei vicini: Anna (dieci anni) e altre due ragazzine di nove e sette anni, delle quali non ricordo più il nome. Il suo preferito è Fritzl, che lui spesso abbraccia, promettendogli amore. Una volta gli viene chiesto: 'Quale delle ragazzine ti piace di più?' Lui risponde: 'Fritzl'. Contemporaneamente, nei confronti delle ragazze, è molto aggressivo, virile, conquistatore, le abbraccia e le bacia, cosa che specialmente Berta accetta molto volentieri. Una sera che Berta esce di camera, le getta le braccia al collo e dice in tono affettuoso: 'Berta, ti voglio proprio bene', cosa che, in generale, non gli impedisce di baciare anche le altre promettendo loro amore. Gli piace anche Mariedl, di circa quattordici anni, sempre una figlia del padrone di casa che gioca con lui, e una sera, mentre viene portato a letto, dice: 'Mariedl deve dormire da me'. Alla risposta: 'Non è possibile' dice: 'Allora lei

[8] W.Busch: "Und die Liebe per Distanz/Kurzgesagt, missfällt mir ganz". [E l'amore da lontano/detto in breve non mi va.]

Vatti schlafen." Man erwidert ihm: „Auch das geht nicht, die Mariedl muß bei ihren Eltern schlafen", und nun entwickelt sich folgender Dialog:

Hans: „So geh' ich halt hinunter zur Mariedl schlafen."

Mama: „Du willst wirklich von der Mammi weggehen, um unten zu schlafen?"

Hans: „No, früh komm' ich doch wieder herauf zum Kaffeetrinken und Aufdieseitegehen."

Mama: „Wenn du wirklich von Vatti und Mammi gehen willst, so nimm dir deinen Rock und deine Hose und — adieu!"

„Hans nimmt wirklich seine Kleider und geht zur Treppe, um zur Mariedl schlafen zu gehen, wird natürlich zurückgeholt."

„(Hinter dem Wunsche: „Die Mariedl soll bei uns schlafen", steckt der andere: „Die Mariedl, mit der er so gerne beisammen ist, soll in unsere Hausgemeinschaft aufgenommen werden. Zweifellos sind aber dadurch, daß Vater und Mutter Hans, wenn auch nicht allzu häufig, in ihr Bett nahmen, bei diesem Beieinanderliegen erotische Gefühle in ihm erweckt worden, und der Wunsch, bei der Mariedl zu schlafen, hat auch seinen erotischen Sinn. Bei Vater oder Mutter im Bette liegen, ist für Hans wie für alle Kinder eine Quelle erotischer Regungen.)"

Unser kleiner Hans hat sich bei der Herausforderung der Mutter benommen wie ein rechter Mann, trotz seiner homosexuellen Anwandlungen.

„Auch in dem folgenden Falle sagte Hans zur Mammi: „Du, ich möcht einmal so gerne mit dem Mäderl schlafen." Dieser Fall gibt uns reichlich Gelegenheit zur Unterhaltung, denn Hans benimmt sich hier wirklich wie ein Großer, der verliebt ist. In das Gasthaus, wo wir zu Mittag essen, kommt seit einigen Tagen ein etwa 8jähriges hübsches Mädchen, in das sich Hans natürlich sofort verliebt. Er dreht sich auf seinem Sessel fortwährend um, um nach ihr zu schielen, stellt sich, nachdem er gegessen hat, in ihrer Nähe auf, um mit ihr zu kokettieren, wird aber feuerrot, wenn man ihn dabei beobachtet. Wird sein Blick von dem Mäderl erwidert, so schaut er sofort verschämt auf die entgegengesetzte Seite. Sein Benehmen ist natürlich ein großes Gaudium für alle Gasthausgäste. Jeden Tag, wenn er ins Gasthaus geführt

deve dormire da mami o da papi'. Gli viene replicato: 'Anche questo non è possibile, Mariedl deve dormire dai suoi genitori,' al che si svolge il seguente dialogo:

Hans: 'Beh, allora vado giù io a dormire con Mariedl'.

Mamma: 'Vuoi veramente lasciare la mamma per dormir giù?'

Hans: 'No, domattina presto vengo di nuovo su per bere il caffè e andare al gabinetto'.

Mamma: 'Se veramente vuoi lasciare papi e mami, prenditi camicia e pantaloni e – addio!'

"Hans prende davvero i suoi vestiti e si avvia verso le scale per andare a dormire con Mariedl; naturalmente viene riportato indietro.

"(Dietro al desiderio che Mariedl dorma da noi si cela l'altro, che Mariedl, in compagnia della quale sta così bene, sia ammessa a far parte della nostra famiglia. Ma sicuramente, quando il padre e la madre prendono Hans nel loro letto, anche se questo non accade spesso, lo stare sdraiati insieme risveglia in lui sentimenti erotici e il desiderio di dormire da Mariedl ha anche un senso erotico. Lo stare nel letto con i genitori è per Hans, come per ogni bambino, una fonte di moti erotici.)"

Il nostro piccolo Hans, davanti alla sfida della madre, si è comportato da vero uomo, nonostante i suoi impulsi omosessuali.

"C'è stata anche un'altra circostanza in cui Hans ha detto alla mamma: 'Sai, mi piacerebbe tanto dormire una volta con la ragazzina', e si tratta di un caso molto divertente, perché in questa situazione Hans si comporta veramente come un adulto che si sia innamorato. Nel ristorante dove pranziamo viene da qualche giorno una bella bambina di circa otto anni, della quale Hans, naturalmente, si innamora subito. Dalla sedia si gira di continuo per sbirciarla, quando ha finito di mangiare va vicino a lei per flirtare, ma diventa rosso fuoco se lo si osserva. Se il suo sguardo viene ricambiato dalla ragazzina, confuso, guarda subito dall'altra parte. Naturalmente il suo comportamento è un gran divertimento per tutti gli avventori. Ogni giorno, quando

wird, fragt er: „Glaubst du, wird das Mäderl heute dort sein?" Wenn sie endlich kommt, wird er ganz rot wie ein Erwachsener im gleichen Falle. Einmal kommt er glückselig zu mir und flüstert mir ins Ohr: „Du, ich weiß schon, wo das Mäderl wohnt. Dort und dort habe ich gesehen, wie sie die Stiege hinaufgegangen ist." Während er sich gegen die Mäderl im Hause aggressiv benimmt, ist er hier ein platonisch schmachtender Verehrer. Dies hängt vielleicht damit zusammen, daß die Mäderl im Hause Dorfkinder sind, diese aber eine kultivierte Dame. Daß er einmal sagt, er möchte mit ihr schlafen, ist schon erwähnt worden."

„Da ich Hans nicht in der bisherigen seelischen Spannung lassen will, in die ihn seine Liebe zu dem Mäderl versetzt hat, habe ich seine Bekanntschaft mit ihr vermittelt, und das Mäderl eingeladen, nachmittags zu ihm in den Garten zu kommen, wenn er seinen Nachmittagsschlaf absolviert hat. Hans ist durch die Erwartung, daß das Mäderl zu ihm kommen wird, so aufgeregt, daß er zum erstenmal am Nachmittage nicht schläft, sondern sich unruhig im Bette hin und her wälzt. Die Mama fragt ihn: „Warum schläfst du nicht? Denkst du vielleicht an das Mäderl?", worauf er beglückt „ja" sagt. Er hat auch, als er aus dem Gasthofe nach Hause kam, allen Leuten im Hause erzählt: „Du, heute kommt mein Mäderl zu mir," und die 14jährige Mariedl berichtet, daß er sie fortwährend gefragt hat: „Du, glaubst du, daß sie mit mir lieb sein wird? Glaubst du, daß sie mir einen Kuß geben wird, wenn ich sie küß?" u. dgl."

„Nachmittags regnete es aber und so unterblieb der Besuch, worauf sich Hans mit Berta und Olga tröstete."

Weitere Beobachtungen noch aus der Zeit des Sommeraufenthaltes lassen vermuten, daß sich bei dem Kleinen allerlei Neues vorbereitet.

„Hans, $4^1/_4$ Jahre. Heute früh wird Hans von seiner Mama wie täglich gebadet und nach dem Bade abgetrocknet und eingepudert. Wie die Mama bei seinem Penis, und zwar vorsichtig, um ihn nicht zu berühren, pudert, sagt Hans: „Warum gibst du denn nicht den Finger hin?"

Mama: „Weil das eine Schweinerei ist."

Hans: „Was ist das? Eine Schweinerei? Warum denn?"

Mama: „Weil es unanständig ist."

viene condotto al ristorante, chiede: 'Pensi che oggi ci sarà la ragazzina?' Quando finalmente lei arriva, diventa tutto rosso, proprio come un adulto nella stessa situazione. Una volta viene da me felice e mi sussurra all'orecchio: 'Sai, so già dove abita la ragazzina. Nel tal posto l'ho vista salire le scale'. Mentre con le amichette di casa si comporta aggressivamente, qui è un languido corteggiatore platonico. Forse dipende dal fatto che le ragazzine di casa sono bambine di campagna, mentre in questo caso siamo di fronte a una raffinata signora. Che una volta abbia detto di voler dormire con lei, è già stato raccontato."

"Siccome non voglio lasciare Hans nell'attuale tensione interiore in cui lo ha gettato il suo amore per la ragazzina, procuro di fargliela conoscere invitandola a venire in giardino da lui dopo pranzo, quando lui ha fatto il suo sonnellino pomeridiano. Hans è così eccitato per l'aspettativa dell'arrivo della ragazzina, che, per la prima volta, dopopranzo non dorme ma si rigira inquieto nel letto. La mamma gli chiede: 'Perché non dormi? Pensi mica alla ragazzina?' e lui, risollevato, dice: 'Sì'. Dopo esser rientrato dal ristorante, racconta a tutta la gente di casa: 'Sai, oggi viene da me la mia ragazzina' e la quattordicenne Mariedl dice che le ha continuamente chiesto: 'Senti, pensi che sarà gentile con me? Pensi che mi darà un bacio se io la bacio?' e via discorrendo.

"Purtroppo nel pomeriggio piovve e la visita saltò, per cui Hans si consolò con Berta e Olga."

Ulteriori osservazioni, sempre del periodo della villeggiatura estiva, ci fanno supporre che per il piccolo si prepari ogni specie di novità.

"Hans, quattro anni e tre mesi. Stamattina presto, come ogni giorno, Hans viene lavato dalla madre e, dopo il bagno, asciugato e cosparso di talco. Quando la mamma gli mette il talco sul pene, con accortezza, per non toccarlo, Hans dice: 'Perché non ci metti il dito?'

Mamma: 'Perché è una porcheria'.

Hans: 'Che cos'è? Una porcheria? E perché?'

Mamma: 'Perché è sconveniente'.

Hans (lachend): „Aber lustig!" [7]

Ein etwa gleichzeitiger Traum unseres Hans kontrastiert recht auffällig mit der Dreistigkeit, die er gegen die Mutter gezeigt hat. Es ist der erste durch Entstellung unkenntliche Traum des Kindes. Dem Scharfsinne des Vaters ist es aber gelungen, ihm die Lösung abzugewinnen.

„Hans $4^1/_4$ Jahre. Traum. Heute früh kommt Hans auf und erzählt: „Du, heute nachts habe ich gedacht: Einer sagt: Wer will zu mir kommen? Dann sagt jemand: Ich. Dann muß er ihn Wiwi machen lassen."

„Weitere Fragen stellten klar, daß diesem Traume alles Visuelle fehlt, daß er dem reinen *type auditif* angehört. Hans spielt seit einigen Tagen mit den Kindern des Hausherrn, darunter seine Freundinnen Olga (7 Jahre) und Berta (5 Jahre), Gesellschaftsspiele, auch Pfänderauslösen. (A.: Wem gehört das Pfand in meiner Hand? B.: Mir. Dann wird bestimmt, was B. zu tun hat.) Diesem Pfänderspiele ist der Traum nachgebildet, nur wünscht Hans, daß derjenige, der das Pfand gezogen hat, nicht zu den usuellen Küssen oder Ohrfeigen verurteilt werde, sondern zum Wiwimachen, oder genauer: jemand muß ihn Wiwi machen lassen."

„Ich lasse mir den Traum noch einmal erzählen; er erzählt ihn mit denselben Worten, nur setzt er anstatt: „dann sagt jemand" — „dann sagt sie". Diese „sie" ist offenbar Berta oder Olga, mit denen er gespielt hat. Der Traum lautet also übersetzt: Ich spiele mit den Mäderln Pfänderauslösen. Ich frage: Wer will zu mir kommen? Sie (Berta oder Olga) antwortet: Ich. Dann muß sie mich Wiwi machen lassen. (Beim Urinieren behilflich sein, was Hans offenbar angenehm ist.)"

„Es ist klar, daß das Wiwimachenlassen, wobei dem Kinde die Hose geöffnet und der Penis herausgenommen wird, für Hans lustbetont ist. Auf Spaziergängen ist es ja zumeist der Vater, der

7 Einen ähnlichen Verführungsversuch berichtete mir eine selbst neurotische Mutter, die an die infantile Masturbation nicht glauben wollte, von ihrem $3^1/_2$ Jahre alten Töchterchen. Sie hatte der Kleinen Unterhöschen anfertigen lassen und probierte nun, ob sie nicht im Schritt zu eng seien, indem sie mit ihrer Hand an der Innenfläche des Oberschenkels nach aufwärts strich. Die Kleine schloß plötzlich die Beine über die Hand zusammen und bat: „Mama, laß die Hand doch da. Das tut so gut."

Hans (ridendo): 'Ma divertente'!"[9]

Un sogno del nostro Hans, praticamente contemporaneo, contrasta del tutto sorprendentemente con la sfacciataggine mostrata con la mamma. È il suo primo sogno reso irriconoscibile dalla deformazione. Ma alla perspicacia del padre è riuscito ricavarne la soluzione.

"Hans quattro anni e tre mesi. *Sogno*. Stamattina presto Hans vien fuori a raccontare: 'Senti, stanotte ho pensato: *Uno dice: 'Chi vuol venire da me?' Allora qualcuno dice: 'Io'. Allora deve fargli fare vivì'*.

"Successive domande chiariscono che a questo sogno manca del tutto il visivo, che quindi appartiene al genere *type auditif*. Da qualche giorno Hans, con i bambini del padrone di casa, fra cui ci sono le sue amiche Olga (sette anni) e Berta (cinque anni), fa giochi di società, fra cui anche quello di sciogliere i pegni. (A: 'A chi appartiene il pegno che ho in mano?' B:'A me'. Allora viene determinato cosa deve fare B.) Il sogno è modellato su questo gioco, soltanto Hans desidera che colui il quale ritira il pegno non venga condannato ai soliti baci o schiaffi, ma al fare vivì, o, più esattamente: qualcuno deve fargli fare vivì.

"Mi faccio raccontare il sogno un'altra volta; lo racconta con le stesse parole, solo che sostituisce 'allora qualcuno dice' con 'allora lei dice'. Questa 'lei' è chiaramente Berta oppure Olga, con le quali ha giocato. Tradotto, il sogno suona così: gioco con le ragazzine a sciogliere i pegni. Chiedo: 'Chi vuol venire da me?' Lei (Berta o Olga) risponde: 'Io'. Allora lei deve farmi fare vivì. (Essere di aiuto a mingere, cosa che a Hans, chiaramente, piace.)

"È chiaro che il farsi-fare-vivì, operazione in cui al bambino vengono aperti i pantaloni e tirato fuori il pene, è per Hans connotato da piacere. Durante le passeggiate è

[9] Un tentativo di seduzione simile mi è stato riferito da una madre nevrotica, che non voleva credere alla masturbazione infantile, a proposito di una sua bambina di tre anni e mezzo. Aveva fatto fare alla piccola delle mutandine e, per accertarsi che non le dessero fastidio a camminare, le mise una mano sul cavallo. La piccola serrò immediatamente le gambe, dicendo: "Mamma, lasciaci la mano. Fa così bene".

dem Kinde diese Hilfe leistet, was Anlaß zur Fixierung homosexueller Neigung auf den Vater gibt."

„Zwei Tage vorher hat er, wie berichtet, die Mama beim Waschen und Einpudern der Genitalgegend gefragt: „Warum gibst du nicht den Finger hin?" Gestern, als ich Hans auf die Seite gehen ließ, sagte er mir zum erstenmal, ich solle ihn hinters Haus führen, damit niemand zuschauen könne, und fügte hinzu: „Voriges Jahr, wie ich Wiwi gemacht habe, haben mir die Berta und die Olga zugesehen." Ich meine, das heißt, voriges Jahr war ihm dieses Zuschauen der Mädchen angenehm, jetzt aber nicht mehr. Die Exhibitionslust unterliegt jetzt der Verdrängung. Daß der Wunsch, Berta und Olga mögen ihm beim Wiwimachen zuschauen (oder ihn Wiwimachen lassen), jetzt im Leben verdrängt wird, ist die Erklärung für dessen Auftreten im Traume, in dem er sich die hübsche Einkleidung durch das Pfänderspiel geschaffen hat. — Ich beobachtete seither wiederholt, daß er beim Wiwimachen nicht gesehen werden will."

Ich bemerke hiezu nur, daß auch dieser Traum sich der Regel fügt, die ich in der „Traumdeutung" (p. 283 f., 7. Aufl.) gegeben habe: Reden, die im Traume vorkommen, stammen von gehörten oder selbst gehaltenen Reden der nächstvorigen Tage ab.

Aus der Zeit bald nach der Rückkehr nach Wien hat der Vater noch eine Beobachtung fixiert: „Hans ($4^1/_2$ Jahre) sieht wieder zu, wie seine kleine Schwester gebadet wird, und fängt an zu lachen. Man fragt ihn: „Warum lachst du?"

Hans: „Ich lache über den Wiwimacher der Hanna." —

„Warum?" — „Weil der Wiwimacher so schön ist."

„Die Antwort ist natürlich eine falsche. Der Wiwimacher kam ihm eben komisch vor. Es ist übrigens das erstemal, daß er den Unterschied zwischen männlichem und weiblichem Genitale in solcher Weise anerkennt, anstatt ihn zu verleugnen."

per lo più il padre a fornire questo aiuto al bambino, il che contribuisce a fissare l'inclinazione omosessuale per il padre.

"Due giorni prima, come abbiamo detto, ha chiesto alla mamma che lo lavava e gli metteva il talco vicino al genitale: 'Perché non ci metti il dito?' Ieri, mentre conducevo Hans al mio fianco, per la prima volta mi ha detto che dovevo portarlo in casa perché nessuno vedesse e ha aggiunto: 'L'anno scorso, quando ho fatto vivì, Olga e Berta mi stavano a guardare'. Questo significa, penso, che l'anno passato gli faceva piacere essere guardato dalle ragazze, ma adesso non più. Il piacere dell'esibizione è ora soggetto a rimozione. Che il desiderio che Berta o Olga lo guardino quando fa vivì (o che gli facciano far vivì) adesso, nella vita, venga rimosso, spiega come mai esso faccia la sua comparsa nel sogno, opportunamente travestito grazie al gioco dei pegni. – Da allora osservai più volte che non vuol esser visto quando fa vivì."

A questo proposito noto soltanto che anche questo sogno ubbidisce alla regola che ho dato ne *L'interpretazione dei sogni*: i discorsi che compaiono nei sogni derivano da discorsi uditi oppure pronunciati nei giorni precedenti.

Sul periodo immediatamente successivo al ritorno a Vienna il padre ha riportato ancora un'osservazione: Hans (quattro anni e mezzo) assiste nuovamente al bagno della sorellina e comincia a ridere. Gli viene chiesto: "Perché ridi?"

Hans: "Rido del favivì di Hanna".

"Perché?" – "Perché è un favivì così bello."

"La risposta naturalmente è falsa. In realtà il favivì gli era sembrato comico. Tra l'altro, così facendo, è la prima volta che riconosce, invece di nasconderla, la differenza fra genitali maschili e femminili."

II

KRANKENGESCHICHTE UND ANALYSE

„Geehrter Herr Professor! Ich sende Ihnen wieder ein Stückchen Hans, diesmal leider Beiträge zu einer Krankengeschichte. Wie sie daraus lesen, hat sich bei ihm in den letzten Tagen eine nervöse Störung entwickelt, die mich und meine Frau sehr beunruhigt, weil wir kein Mittel zu ihrer Beseitigung finden konnten. Ich erbitte mir die Erlaubnis, Sie morgen . . . . . zu besuchen, habe Ihnen aber . . . . das verfügbare Material schriftlich aufgezeichnet."

„Sexuelle Übererregung durch Zärtlichkeit der Mutter hat wohl den Grund gelegt, aber den Erreger der Störung weiß ich nicht anzugeben. Die Furcht, daß ihn auf der Gasse ein Pferd beißen werde, scheint irgendwie damit zusammenzuhängen, daß er durch einen großen Penis geschreckt ist — den großen Penis des Pferdes hat er, wie Sie aus einer früheren Aufzeichnung wissen, schon zeitig bemerkt, und er hat damals den Schluß gezogen, daß die Mama, weil sie so groß ist, einen Wiwimacher haben müsse wie ein Pferd."

„Brauchbares weiß ich damit nicht anzufangen. Hat er irgendwo einen Exhibitionisten gesehen? Oder knüpft das Ganze nur an die Mutter an? Es ist uns nicht angenehm, daß er schon jetzt anfängt Rätsel aufzugeben. Abgesehen von der Furcht auf die Gasse zu gehen und der abendlichen Verstimmung ist er übrigens ganz der Alte, lustig, heiter."

Wir wollen uns weder die begreiflichen Sorgen noch die ersten Erklärungsversuche des Vaters zu eigen machen, sondern uns zunächst das mitgeteilte Material beschauen. Es ist gar nicht unsere Aufgabe, einen Krankheitsfall gleich zu „verstehen", dies kann

II

CASO CLINICO E ANALISI

"Egregio Professore! Le mando ancora un pezzetto su Hans, questa volta, purtroppo, contributi per un caso clinico. Come vedrà, in lui si è sviluppato, negli ultimi giorni, un disturbo nervoso, che preoccupa molto me e mia moglie, perché non riusciamo a trovare il mezzo di eliminarlo. Le chiedo il permesso, di venire domani..... a farLe visita, ma Le ho..... annotato per scritto il materiale disponibile.

"Una sovraeccitazione sessuale dovuta alla tenerezza della madre ha sicuramente preparato il terreno, ma l'elemento scatenante del disturbo non so indicarlo. La paura *che per strada un cavallo lo morda* sembra in qualche modo essere collegata al fatto che è terrorizzato da un pene grosso – come lei sa da una precedente annotazione, si è già da tempo accorto del grosso pene del cavallo e allora aveva tratto la conclusione che la mami, che è così grossa, dovesse avere un favivì come un cavallo.

"Non so cosa pensare. Ha visto da qualche parte un esibizionista? O il tutto è legato unicamente alla madre? Non è piacevole che cominci già da ora a porci enigmi. A parte la paura di camminare per strada e il malumore serale, per il resto è sempre il solito, divertente, sereno."

Trascureremo sia le preoccupazioni, comprensibili, del padre, che i suoi primi tentativi di spiegazione e, per prima cosa, esamineremo il materiale che ci viene comunicato. Non è affatto compito nostro "comprendere" un caso clini-

erst später gelingen, wenn wir uns genug Eindrücke von ihm geholt haben. Vorläufig lassen wir unser Urteil in Schwebe und nehmen alles zu Beobachtende mit gleicher Aufmerksamkeit hin.

Die ersten Mitteilungen aber, die aus den ersten Jännertagen dieses Jahres, 1908, stammen, lauten:

„Hans ($4^3/_4$ Jahre) kommt morgens weinend auf und sagt der Mama auf die Frage, warum er weine: „Wie ich geschlafen hab', hab' ich gedacht, du bist fort und ich hab' keine Mammi zum Schmeicheln (= liebkosen)."

„Also ein Angsttraum."

„Etwas Ähnliches habe ich schon im Sommer in Gmunden bemerkt. Er wurde abends im Bette meist sehr weich gestimmt und machte einmal die Bemerkung (ungefähr): wenn ich aber keine Mammi hab', wenn du fortgehst, oder ähnlich; ich habe den Wortlaut nicht in Erinnerung. Wenn er in einer solchen elegischen Stimmung war, wurde er leider immer von der Mama ins Bett genommen."

„Etwa am 5. Jänner kam er früh zur Mama ins Bett und sagte bei diesem Anlasse: „Weißt du, was Tante M. gesagt hat: „Er hat aber ein liebes Pischl[1]." (Tante M. hatte vor 4 Wochen bei uns gewohnt; sie sah einmal zu, wie meine Frau den Knaben badete, und sagte Obiges tatsächlich leise zu meiner Frau. Hans hat es gehört und suchte es zu verwerten.)"

„Am 7. Jänner geht er mit dem Kindermädchen wie gewöhnlich in den Stadtpark, fängt auf der Straße an zu weinen und verlangt, daß man mit ihm nach Hause gehe, er wolle mit der Mammi „schmeicheln". Zu Hause befragt, weshalb er nicht weiter gehen wollte und geweint hat, will er es nicht sagen. Bis zum Abend ist er heiter wie gewöhnlich; abends bekommt er sichtlich Angst, weint und ist von der Mama nicht fortzubringen; er will wieder schmeicheln. Dann wird er wieder heiter und schläft gut."

1) Pischl = Genitale. Liebkosungen der Kindergenitalien in Worten oder auch Tätlichkeiten von seiten zärtlicher Verwandter, mitunter auch der Eltern selbst, gehören zu den gewöhnlichsten Vorkommnissen, von denen die Psychoanalysen voll sind.

co immediatamente; solo più tardi, quando ne avremo tratto sufficienti indizi, ci si può riuscire. Per il momento sospendiamo il giudizio e accogliamo con la stessa attenta disposizione tutto quel che dobbiamo esaminare.

Dunque, le prime comunicazioni, che risalgono ai primi giorni di gennaio di quest'anno, il 1908, sono le seguenti:

"Hans (quattro anni e nove mesi) la mattina si alza piangendo e alla domanda sui motivi del pianto, dice alla mamma: 'Quando dormivo ho pensato che tu eri andata via e io non avevo più una mami per far le moine (=accarezzare)'.

"Quindi un sogno d'angoscia.

"Qualcosa di simile l'ho già notato d'estate a Gmunden. La sera, a letto, diventava tenero e una volta osservò (press'a poco): 'Se non avessi più una mami, se tu andassi via,' o qualcosa di simile; non ricordo l'espressione. Quando si trovava in un simile stato elegiaco, purtroppo, la mamma lo prendeva sempre a letto con sé.

"Verso il 5 gennaio, la mattina presto, venne a letto dalla mamma e in questa occasione disse: 'Sai che cosa ha detto la zia M.: 'Però, ha un bel pipi'.[1] (La zia M. era stata a casa nostra per quattro settimane; una volta assistette al bagno che mia moglie faceva al bambino ed effettivamente le disse questo. Hans aveva udito e adesso cercava di sfruttare la cosa.)

"Il 7 gennaio, mentre, come al solito, va con la bambinaia al parco, per strada comincia a piangere e chiede che lo si riporti a casa perché vorrebbe 'far le moine' con la mami. A casa, interrogato sul perché non avesse più voluto camminare e avesse pianto, non vuole dirlo. Fino a sera è sereno come sempre; a sera diventa visibilmente angosciato, piange e non si riesce ad allontanarlo dalla mamma; vuole di nuovo far le moine. Poi si rasserena di nuovo e dorme bene.

[1] Pipi= genitale. Vezzeggiamenti dei genitali dei bambini, a parole ma anche con i fatti, da parte di parenti affettuosi o anche dei genitori stessi, fanno parte degli eventi più comuni, di cui le psicoanalisi sono piene.

„Am 8. Jänner will die Frau selbst mit ihm spazieren gehen, um zu sehen, was mit ihm los ist, und zwar nach Schönbrunn, wohin er sehr gerne geht. Er fängt wieder an zu weinen, will nicht weggehen, fürchtet sich. Schließlich geht er doch, hat aber auf der Straße sichtlich Angst. Auf der Rückfahrt von Schönbrunn sagt er nach vielem Sträuben zur Mutter: Ich hab' mich gefürchtet, daß mich ein Pferd beißen wird. (Tatsächlich wurde er in Schönbrunn unruhig, als er ein Pferd sah.) Abends soll er wieder einen ähnlichen Anfall bekommen haben wie tags vorher, mit Verlangen zu schmeicheln. Man beruhigt ihn. Er sagt weinend: „Ich weiß, ich werde morgen wieder spazieren gehen müssen," und später: „Das Pferd wird ins Zimmer kommen."

Am selben Tage fragt ihn die Mama: „Gibst du vielleicht die Hand zum Wiwimacher?" Darauf sagt er: „Ja jeden Abend, wenn ich im Bett bin." Am nächsten Tage, 9. Jänner, wird er vor dem Nachmittagsschlaf gewarnt, die Hand zum Wiwimacher zu geben. Nach dem Aufwachen befragt, sagt er, er hat sie doch für kurze Zeit hingegeben."

Dies wäre also der Anfang der Angst wie der Phobie. Wir merken ja, daß wir guten Grund haben, die beiden voneinander zu sondern. Das Material erscheint uns übrigens zur Orientierung vollkommen ausreichend und kein anderer Zeitpunkt ist dem Verständnisse so günstig wie ein solches, leider meist vernachlässigtes oder verschwiegenes Anfangsstadium. Die Störung setzt mit ängstlich-zärtlichen Gedanken und dann mit einem Angsttraum ein. Inhalt des letzteren: Die Mutter zu verlieren, so daß er mit ihr nicht schmeicheln kann. Die Zärtlichkeit für die Mutter muß sich also enorm gesteigert haben. Dies das Grundphänomen des Zustandes. Erinnern wir uns noch zur Bestätigung der beiden Verführungsversuche, die er gegen die Mutter unternimmt, von denen der erste noch in den Sommer fällt, der zweite, knapp vor dem Ausbruche der Straßenangst, einfach eine Empfehlung seines Genitales enthält. Diese gesteigerte Zärtlichkeit für die Mutter ist es, die in Angst umschlägt, die, wie wir sagen, der Verdrängung unterliegt. Wir wissen noch nicht, woher der Anstoß zur Verdrängung stammt;

"L'8 gennaio mia moglie decide di portarlo lei stessa a passeggio, esattamente a Schönbrunn, dove lui va volentieri, per vedere cosa succede. Ricomincia a piangere e non vuole andare: è spaventato. Alla fine va, ma per strada è visibilmente angosciato. Al ritorno da Schönbrunn, dopo aver recalcitrato molto, dice alla madre: '*Ho avuto paura che un cavallo mi mordesse*'. (Effettivamente a Schönbrunn si era agitato alla vista di un cavallo.) A sera deve aver avuto una crisi simile a quella di qualche giorno prima, e richiede di fare le moine. Viene calmato. Dice piangendo: 'So che domani devo ancora andare a passeggio' e più tardi: 'Il cavallo verrà in camera'.

"Lo stesso giorno la mamma gli chiede: 'Per caso ti metti la mano sul favivì?' e lui risponde: 'Sì, tutte le sere, quando sono a letto'. Il giorno successivo, il 9 gennaio, prima del sonnellino pomeridiano, viene diffidato dal mettere la mano sul favivì. Al risveglio, interrogato, dice che ce l'ha messa solo per poco."

Questo, dunque, sarebbe l'inizio sia dell'angoscia che della fobia. Notiamo che abbiamo buone ragioni di tenerle separate l'una dall'altra. Del resto il materiale ci sembra del tutto sufficiente per orientarci e nessun altro punto di vista è più vantaggioso, per la comprensione, che questo stadio iniziale, purtroppo solitamente trascurato o nascosto. Il disturbo inizia con pensieri angoscioso-teneri e poi con un sogno d'angoscia. Contenuto di quest'ultimo: perdita della madre, per cui non può far le moine con lei. Quindi la tenerezza verso la madre deve essersi enormemente accresciuta. Questo è il fenomeno basilare dello stato. A conferma, ricordiamoci anche dei due tentativi di seduzione intrapresi nei confronti della madre, il primo dei quali si verificò già in estate, il secondo, invece, immediatamente prima dello scoppio della paura di uscire per strada e conteneva semplicemente una raccomandazione del proprio genitale. È appunto questa intensificata tenerezza per la madre che si capovolge poi in angoscia, che soggiace, come diciamo noi, alla rimozione. Non sappiamo ancora da dove provenga l'impulso alla rimozione; forse scaturisce sem-

vielleicht erfolgt sie bloß aus der für das Kind nicht zu bewältigenden Intensität der Regung, vielleicht wirken andere Mächte, die wir noch nicht erkennen, dabei mit. Wir werden es weiterhin erfahren. Diese, verdrängter erotischer Sehnsucht entsprechende, Angst ist zunächst wie jede Kinderangst objektlos, noch Angst und nicht Furcht. Das Kind kann nicht wissen, wovor es sich fürchtet, und wenn Hans auf dem ersten Spaziergange mit dem Mädchen nicht sagen will, wovor er sich fürchtet, so weiß er es eben noch nicht. Er sagt, was er weiß, daß ihm die Mama auf der Straße fehlt, mit der er schmeicheln kann, und daß er nicht von der Mama weg will. Er verrät da in aller Aufrichtigkeit den ersten Sinn seiner Abneigung gegen die Straße.

Auch seine, an zwei Abenden hintereinander vor dem Schlafengehen wiederholten, ängstlichen und noch deutlich zärtlich getönten Zustände beweisen, daß zu Beginn der Erkrankung eine Phobie vor der Straße oder dem Spaziergange oder gar vor den Pferden noch gar nicht vorhanden ist. Der abendliche Zustand würde dann unerklärlich; wer denkt vor dem Zubettgehen an Straße und Spaziergang? Hingegen ist es vollkommen durchsichtig, daß er abends so ängstlich wird, wenn ihn vor dem Zubettgehen die Libido, deren Objekt die Mutter ist, und deren Ziel etwa sein könnte, bei der Mutter zu schlafen, verstärkt überfällt. Er hat doch die Erfahrung gemacht, daß die Mutter sich durch solche Stimmungen in Gmunden bewegen ließ, ihn in ihr Bett zu nehmen, und er möchte dasselbe hier in Wien erreichen. Nebenbei vergessen wir nicht daran, daß er in Gmunden zeitweise mit der Mutter allein war, da der Vater nicht die ganzen Ferien dort verbringen konnte; ferner daß sich dort seine Zärtlichkeit auf eine Reihe von Gespielen, Freunde, Freundinnen, verteilt hatte, die ihm hier abgingen, so daß die Libido wieder ungeteilt zur Mutter zurückkehren konnte.

Die Angst entspricht also verdrängter Sehnsucht, aber sie ist nicht dasselbe wie die Sehnsucht; die Verdrängung steht auch für etwas. Die Sehnsucht läßt sich voll in Befriedigung verwandeln, wenn man ihr das ersehnte Objekt zuführt; bei der Angst nützt diese Therapie nichts mehr, sie bleibt, auch wenn die Sehnsucht

plicemente dall'intensità del sentimento, incontrollabile per il bambino, forse vi cooperano altre forze che ancora non conosciamo. Lo verremo a sapere in seguito. Questa angoscia, corrispondente a un intenso desiderio erotico rimosso, inizialmente è, come ogni angoscia infantile, senza oggetto; è angoscia, non ancora paura. Il bambino non può sapere di che cosa ha paura e, quando Hans, durante la prima passeggiata con la ragazza, non vuol dire che cosa teme, è perché, davvero, non lo sa ancora. Dice ciò che sa, e cioè che per strada gli manca la mamma, con la quale può fare le moine, e che non vuole allontanarsi da lei. In questo modo rivela con tutta sincerità il primo motivo della propria avversione nei riguardi della strada.

Anche gli stati, angosciosi e ancora chiaramente venati di tenerezza, che si sono ripetuti per due sere consecutive, prima di andare a letto, dimostrano che all'inizio della malattia non è presente una fobia della strada o dell'uscita a passeggio o del cavallo. Quello stato serale diventerebbe inspiegabile; chi, prima di andare a letto, pensa alla strada o alla passeggiata? Invece è assolutamente lampante che la sera è così angosciato perché prima di andare a letto lo assale, rafforzata, la libido, il cui oggetto è la madre e il cui fine potrebbe, per esempio, essere quello di dormire dalla madre. Ha realizzato che la madre a Gmunden si lasciava smuovere, da certi stati, a prenderlo a letto e vorrebbe ottenere la stessa cosa anche a Vienna. Inoltre non dimentichiamoci che a Gmunden restava, di tanto in tanto, solo con la madre, perché il padre non poteva trascorrervi tutte le vacanze; e, in aggiunta, che lì aveva diviso la sua tenerezza tra una serie di compagni di gioco, amici e amiche, che qui uscivano di scena, per cui la libido poteva di nuovo riversarsi interamente sulla madre.

L'angoscia, perciò, corrisponde al desiderio rimosso, ma non è la stessa cosa del desiderio: c'è anche la rimozione. Il desiderio si trasforma completamente in soddisfacimento, se gli si fornisce l'oggetto a cui è rivolto; con l'angoscia questa terapia non serve a niente: essa resta, e anche nel caso in cui il desiderio venga eventualmente soddisfat-

befriedigt sein könnte, sie ist nicht mehr voll in Libido zurückzuverwandeln; die Libido wird durch irgend etwas in der Verdrängung zurückgehalten [2]. Dies zeigt sich bei Hans auf dem nächsten Spaziergange, den die Mutter mit ihm macht. Er ist jetzt mit der Mutter und hat doch Angst, d. h. ungestillte Sehnsucht nach ihr. Freilich, die Angst ist geringer, er läßt sich ja doch zum Spaziergange bewegen, während er das Dienstmädchen zum Umkehren gezwungen hat; auch ist die Straße nicht der richtige Ort fürs „Schmeicheln", oder was der kleine Verliebte sonst möchte. Aber die Angst hat die Probe bestanden und muß jetzt ein Objekt finden. Auf diesem Spaziergange äußert er zunächst die Furcht, daß ihn ein Pferd beißen werde. Woher das Material dieser Phobie stammt? Wahrscheinlich aus jenen noch unbekannten Komplexen, die zur Verdrängung beigetragen haben und die Libido zur Mutter im verdrängten Zustand erhalten. Das ist noch ein Rätsel des Falles, dessen weitere Entwicklung wir nun verfolgen müssen, um die Lösung zu finden. Gewisse Anhaltspunkte, die wahrscheinlich verläßlich sind, hat uns der Vater schon gegeben, daß er die Pferde wegen ihrer großen Wiwimacher immer mit Interesse beobachtet, daß er angenommen, die Mama müsse einen Wiwimacher haben wie ein Pferd u. dgl. So könnte man meinen, das Pferd sei nur ein Ersatz für die Mama. Aber was soll es heißen, daß Hans am Abend die Furcht äußert, das Pferd werde ins Zimmer kommen? Eine dumme Angstidee eines kleinen Kindes, wird man sagen. Aber die Neurose sagt nichts Dummes, so wenig wie der Traum. Wir schimpfen immer dann, wenn wir nichts verstehen. Das heißt, sich die Aufgabe leicht machen.

Vor dieser Versuchung müssen wir uns noch in einem andern Punkte hüten. Hans hat gestanden, daß er sich jede Nacht vor dem Einschlafen zu Lustzwecken mit seinem Penis beschäftigt. Nun, wird der Praktiker gerne sagen, nun ist alles klar. Das Kind masturbiert, daher also die Angst. Gemach! Daß das Kind sich masturbatorisch Lustgefühle erzeugt, erklärt uns seine Angst

[2] Ehrlich gesagt, wir heißen eben eine ängstlich-sehnsüchtige Empfindung von dem Momente an eine pathologische Angst, wenn sie nicht mehr durch die Zuführung des ersehnten Objektes aufzuheben ist.

to, non la si può più riconvertire completamente in libido; la libido viene trattenuta in rimozione da un qualcosa.[2] Questo lo si constata, nel caso di Hans, alla successiva passeggiata che la madre compie con lui. Adesso, pur essendo con la madre, prova angoscia, cioè, desiderio inappagato nei confronti di lei. Chiaramente l'angoscia è più limitata, infatti si fa convincere a fare la passeggiata, mentre con la ragazza aveva chiesto di essere riportato a casa; c'è anche il fatto che la strada non è il luogo più adatto per "far le moine", o cos'altro vorrebbe il piccolo innamorato. Ma l'angoscia ha superato la prova e adesso deve trovare un oggetto. Durante questa passeggiata, per la prima volta, manifestò la paura di venir morso da un cavallo. Da dove proviene il materiale di questa fobia? Probabilmente da quei complessi ancora sconosciuti che hanno contribuito alla rimozione e tengono in stato di rimozione la libido verso la madre. Questo, al momento, è ancora un enigma per la cui soluzione dobbiamo seguire lo sviluppo successivo del caso. Alcuni appigli, probabilmente attendibili, ce li ha già forniti il padre: che lui osserva sempre i cavalli per il loro grosso favivì, che ha supposto che la mamma debba avere un favivì come un cavallo e simili. Si potrebbe supporre che il cavallo sia solo un sostituto della mamma. Ma che significato ha la paura, manifestata da Hans la sera, che un cavallo entri in camera? Una stupida idea di angoscia di un bambino piccolo, si dirà. Ma la nevrosi non dice niente di stupido, come pure il sogno. Quando non capiamo, diciamo sempre delle bestialità. Cioè, ci facilitiamo il compito.

Di fronte a questo tentativo dobbiamo stare in guardia anche su un altro punto. Hans ha ammesso che ogni notte, prima di dormire, si dedica al proprio pene per soddisfarsi. Ora, il medico generico dirà che a questo punto è tutto chiaro: il bambino si masturba, e da qui proviene l'angoscia. Calma. Che il bambino si procuri sensazioni piacevo-

[2] A dire il vero, una sensazione mista di angoscia e desiderio la chiamiamo una angoscia patologica a partire dal momento in cui non è più possibile neutralizzarla procurando l'oggetto desiderato.

keineswegs, macht sie vielmehr erst recht rätselhaft. Angstzustände werden nicht durch Masturbation, überhaupt nicht durch Befriedigung hervorgerufen. Nebenbei dürfen wir annehmen, daß unser Hans, der jetzt $4^3/_4$ Jahre alt ist, sich dieses Vergnügen gewiß schon seit einem Jahre (vgl. p. 64) allabendlich gönnt, und werden erfahren, daß er sich gerade jetzt im Abgewöhnungskampfe befindet, was zur Verdrängung und Angstbildung besser paßt.

Auch für die gute und gewiß sehr besorgte Mutter müssen wir Partei nehmen. Der Vater beschuldigt sie, nicht ohne einen Schein von Recht, daß sie durch übergroße Zärtlichkeit und allzu häufige Bereitwilligkeit, das Kind ins Bett zu nehmen, den Ausbruch der Neurose herbeigeführt; wir könnten ihr ebensowohl den Vorwurf machen, daß sie durch ihre energische Abweisung seiner Werbungen („das ist eine Schweinerei") den Eintritt der Verdrängung beschleunigt habe. Aber sie spielt eine Schicksalsrolle und hat einen schweren Stand.

Ich verabrede mit dem Vater, daß er dem Knaben sagen solle, das mit den Pferden sei eine Dummheit, weiter nichts. Die Wahrheit sei, daß er die Mama so gern habe und von ihr ins Bett genommen werden wolle. Weil ihn der Wiwimacher der Pferde so sehr interessiert habe, darum fürchte er sich jetzt vor den Pferden. Er habe gemerkt, es sei unrecht, sich mit dem Wiwimacher, auch mit dem eigenen, so intensiv zu beschäftigen, und das sei eine ganz richtige Einsicht. Ferner schlug ich dem Vater vor, den Weg der sexuellen Aufklärung zu betreten. Da wir nach der Vorgeschichte des Kleinen annehmen durften, seine Libido hafte am Wunsche, den Wiwimacher der Mama zu sehen, so solle er ihm dieses Ziel durch die Mitteilung entziehen, daß die Mama und alle anderen weiblichen Wesen, wie er ja von der Hanna wissen könne, — einen Wiwimacher überhaupt nicht besitzen. Letztere Aufklärung sei bei passender Gelegenheit im Anschlusse an irgend eine Frage oder Äußerung von Hans zu erteilen.

li masturbandosi non ci spiega affatto la sua angoscia, casomai la rende più che mai enigmatica. Stati di angoscia non vengono certo prodotti dalla masturbazione, dal soddisfacimento. Inoltre dobbiamo supporre che il nostro Hans, che ora ha quattro anni e nove mesi, si conceda tutte le sere questo piacere sicuramente già da un anno (cfr. p. 65) e vedremo che adesso si trova impegnato in una lotta per togliersi il vizio, cosa che si accorda meglio con la rimozione e la formazione di angoscia.

Dobbiamo anche schierarci a favore della buona e, certamente, preoccupatissima madre. Il padre la accusa, apparentemente nel giusto, di aver provocato lo scoppio della nevrosi con la sua eccessiva tenerezza e la troppo frequente disponibilità a prendere il bambino nel letto; noi potremmo, altrettanto bene, farle il rimprovero di aver accelerato il verificarsi della rimozione con il proprio energico rifiuto dei suoi corteggiamenti ("questa è una porcheria"). Ma gioca il ruolo che le ha assegnato il destino e ha una posizione difficile.

Mi accordai con il padre perché dicesse al bambino che quella dei cavalli era una stupidaggine, nient'altro. Che la verità era che lui voleva molto bene alla mamma e voleva farsi prendere a letto da lei. Che aveva paura dei cavalli perché si era interessato parecchio al favivì del cavallo. Che si era accorto che non andava bene occuparsi così tanto del favivì, compreso il proprio, e questa era una presa di posizione molto corretta. Alla fine suggerii al padre di battere la strada dell'educazione sessuale. Siccome dalla preistoria del piccolo si poteva supporre che la sua libido rimanesse attaccata al desiderio di vedere il favivì della mamma, avrebbe dovuto sottrarlo a questa mira informandolo del fatto che la mamma e tutti gli altri esseri di sesso femminile, come poteva capire da Hanna, non possiedono affatto un favivì. Quest'ultima spiegazione doveva essere impartita al momento buono, in connessione con qualche domanda o affermazione di Hans.

Die nächsten Nachrichten über unsern Hans umfassen die Zeit vom 1. bis zum 17. März. Die monatlange Pause wird bald ihre Erklärung finden.

„Der Aufklärung[3] folgt eine ruhigere Zeit, in der Hans ohne besondere Schwierigkeit zu bewegen ist, täglich in den Stadtpark spazieren zu gehen. Seine Furcht vor Pferden verwandelt sich mehr und mehr in den Zwang, auf Pferde hinzusehen. Er sagt: „Ich muß auf die Pferde sehen und dann fürchte ich mich."

„Nach einer Influenza, die ihn für zwei Wochen ans Bett fesselt, verstärkt sich die Phobie wieder so sehr, daß er nicht zu bewegen ist, auszugehen; höchstens geht er auf den Balkon. Sonntags fährt er jede Woche mit mir nach Lainz[4], weil an diesem Tage wenig Wagen auf der Straße zu sehen sind, und er zur Bahnstation nur einen kurzen Weg hat. In Lainz weigert er sich einmal, aus dem Garten heraus spazieren zu gehen, weil ein Wagen vor dem Garten steht. Nach einer weiteren Woche, die er zu Hause bleiben muß, weil ihm die Mandeln geschnitten wurden, verstärkt sich die Phobie wieder sehr. Er geht zwar auf den Balkon, aber nicht spazieren, d. h. er kehrt, wenn er zum Haustor kommt, rasch wieder um."

„Sonntag, den 1. März entwickelt sich auf dem Wege zum Bahnhofe folgendes Gespräch: Ich suche ihm wieder zu erklären, daß Pferde nicht beißen. Er: „Aber weiße Pferde beißen; in Gmunden ist ein weißes Pferd, das beißt. Wenn man die Finger hinhält, beißt es." (Es fällt mir auf, daß er sagt: die Finger anstatt: die Hand). Er erzählt dann folgende Geschichte, die ich hier zusammenhängend wiedergebe: „Wie die Lizzi hat wegfahren müssen, ist ein Wagen mit einem weißen Pferde vor ihrem Hause gestanden, das das Gepäck auf die Bahn bringen sollte. (Lizzi ist, wie er mir erzählt, ein Mäderl, das in einem Nachbarhause wohnte.) Ihr Vater ist nahe beim Pferde gestanden und das Pferd hat den Kopf hingewendet (um ihn zu berühren), und er hat zur Lizzi gesagt: Gib nicht die Finger zum weißen Pferd, sonst beißt es dich". Ich sage darauf: „Du, mir scheint, das ist kein Pferd, was du meinst, sondern ein Wiwimacher, zu dem man nicht die Hand geben soll."

[3] Was seine Angst bedeute; noch nichts über den Wiwimacher der Frauen.

[4] Vorort von Wien, wo die Großeltern wohnen.

Le notizie successive sul nostro Hans si riferiscono al periodo che va dal primo al 17 marzo. La pausa di un mese si chiarirà presto.

"Alla spiegazione[3] segue un periodo più tranquillo, in cui Hans si fa convincere senza particolare difficoltà ad andare ogni giorno a passeggio nel parco cittadino. La paura dei cavalli si trasforma sempre più nella coazione a guardare i cavalli. Dice: 'Devo guardare i cavalli, e poi ho paura'.

"Dopo un'influenza che lo trattiene a letto per due settimane, la fobia si rafforza così tanto che non c'è verso di convincerlo a uscire; al massimo va sul balcone. Tutte le settimane, la domenica, viene con me a Lainz,[4] perché in quel giorno si vedono poche carrozze in giro, e per arrivare alla stazione deve fare poca strada. A Lainz, una volta, si rifiuta di uscire a passeggiare fuori dal giardino perché lì davanti c'è una carrozza. Dopo un'altra settimana di permanenza a casa per via della tonsillectomia, la fobia si rafforza di nuovo. Va sul balcone, ma non a passeggio; quando arriva al portone torna rapidamente indietro.

"Domenica 1° marzo, lungo la strada per la stazione, ha luogo il seguente dialogo: cerco di spiegargli ancora una volta che i cavalli non mordono. Lui: 'Ma i cavalli bianchi mordono; a Gmunden c'è un cavallo bianco che morde. Se uno tende le dita, morde'. (Mi colpisce che dica 'le dita', anziché 'la mano'.) Poi racconta la seguente storia, che qui riporto in modo coerente: 'Quando Lizzi doveva partire, c'era davanti a casa sua una carrozza con un cavallo bianco che doveva portare i bagagli alla stazione. (Lizzi, come lui mi ha spiegato, è una ragazzina che abita in una casa vicina.) Suo padre è vicino al cavallo e il cavallo ha voltato il muso (per toccarlo), e lui ha detto a Lizzi: '*Non mettere il dito sul cavallo bianco, perché ti morde*'. Gli dico: 'Senti, ho l'impressione che non sia un cavallo ciò a cui ti riferisci, ma un favivì, sul quale non si deve mettere la mano'.

[3] Sul significato dell'angoscia; non ancora sul favivì delle donne.
[4] Sobborgo di Vienna dove abitano i nonni.

Er: „Aber ein Wiwimacher beißt doch nicht."

Ich: „Vielleicht doch," worauf er mir lebhaft beweisen will, daß es wirklich ein weißes Pferd war[5]."

Am 2. März sage ich ihm, wie er sich wieder fürchtet: „Weißt du was? Die Dummheit" — so nennt er seine Phobie — wird schwächer werden, wenn du öfter spazieren gehst. Jetzt ist sie so stark, weil du nicht aus dem Hause herausgekommen bist, weil du krank warst."

Er: „O nein, sie ist so stark, weil ich immer wieder die Hand zum Wiwimacher gebe jede Nacht."

Arzt und Patient, Vater und Sohn, treffen sich also darin, der Onanieangewöhnung die Hauptrolle in der Pathogenese des gegenwärtigen Zustandes zuzuschieben. Es fehlt aber auch nicht an Anzeichen für die Bedeutung anderer Momente.

„Am 3. März ist bei uns ein neues Mädchen eingetreten, das sein besonderes Wohlgefallen erregt. Da sie ihn beim Zimmerreinigen aufsitzen läßt, nennt er sie nur „mein Pferd" und hält sie immer am Rock, „Hüoh" rufend. Am 10. März etwa sagt er zu diesem Kindermädchen: „Wenn Sie das oder das tun, müssen Sie sich ganz ausziehen, auch das Hemd." (Er meint, zur Strafe, aber es ist leicht, dahinter den Wunsch zu erkennen.)

Sie: „No, was ist da dran? So werd' ich mir denken, ich hab' kein Geld auf Kleider."

Er: „Aber das ist doch eine Schande, da sieht man doch den Wiwimacher."

Die alte Neugierde, auf ein neues Objekt geworfen, und wie es den Zeiten der Verdrängung zukommt, mit einer moralisierenden Tendenz verdeckt!

„Am 13. März früh sage ich zu Hans: „Weißt du, wenn du nicht mehr die Hand zum Wiwimacher gibst, wird die Dummheit schon schwächer werden."

Hans: „Aber ich geb' die Hand nicht mehr zum Wiwimacher."

Ich: „Aber du möchtest sie immer gern geben."

Hans: „Ja, das schon, aber ‚möchten' ist nicht ‚tun,' und ‚tun' ist nicht ‚möchten'". (!!)

[5] Der Vater hat keinen Grund zu bezweifeln, daß Hans hier eine wirkliche Begebenheit erzählt hat. — Die Juckempfindungen an der Eichel, welche die Kinder zur Berührung veranlassen, werden übrigens in der Regel so beschrieben: Es beißt mich.

Lui: 'Ma un favivì non morde mica'.

Io: 'Forse', al che lui si impegna vivacemente a dimostrarmi che si trattava proprio di un cavallo bianco.[5]

"Il 2 marzo, quando manifesta di nuovo la paura, gli dico: "Sai che cosa? La stupidaggine, così chiama la sua fobia, diminuirà se tu andrai più spesso a passeggio. Adesso è così forte perché non sei uscito da casa per via della malattia".

Lui: "Oh no, è così forte perché ogni notte porto sempre la mano al favivì".

Medico e paziente, padre e figlio, assegnano dunque, di comune accordo, all'assuefazione all'onanismo il ruolo principale nella patogenesi dello stato presente. Non mancano però anche indizi dell'importanza di altri fattori.

"Il 3 marzo è subentrata da noi una nuova ragazza che gli piace particolarmente. Poiché lei se lo fa salire sulla schiena quando pulisce le stanze, lui la chiama 'il mio cavallo' e la tira sempre per la gonna gridando 'arri!' Verso il 10 marzo dice a questa domestica: 'Se fai la tal cosa, devi spogliarti tutta, anche la canottiera'. (Intende dire per punizione, ma è facile riconoscervi un desiderio.)

Lei: "No, ma va'? Vuol dire che immaginerò di non aver soldi per i vestiti".

Lui: "Ma è una vergogna, perché si vedrebbe il favivì".

La vecchia curiosità rivolta a un nuovo oggetto e mascherata, come si conviene in periodi di rimozione, con una tendenza di tipo moralistico!

Il 13 marzo, la mattina presto, dico a Hans: "Sai, se non porti più la mano al favivì, la stupidaggine diventerà già più debole".

Hans: "Ma non porto più la mano al favivì".

Io: "Però ce la vorresti sempre portare volentieri".

Hans: "Sì, questo sì, ma 'volere' non è 'fare' e 'fare' non è 'volere'. (!!)"

[5] Il padre non ha motivo di dubitare che Hans gli abbia raccontato un fatto reale. - Le sensazioni di prurito al glande che spingono i bambini a toccarsi, di regola vengono descritte con un "mi morde".

Ich: „Damit du aber nicht möchtest, bekommst du heute einen Sack zum Schlafen."

„Darauf gehen wir vors Haus. Er fürchtet sich zwar, sagt aber, durch die Aussicht auf die Erleichterung des Kampfes sichtlich gehoben: „No morgen, wenn ich den Sack haben werde, wird die Dummheit weg sein." Er fürchtet sich tatsächlich vor Pferden viel weniger und läßt Wagen ziemlich ruhig vorüberfahren."

„Am nächsten Sonntag, 15. März, hatte Hans versprochen, mit mir nach Lainz zu fahren. Er sträubt sich erst, endlich geht er doch mit mir. Auf der Gasse fühlt er sich, da wenige Wagen fahren, sichtlich wohl und sagte: „Das ist gescheit, daß der liebe Gott das Pferd schon ausgelassen hat." Auf dem Wege erkläre ich ihm, daß seine Schwester keinen Wiwimacher hat wie er. Mäderl und Frauen haben keinen Wiwimacher. Die Mammi hat keinen, die Anna nicht usw."

Hans: „Hast du einen Wiwimacher?"

Ich: „Natürlich, was hast du denn geglaubt?"

Hans: (Nach einer Pause) „Wie machen aber Mäderl Wiwi, wenn sie keinen Wiwimacher haben?"

Ich: „Sie haben keinen solchen Wiwimacher wie du. Hast du noch nicht gesehen, wenn die Hanna gebadet worden ist?"

„Den ganzen Tag über ist er sehr lustig, fährt Schlitten usw. Erst gegen Abend wird er wieder verstimmt und scheint sich vor Pferden zu fürchten."

„Abends ist der nervöse Anfall und das Bedürfnis nach Schmeicheln schwächer als an früheren Tagen. Am nächsten Tage wird er von der Mama in die Stadt mitgenommen, hat auf der Gasse große Furcht. Tags darauf bleibt er zu Hause und ist sehr lustig. Am nächsten Morgen kommt er gegen 6 Uhr ängstlich auf. Auf die Frage, was er habe, erzählt er: „Ich habe den Finger ganz wenig zum Wiwimacher gegeben. Da hab' ich die Mammi ganz nackt im Hemde gesehen und sie hat den Wiwimacher sehen lassen. Ich hab' der Grete[6], meiner Grete, gezeigt, was die Mama macht, und hab' ihr meinen Wiwimacher gezeigt. Dann hab' ich die Hand schnell

[6] Grete ist eines der Gmundner Mäderl, von der Hans gerade jetzt phantasiert; er spricht und spielt mit ihr.

Io: "Per evitare che tu lo voglia, oggi riceverai un sacco per dormire".

"Dopo usciamo davanti alla casa. In realtà ha paura ma, visibilmente sollevato dalla prospettiva di un alleggerimento nella lotta, dice: 'Col sacco, domani la stupidaggine sarà sparita'. Effettivamente davanti ai cavalli ha molta meno paura e lascia passare le carrozze restando abbastanza tranquillo.

"La domenica successiva, 15 marzo, Hans aveva promesso di venire a Lainz con me. Inizialmente recalcitra, alla fine viene. Per strada, visto che circolano poche carrozze, sta visibilmente bene e dice: 'Meno male, che il buon Dio ha già fatto passare il cavallo'. Strada facendo gli spiego che la sorella non ha un favivì come lui. Le ragazzine e le donne non hanno un favivì. La mami non ce l'ha, Hanna non ce l'ha ecc.

Hans: "Tu ce l'hai un favivì?"

Io: "Certo, cosa credi?"

Hans: (Dopo una pausa) "Come fanno le ragazzine a fare vivì se non hanno un favivì?"

Io: "Non hanno il tipo di favivì che hai tu. Non hai ancora visto quando a Hanna viene fatto il bagno?"

"Per tutto il giorno è molto allegro, va sullo slittino ecc. Solo verso sera ridiventa di cattivo umore e sembra aver paura dei cavalli.

"La sera la crisi nervosa e il bisogno di moine sono più leggeri dei giorni precedenti. La mattina seguente, mentre viene condotto in città dalla mamma, per strada ha molta paura. Il giorno dopo resta a casa ed è tutto allegro. La mattina successiva si alza alle sei angosciato. Quando gli viene chiesto che cosa abbia, racconta: 'Ho portato il dito appena un po' sul favivì. Poi ho visto la mami tutta nuda in canottiera e lei ha fatto vedere il suo favivì. Ho mostrato a Grete,[6] la mia Grete, cosa fa la mamma e le ho mostrato il mio fa-

[6] Grete è una delle ragazzine di Gmunden, sulla quale Hans proprio ora fa molte fantasie; parla e gioca con lei.

vom Wiwimacher weggegeben." Auf meinen Einwand, es kann nur heißen: im Hemd oder ganz nackt, sagt Hans: „Sie war im Hemd, aber das Hemd war so kurz, daß ich den Wiwimacher gesehen hab'."

Das ganze ist kein Traum, sondern eine, übrigens einem Traume äquivalente Onanierphantasie. Was er die Mama tun läßt, dient offenbar zu seiner Rechtfertigung: „Wenn die Mammi den Wiwimacher zeigt, darf ich es auch."

Wir können aus dieser Phantasie zweierlei ersehen, erstens, daß der Verweis der Mutter seinerzeit eine starke Wirkung auf ihn geübt hat, zweitens, daß die Aufklärung, Frauen hätten keinen Wiwimacher, von ihm zunächst nicht akzeptiert wird. Er bedauert es, daß es so sein soll, und hält in der Phantasie an ihm fest. Vielleicht hat er auch seine Gründe, dem Vater fürs erste den Glauben zu versagen.

Wochenbericht des Vaters: „Geehrter Herr Professor! Anbei folgt die Fortsetzung der Geschichte unseres Hans, ein ganz interessantes Stück. Vielleicht werde ich mir erlauben, Sie Montag in der Ordination aufzusuchen und womöglich Hans mitbringen — vorausgesetzt, daß er geht. Ich hab' ihn heute gefragt: „Willst du Montag mit mir zu dem Professor gehen, der dir die Dummheit wegnehmen kann?"

Er: „Nein."

Ich: „Aber er hat ein sehr schönes Mäderl." — Darauf hat er bereitwillig und freudig zugestimmt."

„Sonntag, 22. März. Um das Sonntagsprogramm zu erweitern, schlage ich Hans vor, zuerst nach Schönbrunn zu fahren und erst mittags von dort nach Lainz. Er hat also nicht bloß den Weg von der Wohnung zur Stadtbahnstation Hauptzollamt zu Fuß zurückzulegen, sondern auch von der Station Hietzing nach Schönbrunn und von dort wieder zur Dampftramwaystation Hietzing, was er auch absolviert, indem er, wenn Pferde kommen, eiligst wegschaut, da ihm offenbar ängstlich zu Mute ist. Mit dem Wegschauen befolgt er einen Rat der Mama."

„In Schönbrunn zeigt er Furcht vor Tieren, die er sonst furcht-

vivì. Allora ho levato subito la mano dal favivì'. Alla mia obiezione che, o era completamente nuda o era in canottiera, Hans dice: 'Era in canottiera, ma la canottiera era così corta che ho visto il favivì'."

Il tutto non è un sogno, ma una fantasia onanistica, praticamente equivalente a un sogno. Quello che fa fare alla mamma serve chiaramente a giustificarlo: 'Se la mami mostra il favivì, posso farlo anch'io'.

Due cose possiamo desumere da questa fantasia: la prima è che il rimprovero della madre ha, a suo tempo, esercitato su di lui un effetto forte, la seconda, che la spiegazione che le donne non hanno il favivì di primo acchito non è stata accettata. Gli dispiace che sia così, e nella fantasia rimane attaccato alla sua idea. Forse, in questo momento, ha anche le sue ragioni per non credere a suo padre.

Resoconto settimanale del padre: "Gentilissimo Signor Professore! Qui accluso c'è il seguito della storia del nostro Hans, un pezzo molto interessante. Forse mi permetterò di venire da Lei lunedì, durante l'orario delle visite, portando possibilmente anche Hans, ammesso che venga. Oggi gli ho chiesto: 'Lunedì vuoi venire con me dal Professore che può farti andar via la stupidaggine?'

Lui: 'No'.

Io: 'Ma lui ha una ragazzina molto carina'. Al che ha acconsentito, pronto e felice".

"Domenica 22 marzo. Per allargare il programma domenicale propongo a Hans di andare per prima cosa a Schönbrunn e da lì, nel primo pomeriggio, a Lainz. Deve perciò coprire a piedi, non solo il percorso dall'abitazione alla stazione 'Dogana centrale', ma anche quello dalla stazione di Hietzing a Schönbrunn, e da lì di nuovo alla stazione del tram a vapore di Hietzing, cosa che fa guardando frettolosamente da un'altra parte quando sopraggiungono cavalli, perché questo gli dà chiaramente coraggio nell'angoscia. È la mamma ad avergli consigliato di fare così.

"A Schönbrunn mostra di aver paura di animali che ha

los angesehen hat. So will er in das Haus, in dem sich die Giraffe befindet, absolut nicht hinein, will auch zum Elefanten nicht, der ihm sonst viel Spaß gemacht hat. Er fürchtet sich vor allen großen Tieren, während er sich bei den kleinen sehr unterhält. Unter den Vögeln fürchtet er diesmal auch den Pelikan, was er früher nie getan hat, offenbar auch wegen seiner Größe."

„Ich sage ihm daraufhin: Weißt du, warum du dich vor den großen Tieren fürchtest? Große Tiere haben einen großen Wiwimacher, und du fürchtest dich eigentlich vor dem großen Wiwimacher."

Hans: „Aber ich habe noch nie von den großen Tieren den Wiwimacher gesehen[7]."

Ich: „Aber vom Pferde doch und das Pferd ist auch ein großes Tier."

Hans: „Oh, vom Pferd oft. Einmal in Gmunden, wie der Wagen vor dem Hause gestanden ist, einmal vor dem Hauptzollamt."

Ich: „Wie du klein warst, bist du wahrscheinlich in Gmunden in einen Stall gegangen . . . . ."

Hans (unterbrechend): „Ja, jeden Tag, wenn in Gmunden die Pferde nach Haus gekommen sind, bin ich in den Stall gegangen."

Ich: „— und hast dich wahrscheinlich gefürchtet, wie du einmal den großen Wiwimacher vom Pferde gesehen hast, aber davor brauchst du dich nicht zu fürchten. Große Tiere haben große Wiwimacher, kleine Tiere kleine Wiwimacher."

Hans: „Und alle Menschen haben Wiwimacher, und der Wiwimacher wächst mit mir, wenn ich größer werde; er ist ja angewachsen."

„Damit schloß das Gespräch. In den folgenden Tagen scheint die Furcht wieder etwas größer; er traut sich kaum vors Haustor, wohin man ihn nach dem Essen führt."

Hansens letzte Trostrede wirft ein Licht auf die Situation und gestattet uns, die Behauptungen des Vaters ein wenig zu korrigieren.

7 Das ist falsch. Vergleiche seinen Ausruf beim Löwenkäfig, p. 66. Wahrscheinlich beginnendes Vergessen infolge der Verdrängung.

sempre osservato tranquillamente. Così non vuole assolutamente entrare nell'edificio dove c'è la giraffa, né andare dall'elefante, che in genere lo ha divertito molto. Ha paura di tutti gli animali grossi, mentre si diverte molto con quelli piccoli. Per quanto riguarda gli uccelli, questa volta ha paura anche del pellicano, cosa che prima non ha mai avuto, chiaramente anche per via della sua stazza.

"Al che gli dico: 'Sai perché hai paura degli animali grossi? Gli animali grossi hanno un favivì grosso e tu hai appunto paura del favivì grosso'.

Hans: "Ma non ho ancora mai visto il favivì degli animali grossi."[7]

Io: "Ma dei cavalli sì, e anche il cavallo è un animale grosso".

Hans: "Oh, dei cavalli spesso. Una volta in Gmunden, quando la carrozza stava ferma davanti alla casa, una volta davanti alla Dogana centrale".

Io: "Quando eri piccolo, probabilmente a Gmunden sei andato in una stalla...."

Hans (interrompendo): "Sì, tutti i giorni, a Gmunden quando i cavalli sono tornati a casa, io sono andato nella stalla".

Io: "– E probabilmente hai avuto paura quando ti è capitato di vedere il grosso favivì del cavallo, ma non c'è da avere paura. Gli animali grossi hanno favivì grossi, gli animali piccoli favivì piccoli".

Hans: "E tutti gli uomini hanno il favivì, e il favivì crescerà insieme a me, quando diventerò più grande; è proprio attaccato".

"Con questo il discorso si chiuse. Nei giorni successivi la paura sembra di nuovo un po' aumentata; si azzarda a malapena ad arrivare fino davanti al portone, dove lo si porta dopo mangiato."

L'ultimo discorso consolatorio di Hans getta luce sulla situazione e ci permette di correggere un po' le affermazio-

[7] Questo è falso. Confronta con l'esclamazione davanti alla gabbia del leone, di p. 67. Probabilmente inizia l'amnesia per effetto della rimozione.

Es ist wahr, daß er bei den großen Tieren Angst hat, weil er an deren großen Wiwimacher denken muß, aber man kann eigentlich nicht sagen, daß er sich vor dem großen Wiwimacher selbst fürchtet. Die Vorstellung eines solchen war ihm früher entschieden lustbetont, und er versuchte mit allem Eifer, sich dessen Anblick zu verschaffen. Dies Vergnügen ist ihm seither verleidet worden durch die allgemeine Verkehrung von Lust in Unlust, die — auf noch nicht aufgeklärte Weise — seine ganze Sexualforschung betroffen hat, und was uns deutlicher ist, durch gewisse Erfahrungen und Erwägungen, die zu peinlichen Ergebnissen führten. Aus seiner Tröstung: Der Wiwimacher wächst mit mir, wenn ich größer werde, läßt sich schließen, daß er bei seinen Beobachtungen beständig verglichen hat und von der Größe seines eigenen Wiwimachers sehr unbefriedigt geblieben ist. An diesen Defekt erinnern ihn die großen Tiere, die ihm aus diesem Grunde unangenehm sind. Weil aber der ganze Gedankengang wahrscheinlich nicht klar bewußt werden kann, wandelt sich auch diese peinliche Empfindung in Angst, so daß seine gegenwärtige Angst sich auf der ehemaligen Lust wie auf der aktuellen Unlust aufbaut. Wenn einmal der Angstzustand hergestellt ist, so zehrt die Angst alle anderen Empfindungen auf; mit fortschreitender Verdrängung, je mehr die schon bewußt gewesenen affekttragenden Vorstellungen ins Unbewußte rücken, können sich alle Affekte in Angst verwandeln.

Die sonderbare Bemerkung Hansens: „er ist ja angewachsen," läßt im Zusammenhange der Tröstung vieles erraten, was er nicht aussprechen kann, auch in dieser Analyse nicht ausgesprochen hat. Ich ergänze da ein Stück nach meinen Erfahrungen aus den Analysen Erwachsener, aber ich hoffe, die Einschaltung wird nicht als eine gewaltsame und willkürliche beurteilt werden. „Er ist ja angewachsen": wenn das zum Trutze und Troste gedacht ist, so läßt es an die alte Drohung der Mutter denken, sie werde ihm den Wiwimacher abschneiden lassen, wenn er fortfahre, sich mit ihm zu beschäftigen. Diese Drohung blieb damals, als er 3½ Jahre alt war, wirkungslos. Er antwortete ungerührt, dann werde er aber mit dem Popo Wiwi machen. Es wäre durchaus das typische

ni del padre. È vero che ha paura degli animali grossi perché probabilmente pensa al loro grosso favivì, ma sostanzialmente non si può dire che abbia paura del favivì grosso in quanto tale. In passato, l'immaginarselo così era stato per lui decisamente divertente e aveva tentato con tutto l'impegno di procurarsene la vista. Da allora questo piacere gli è stato guastato dal generale capovolgimento del piacere in dispiacere che, in modo non ancora chiarito, ha colpito tutta la sua ricerca sessuale e, ancor più palesemente, secondo noi, da certe esperienze e riflessioni che hanno condotto a esiti incresciosi. Dal suo consolarsi con la frase: "Il favivì crescerà insieme a me, quando diventerò più grande," se ne deduce che durante le sue osservazioni ha fatto continuamente confronti ed è rimasto molto scontento della dimensione del proprio favivì. Gli animali grossi gli ricordano questo deficit, per questo non gli sono graditi. Tuttavia, poiché l'intero percorso di pensiero non può probabilmente diventare cosciente in modo chiaro, anche questa sensazione incresciosa si tramuta in angoscia, così che la sua angoscia attuale si fonda tanto sul piacere passato quanto sul dispiacere presente. Una volta che lo stato d'angoscia si sia instaurato, l'angoscia assorbe tutte le altre sensazioni; con la progressiva rimozione, a mano a mano che le idee veicolo di affettività, un tempo consce, si spingono nell'inconscio, tutti gli affetti possono mutarsi in angoscia.

La sorprendente osservazione di Hans che il favivì "è proprio attaccato," nel contesto di tipo consolatorio fa indovinare parecchie cose che lui non può esprimere e non ha espresso neanche in questa analisi. Integro con una parte desunta dalle mie esperienze analitiche con adulti, sperando solo che l'interpolazione non venga giudicata forzata e arbitraria. "È proprio attaccato": trattandosi di un pensiero difensivo e consolatorio, fa pensare all'antica minaccia della madre che gli sarebbe stato tagliato il favivì se avesse continuato a occuparsene. Questa minaccia allora, quando aveva tre anni e tre mesi, restò senza conseguenze. Rispose impassibile che avrebbe fatto vivì con il popò. Sarebbe un andamento del tutto tipico se la minaccia di ca-

Verhalten, wenn die Drohung mit der Kastration jetzt nachträglich zur Wirkung käme, und er jetzt, $1^1/_4$ Jahre später, unter der Angst stünde, das teure Stück seines Ichs einzubüßen. Man kann solche nachträgliche Wirkungen von Geboten und Drohungen in der Kindheit bei anderen Erkrankungsfällen beobachten, wo das Intervall ebensoviel Dezennien und mehr umfaßt. Ja, ich kenne Fälle, in denen der „nachträgliche Gehorsam" der Verdrängung den wesentlichen Anteil an der Determinierung der Krankheitssymptome hat.

Die Aufklärung, die Hans vor kurzem erhalten hat, daß Frauen wirklich keinen Wiwimacher haben, kann nur erschütternd auf sein Selbstvertrauen und erweckend auf den Kastrationskomplex gewirkt haben. Darum sträubte er sich auch gegen sie, und darum blieb ein therapeutischer Erfolg dieser Mitteilung aus: Soll es also wirklich lebende Wesen geben, die keinen Wiwimacher besitzen? Dann wäre es ja nicht mehr so unglaublich, daß man ihm den Wiwimacher wegnehmen, ihn gleichsam zum Weibe machen könnte![8]

„In der Nacht vom 27. zum 28. überrascht uns Hans dadurch, daß er mitten im Dunkel aus seinem Bette aufsteht und zu uns ins Bett kommt. Sein Zimmer ist durch ein Kabinett von unserem Schlafzimmer getrennt. Wir fragen ihn, weshalb; ob er sich vielleicht gefürchtet habe. Er sagt: „Nein, ich werde es morgen sagen," schläft in unserem Bette ein und wird dann in seines zurückgetragen."

[8] Ich kann den Zusammenhang nicht so weit unterbrechen, um darzutun, wieviel Typisches an diesen unbewußten Gedankengängen ist, die ich hier dem kleinen Hans zumute. Der Kastrationskomplex ist die tiefste unbewußte Wurzel des Antisemitismus, denn schon in der Kinderstube hört der Knabe, daß dem Juden etwas am Penis — er meint, ein Stück des Penis — abgeschnitten werde, und dies gibt ihm das Recht, den Juden zu verachten. Auch die Überhebung über das Weib hat keine stärkere unbewußte Wurzel. Weininger, jener hochbegabte und sexuell gestörte junge Philosoph, der nach seinem merkwürdigen Buche „Geschlecht und Charakter" sein Leben durch Selbstmord beendigte, hat in einem vielbemerkten Kapitel den Juden und das Weib mit der gleichen Feindschaft bedacht und mit den nämlichen Schmähungen überhäuft. Weininger stand als Neurotiker völlig unter der Herrschaft infantiler Komplexe; die Beziehung zum Kastrationskomplex ist das dem Juden und dem Weibe dort Gemeinsame.

strazione giungesse a effetto adesso, *posteriormente*, e lui adesso, un anno e tre mesi dopo, si trovasse di fronte alla paura di perdere l'amata parte del proprio Io. Simili effetti posteriori di divieti e minacce subìti nell'infanzia si possono osservare anche in altri casi clinici, in cui l'intervallo abbraccia addirittura decenni e anche più. Conosco casi in cui "l'obbedienza posteriore" dovuta alla rimozione ha la parte essenziale nel processo di determinazione dei sintomi della malattia.

La spiegazione, appena ricevuta da Hans, che le donne in realtà non hanno il favivì, può soltanto aver operato danneggiando la sua autostima e risvegliando il complesso di castrazione. Per questo vi si oppose e questa comunicazione mancò di avere un successo terapeutico: dunque esistono realmente esseri viventi che non possiedono un favivì? Allora non è più così incredibile che lo privino del proprio, che possano in un certo qualche modo farlo diventare una femmina![8]

"Nella notte tra il 27 e il 28 Hans ci sorprende alzandosi dal letto nel bel mezzo dell'oscurità e venendo a letto da noi. La sua camera è separata dalla nostra da uno stanzino. Gli chiediamo il motivo; se, magari, abbia avuto paura. Dice: 'No, lo dirò domani,' si addormenta nel nostro letto e viene ricondotto nel proprio.

[8] Non posso divagare molto per mostrare quanto ci sia di tipico in questi percorsi inconsci di pensiero che attribuisco al piccolo Hans. Il complesso di castrazione è la più profonda radice inconscia dell'antisemitismo, perché il bambino sente dire fin da piccolo che agli ebrei viene tagliato qualcosa al pene - lui pensa che si tratti di una parte di pene - e questo gli dà il diritto di disprezzarli. Anche il senso di superiorità verso la donna non ha altra radice inconscia. Weininger, quel giovane filosofo molto intelligente e disturbato sessualmente, che si è suicidato dopo aver scritto il suo sorprendente libro *Sesso e carattere*, in un ben noto capitolo ha trattato, con la stessa avversione, donna ed ebrei, colmandoli delle stesse ingiurie. Come nevrotico, Weininger era completamente dominato da complessi infantili; la relazione con il complesso di castrazione è ciò che accomuna donne ed ebrei.

„Am nächsten Tage nehme ich ihn ins Gebet, um zu erfahren, weshalb er in der Nacht zu uns gekommen ist, und es entwickelt sich nach einigem Sträuben folgender Dialog, den ich sofort stenographisch festlege:

Er: „In der Nacht war eine große und eine zerwutzelte Giraffe im Zimmer, und die große hat geschrien, weil ich ihr die zerwutzelte weggenommen hab'. Dann hat sie aufgehört zu schreien, und dann hab' ich mich auf die zerwutzelte Giraffe draufgesetzt."

Ich, befremdet: „Was? Eine zerwutzelte Giraffe? Wie war das?"

Er: „Ja." (Holt schnell ein Papier, wutzelt es zusammen und sagt mir:) „So war sie zerwutzelt."

Ich: „Und du hast dich auf die zerwutzelte Giraffe draufgesetzt? Wie?"

„Er zeigt mir's wieder, setzt sich auf die Erde."

Ich: „Weshalb bist du ins Zimmer gekommen?"

Er: „Das weiß ich selber nicht."

Ich: „Hast du dich gefürchtet?"

Er: „Nein, bestimmt nicht."

Ich: „Hast du von den Giraffen geträumt?"

Er: „Nein, nicht geträumt; ich hab' mir's gedacht — das Ganze hab' ich mir gedacht — aufgekommen war ich schon früher."

Ich: „Was soll das heißen: eine zerwutzelte Giraffe? Du weißt ja, daß man eine Giraffe nicht zusammendrücken kann wie ein Stück Papier."

Er: „Ich weiß' ja. Ich hab's halt geglaubt. Es gibt's ja eh net auf der Welt.[9] Die zerwutzelte ist ganz gelegen auf dem Fußboden, und ich hab' sie weggenommen, mit den Händen genommen."

Ich: „Was, so eine große Giraffe kann man mit den Händen nehmen?"

Er: „Die zerwutzelte hab' ich mit der Hand genommen."

Ich: „Wo war die große unterdessen?"

Er: „Die große ist halt weiter weg gestanden."

Ich: „Was hast du mit der zerwutzelten gemacht?"

Er: „Ich hab' sie ein bißchen in der Hand gehalten, bis die

[9] Hans sagt es ganz bestimmt in seiner Sprache, es war eine Phantasie.

"Il giorno successivo lo interrogo per capire come mai sia venuto da noi in piena notte, e dopo una certa opposizione si svolge il seguente dialogo, che io fisso subito stenografando:

Lui: " *Di notte in camera c'era una giraffa grossa e una arrotolata e quella grossa ha urlato perché gli ho tolto quella arrotolata. Poi ha smesso di urlare e allora mi sono messo sopra alla giraffa arrotolata*".

Io, sorpreso: "Cosa? Una giraffa arrotolata? Come era?"

Lui: "Ecco." (Prende veloce una carta, la avvoltola e mi dice:) "Così era arrotolata".

Io: "E tu ti sei messo sopra alla giraffa arrotolata? Come?"

Me lo fa rivedere: si siede a terra.

Io: "Sei venuto in camera per questo?"

Lui: "Non lo so neanch'io"

Io: "Hai avuto paura?"

Lui: "No di certo"

Io : "Le hai sognate le giraffe?"

Lui: "No, non sognate; mi sono immaginato – tutto questo me lo sono immaginato – ero sveglio già da prima".

Io: "Cosa vuol dire: una giraffa arrotolata? Sai bene che una giraffa non si può comprimere come un pezzo di carta".

Lui: "Sì, lo so. L'ho solo creduto. Non c'è al mondo.[9] Quella arrotolata è tutta distesa sul pavimento e io l'ho portata via, l'ho presa in mano".

Io: "Cosa? Una giraffa così grossa si può prendere in mano?"

Lui "Quella arrotolata l'ho presa in mano".

Io: "Dov'era intanto quella grossa?"

Lui: "Quella grossa stava più lontano".

Io: "Cosa hai fatto con quella arrotolata?"

Lui: "L'ho tenuta un po' in mano finché quella grossa ha

[9] Hans dice del tutto chiaramente, nel suo linguaggio, che si tratta di una fantasia.

große zu schreien. aufgehört hat, und wie die große zum schreien aufgehört hat, hab' ich mich draufgesetzt."

Ich: „Weshalb hat die große geschrien?"

Er: „Weil ich ihr die kleine weggenommen hab'." (Bemerkt, daß ich alles notiere, und fragt: „Weshalb schreibst du das auf?")

Ich: „Weil ich es einem Professor schicke, der dir die ‚Dummheit' wegnehmen kann."

Er: „Aha, da hast du's doch auch aufgeschrieben, daß sich die Mammi das Hemd ausgezogen hat, und gibst das auch dem Professor."

Ich: „Ja, der wird aber nicht verstehen, wie du glaubst, daß man eine Giraffe zerwutzeln kann."

Er: „Sag' ihm halt, ich weiß es selber nicht, und da wird er nicht fragen; wenn er aber fragt, was die verwutzelte Giraffe ist, kann er uns ja schreiben, und wir schreiben hin oder schreiben wir gleich, ich weiß es selber nicht."

Ich: „Weshalb bist du aber in der Nacht gekommen?"

Er: „Das weiß ich nicht."

Ich: „Sag' mir halt schnell, woran du jetzt denkst."

Er (humoristisch): „An einen Himbeersaft."
Ich: „Was noch?"
Er: „Ein Gewehr zum Totschießen.[10]
} Seine Wünsche

Ich: „Du hast es gewiß nicht geträumt?"

Er: „Sicher nicht; nein, ich weiß es ganz bestimmt."

„Er erzählt weiter: „Die Mammi hat mich so lange gebeten, ich soll ihr sagen, weshalb ich in der Nacht gekommen bin. Ich hab's aber nicht sagen wollen, weil ich mich zuerst vor der Mammi geschämt hab'."

Ich: „Weshalb?"

Er: „Das weiß ich nicht."

„Tatsächlich hat ihn meine Frau den ganzen Vormittag inquiriert, bis er die Giraffengeschichte erzählt hat."

[10] Der Vater versucht hier in seiner Ratlosigkeit, die klassische Technik der Psychoanalyse zu üben. Diese führt nicht weit, aber was sie ergibt, kann doch im Lichte späterer Eröffnungen sinnvoll werden.

smesso di gridare, e quando quella grossa ha smesso di gridare mi ci sono messo sopra".

Io: "Perché quella grossa gridava?"

Lui: "Perché gli ho portato via quella piccola". (Si accorge che prendo nota di tutto e chiede: "Perché lo scrivi?")

Io: "Perché lo mando a un Professore che può farti andar via la 'stupidaggine'."

Lui: "Ah, allora hai anche scritto che la mami si è tolta la canottiera e dai anche questo al Professore".

Io: "Sì, lui però non capirà come fai a credere che si possa arrotolare una giraffa".

Lui: "Digli solo che non lo so neanch'io e allora non farà domande; ma se chiede cos'è la giraffa arrotolata, ci può scrivere e noi riscriviamo in fretta o scriviamo già che neanch'io lo so".

Io: "Perché di notte sei venuto?"

Lui: "Non lo so".

Io: "Dimmi solo velocemente a cosa pensi ora".

Lui (spiritosamente): "A un succo di lamponi".
Io: "E poi?"
Lui: "A un fucile per uccidere."[10]

I suoi desideri

Io: "Sei sicuro che non l'hai sognato?"

Lui: "Certo che no, lo so con precisione".

Continua a raccontare: "La mami mi ha pregato tanto a lungo di dirle perché sono venuto di notte. Ma non l'ho voluto dire perché inizialmente della mami mi sono vergognato".

Io: "Perché?"

Lui: "Non lo so".

"In effetti per tutta la mattina mia moglie lo aveva interrogato, finché lui non ha raccontato la storia delle giraffe."

[10] Il padre, nella sua perplessità, cerca di applicare la tecnica classica della psicoanalisi. Non ci conduce molto lontano, ma quello che produce può diventare significativo alla luce di aperture successive.

Am selben Tage noch findet der Vater die Auflösung der Giraffenphantasie.

„Die große Giraffe bin ich, respektive der große Penis (der lange Hals), die zerwutzelte Giraffe meine Frau, respektive ihr Glied, was also der Erfolg der Aufklärung ist.“

„Giraffe: vide Ausflug nach Schönbrunn. Übrigens hat er ein Bild einer Giraffe und eines Elefanten über seinem Bette hängen.“

„Das Ganze ist die Reproduktion einer Szene, die sich fast jeden Morgen in den letzten Tagen abgespielt hat. Hans kommt in der Früh immer zu uns, und meine Frau kann es dann nicht unterlassen, ihn für einige Minuten zu sich ins Bett zu nehmen. Daraufhin fange ich immer an sie zu warnen, sie möge ihn nicht zu sich nehmen („die große hat geschrien, weil ich ihr die zerwutzelte weggenommen hab'“), und sie erwidert hie und da, wohl gereizt, das sei doch ein Unsinn, die eine Minute sei doch irrelevant usw. Hans bleibt dann eine kurze Zeit bei ihr. („Dann hat die große Giraffe aufgehört zu schreien und dann hab' ich mich auf die zerwutzelte Giraffe draufgesetzt.“)

„Die Lösung dieser ins Giraffenleben transponierten Eheszene ist also: er hat in der Nacht Sehnsucht nach der Mama bekommen, nach ihren Liebkosungen, ihrem Gliede, und ist deshalb ins Schlafzimmer gekommen. Das Ganze ist die Fortsetzung der Pferdefurcht.“

Ich weiß der scharfsinnigen Deutung des Vaters nur hinzuzufügen: „Das Draufsetzen“ ist wahrscheinlich Hansens Darstellung des Besitzergreifens. Das Ganze aber ist eine Trutzphantasie, die mit Befriedigung an den Sieg über den väterlichen Widerstand anknüpft. „Schrei, soviel du willst, die Mammi nimmt mich doch ins Bett und die Mammi gehört mir.“ Es läßt sich also mit Recht hinter ihr erraten, was der Vater vermutet: die Angst, daß ihn die Mama nicht mag, weil sich sein Wiwimacher mit dem des Vaters nicht messen kann.

Am nächsten Morgen holt sich der Vater die Bestätigung seiner Deutung.

„Sonntag, 29. März, fahre ich mit Hans nach Lainz. In der Tür verabschiede ich mich von meiner Frau scherzhaft: „Adieu,

Quello stesso giorno il padre trova la soluzione della fantasia delle giraffe.

"La giraffa grossa, rispettivamente il pene grosso (il collo lungo) sono io, la giraffa arrotolata mia moglie, rispettivamente il suo sesso, cosa che è perciò la conseguenza della spiegazione.

"Giraffa: vedi escursione a Schönbrunn. Tra l'altro, appeso sopra il letto, ha un quadro di una giraffa e un elefante.

"Il tutto è la riproduzione di una scena che negli ultimi giorni si è svolta quasi ogni mattina. Hans viene sempre da noi presto e mia moglie non può astenersi dal prenderlo per qualche minuto con sé nel letto. Al che comincio sempre ad ammonirla di non prenderlo con sé nel letto ('quella grossa ha urlato, perché gli ho preso quella arrotolata') e lei, irritata, replica che qua e là, che è insensato, che un minuto non è niente ecc. ecc. Allora Hans resta un pochino con lei ('Poi la giraffa grossa ha smesso di gridare e allora io mi sono messo sopra a quella arrotolata').

"La soluzione di questa scena matrimoniale trasposta nella vita delle giraffe è dunque: nella notte ha avuto nostalgia della mamma, delle sue carezze, del suo sesso e per questo è venuto in camera. Il tutto è la prosecuzione della paura del cavallo."

Quello che posso aggiungere alla perspicace interpretazione del padre è che probabilmente "il mettersi a sedere sopra" è la rappresentazione che Hans si fa del possedere. Ma il tutto è una fantasia di difesa collegata alla soddisfazione per la vittoria sulla resistenza opposta dal padre. "Grida quanto vuoi, tanto la mamma mi prende nel letto, la mamma appartiene a me." Perciò quello che giustamente ci si può indovinare dietro è ciò che suppone il padre: la paura di non essere gradito alla mamma perché il suo fa-vivì non può competere con quello del padre.

Il mattino successivo il padre sollecita la conferma della propria interpretazione.

"Domenica 29 marzo vado con Hans a Lainz. Sulla porta mi congedo scherzosamente da mia moglie: 'Ciao, gros-

große Giraffe." Hans fragt: „Warum Giraffe?" Darauf ich: „Die Mammi ist die große Giraffe," worauf Hans sagt: „Nicht wahr, und die Hanna ist die zerwutzelte Giraffe?"

„Auf der Bahn erkläre ich ihm die Giraffenphantasie, worauf er sagt: Ja, das ist richtig, und wie ich ihm sage, ich sei die große Giraffe, der lange Hals habe ihn an einen Wiwimacher erinnert, sagt er: „Die Mammi hat auch einen Hals wie eine Giraffe, das hab' ich gesehen, wie sie sich den weißen Hals gewaschen hat."[11]

„Am Montag, 30. März, früh, kommt Hans zu mir und sagt: „Du, heut hab' ich mir zwei Sachen gedacht. Die erste? Ich bin mit dir in Schönbrunn gewesen bei den Schafen, und dann sind wir unter den Stricken durchgekrochen, und das haben wir dann dem Wachmanne beim Eingang des Gartens gesagt, und der hat uns zusammengepackt." Das zweite hat er vergessen.

„Ich bemerke dazu: Als wir am Sonntag zu den Schafen gehen wollten, war dieser Raum durch einen Strick abgesperrt, so daß wir nicht hingehen konnten. Hans war sehr verwundert, daß man einen Raum nur mit einem Stricke absperrt, unter dem man doch leicht durchschlüpfen kann. Ich sagte ihm, anständige Menschen kriechen nicht unter den Strick. Er meinte, es ist ja ganz leicht, worauf ich erwiderte, es kann dann ein Wachmann kommen, der einen fortführt. Am Eingange von Schönbrunn steht ein Leibgardist, von dem ich Hans einmal gesagt habe, der arretiert schlimme Kinder."

„Nach der Rückkehr von dem Besuche bei Ihnen, der am selben Tage vorfiel, beichtete Hans noch ein Stückchen Gelüste, Verbotenes zu tun. „Du, heut früh hab' ich mir wieder etwas gedacht." „Was?" „Ich bin mit dir in der Eisenbahn gefahren und wir haben ein Fenster zerschlagen und der Wachmann hat uns mitgenommen."

Die richtige Fortsetzung der Giraffenphantasie. Er ahnt, daß es verboten ist, sich in den Besitz der Mutter zu setzen; er ist auf die Inzestschranke gestoßen. Aber er hält es für verboten an sich. Bei den verbotenen Streichen, die er in der Phantasie aus-

[11] Hans bestätigt nur die Deutung der beiden Giraffen auf Vater und Mutter, nicht die sexuelle Symbolik, die in der Giraffe selbst eine Vertretung des Penis erblicken will. Wahrscheinlich hat diese Symbolik recht, aber von Hans kann man wahrlich nicht mehr verlangen.

sa giraffa'. Hans chiede: 'Perché giraffa?' Al che io: 'La mami è la giraffa grossa" e Hans: 'Davvero? E Hanna la giraffa arrotolata?'

"Sul treno gli spiego la fantasia delle giraffe, e lui dice: 'Sì, è giusto' e quando gli dico che io sono la giraffa grossa, che il lungo collo gli ha ricordato un favivì, replica: 'Anche la mami ha un collo come una giraffa, l'ho visto quando si è lavata il collo bianco'.[11]

"Lunedì 30 marzo, la mattina presto, Hans viene da me dicendo: 'Sai, oggi ho pensato due cose. La prima: a Schönbrunn sono stato con te dalle pecore e poi siamo strisciati sotto le corde e l'abbiamo detto alla guardia all'entrata del giardino, e lui ci ha messi dentro insieme'. La seconda se l'è dimenticata.

"A questo proposito noto: domenica avremmo voluto andare dalle pecore, ma lo spazio era isolato con una corda, così non potemmo entrare. Hans era molto sorpreso che si possa isolare uno spazio con una semplice corda, sotto la quale si può facilmente sgattaiolare. Gli dissi che i signori rispettabili non strisciano sotto la corda. Lui sostenne che è facilissimo, e io replicai che allora può venire una guardia e portarlo via. All'entrata di Schönbrunn c'è un soldato della guardia del corpo, a proposito del quale ho detto una volta a Hans che arresta i bambini cattivi.

"Al ritorno dalla visita, che Le facemmo quello stesso giorno, Hans confessò ancora una piccola voglia di fare qualcosa di proibito. 'Senti, stamattina presto ho di nuovo pensato qualcosa.' 'Cosa?' 'Sono andato in treno con te ed abbiamo rotto un finestrino e la guardia ci ha portati via'."

L'esatta prosecuzione della fantasia delle giraffe. Presagisce che possedere la madre sia proibito; ha urtato contro il divieto dell'incesto. Ma lo ritiene una cosa proibita in sé. Alle corde del proibito, che lui erige nella fantasia,

[11] Hans conferma solo l'interpretazione delle due giraffe come padre e madre, non il simbolismo sessuale che vede nella giraffa un sostituto del pene. Questo simbolismo è probabilmente corretto, ma da Hans non si può proprio pretendere di più.

führt, ist jedesmal der Vater dabei und wird mit ihm eingesperrt. Der Vater, meint er, tut doch auch jenes rätselhafte Verbotene mit der Mutter, das er sich durch etwas Gewalttätiges wie das Zerschlagen einer Fensterscheibe, durch das Eindringen in einen abgeschlossenen Raum, ersetzt.

An diesem Nachmittage besuchten mich Vater und Sohn in meiner ärztlichen Ordination. Ich kannte den drolligen Knirps schon und hatte ihn, der in seiner Selbstsicherheit doch so liebenswürdig war, jedesmal gern gesehen. Ob er sich meiner erinnerte, weiß ich nicht, aber er benahm sich tadellos, wie ein ganz vernünftiges Mitglied der menschlichen Gesellschaft. Die Konsultation war kurz. Der Vater knüpfte daran an, daß trotz aller Aufklärungen die Angst vor den Pferden sich noch nicht gemindert habe. Wir mußten uns auch eingestehen, daß die Beziehungen zwischen den Pferden, vor denen er sich ängstigte, und den aufgedeckten Regungen von Zärtlichkeit für die Mutter wenig ausgiebige waren. Details, wie ich sie jetzt erfuhr, daß ihn besonders geniere, was die Pferde vor den Augen haben, und das Schwarze um deren Mund, ließen sich von dem aus, was wir wußten, gewiß nicht erklären. Aber als ich die beiden so vor mir sitzen sah und dabei die Schilderung seiner Angstpferde hörte, schoß mir ein weiteres Stück der Auflösung durch den Sinn, von dem ich verstand, daß es gerade dem Vater entgehen konnte. Ich fragte Hans scherzend, ob seine Pferde Augengläser tragen, was er verneinte, dann ob sein Vater Augengläser trage, was er gegen alle Evidenz wiederum verneinte, ob er mit dem Schwarzen um den „Mund" den Schnurrbart meine, und eröffnete ihm dann, er fürchte sich vor seinem Vater, eben weil er die Mutter so lieb habe. Er müsse ja glauben, daß ihm der Vater darob böse sei, aber das sei nicht wahr, der Vater habe ihn doch gern, er könne ihm furchtlos alles bekennen. Lange, ehe er auf der Welt war, hätte ich schon gewußt, daß ein kleiner Hans kommen werde, der seine Mutter so lieb hätte, daß er sich darum vor dem Vater fürchten müßte, und hätte es seinem Vater erzählt. „Warum glaubst du denn, daß ich böse auf dich bin," unterbrach mich hier der Vater, „habe ich dich

c'è sempre il padre accanto e viene imprigionato con lui. Il padre, pensa lui, fa con la madre quella enigmatica cosa proibita che lui rimpiazza con qualcosa di violento, come la rottura del vetro di una finestra, o l'irruzione in uno spazio chiuso.

Nel pomeriggio padre e figlio vennero a farmi visita durante l'orario di ricevimento. Conoscevo già il divertente ometto e ogni volta mi faceva piacere vederlo, con quella sua sicurezza così amabile. Non so se si ricordasse di me, a ogni modo si comportò in modo irreprensibile, come un membro totalmente raziocinante del consorzio umano. La consultazione fu breve. Il padre cominciò dicendo che, nonostante tutte le spiegazioni, la paura dei cavalli non era diminuita. Dovemmo anche riconoscere che non c'erano molti rapporti tra i cavalli, dei quali aveva paura, e i moti di tenerezza verso la madre venuti alla luce. Era certamente escluso che i dettagli, dei quali adesso venivo a conoscenza, tipo il fatto che lo infastidiva particolarmente ciò che hanno i cavalli davanti agli occhi e il nero intorno alla bocca, potessero essere spiegati con quello che sapevamo. Ma mentre ascoltavo il racconto della sua fobia dei cavalli, guardandoli, seduti entrambi davanti a me, mi balenò un altro pezzo della soluzione in quel senso che, ora lo capivo, proprio al padre poteva sfuggire. Scherzando chiesi a Hans se i suoi cavalli portassero gli occhiali, cosa a cui rispose negativamente, poi se suo padre portasse gli occhiali, cosa a cui rispose di nuovo negativamente, contro ogni evidenza, e se, con il nero intorno alla "bocca", non intendesse i baffi: allora gli rivelai che aveva paura del suo papà, proprio perché voleva così tanto bene alla sua mamma. Probabilmente credeva che questa cosa facesse arrabbiare il papà, ma non era vero, perché il papà gli voleva bene e a lui poteva dir tutto senza paura. Già da tempo, prima che lui venisse al mondo, io sapevo che ci sarebbe stato un piccolo Hans, che avrebbe voluto così tanto bene alla mamma da dovere, per questo, aver paura del papà e glielo avrebbe raccontato. "Perché mai pensi che io sia arrabbiato con te?– mi interruppe a questo punto il padre – ti ho forse sgri-

denn je geschimpft oder geschlagen?" „O ja, du hast mich geschlagen," verbesserte Hans. „Das ist nicht wahr. Wann denn?" „Heute Vormittag" mahnte der Kleine, und der Vater erinnerte sich, daß Hans ihn ganz unerwartet mit dem Kopfe in den Bauch gestoßen, worauf er ihm wie reflektorisch einen Schlag mit der Hand gegeben. Es war bemerkenswert, daß er dieses Detail nicht in den Zusammenhang der Neurose aufgenommen hatte; er verstand es aber jetzt als Ausdruck der feindseligen Disposition des Kleinen gegen ihn, vielleicht auch als Äußerung des Bedürfnisses, sich dafür eine Bestrafung zu holen.[12]

Auf dem Heimgange fragte Hans den Vater: „Spricht denn der Professor mit dem lieben Gott, daß er das alles vorher wissen kann?" Ich wäre auf diese Anerkennung aus Kindermund außerordentlich stolz, wenn ich sie nicht durch meine scherzhaften Prahlereien selbst provoziert hätte. Ich erhielt von dieser Konsultation an fast täglich Berichte über die Veränderungen im Befinden des kleinen Patienten. Es stand nicht zu erwarten, daß er durch meine Mitteilung mit einem Schlage angstfrei werden könnte, aber es zeigte sich, daß ihm nun die Möglichkeit gegeben war, seine unbewußten Produktionen vorzubringen und seine Phobie abzuwickeln. Er führte von da an ein Programm aus, das ich seinem Vater im vorhinein mitteilen konnte.

„Am 2. April ist die erste wesentliche Besserung festzustellen. Während er bisher nie zu bewegen war, für längere Zeit vors Haustor zu gehen, und immer, wenn Pferde kamen, mit allen Zeichen des Schreckens zurück ins Haus rannte, bleibt er diesmal eine Stunde vor dem Haustore, auch wenn Wagen vorüberfahren, was bei uns ziemlich häufig vorkommt. Hie und da läuft er, wenn er von ferne einen Wagen kommen sieht, ins Haus, kehrt jedoch sofort um, als ob er sich anders besinnen würde. Es ist jedenfalls nur ein Rest von Angst vorhanden und der Fortschritt seit der Aufklärung nicht zu verkennen."

12 Der Knabe wiederholte diese Reaktion gegen den Vater später in deutlicherer und vollständigerer Weise, indem er dem Vater zuerst einen Schlag auf die Hand gab und dann dieselbe Hand zärtlich küßte.

dato o picchiato?" "Oh, sì, mi hai picchiato," corresse Hans. "Non è vero. E quando?" "Stamattina," ammonì il piccolo, e il padre si ricordò che Hans, con la testa, lo aveva colpito a sorpresa nella pancia e lui, di riflesso, gli aveva dato una botta con la mano. Era interessante il fatto che lui non avesse messo in relazione questo dettaglio con la nevrosi; ma adesso lo intese come un'espressione della disposizione ostile del bambino nei suoi confronti, forse anche come manifestazione del bisogno di ricevere una punizione per questo.[12]

Tornando a casa Hans chiese al padre: "Il Professore parla col buon Dio, visto che tutte queste cose le può sapere prima?" Sarei incredibilmente lusingato di questa lode proveniente da una bocca infantile, se non fossi stato io stesso a provocarla con le mie scherzose vanterie. Dopo questa consultazione ricevetti quasi quotidianamente resoconti sui mutamenti di condizione del piccolo paziente. Non c'era da aspettarsi che con la mia comunicazione si liberasse di colpo dall'angoscia, ma, come si vide, adesso gli si era aperta la possibilità di palesare le proprie produzioni inconsce e far decorrere la propria fobia. Da questo momento in poi Hans mise in atto un programma che io potei comunicare in anticipo al padre.

Il 2 aprile si registra il *primo reale miglioramento*. Mentre finora non c'era stato verso di smuoverlo a trattenersi un po' più a lungo fuori dal portone e ogni volta che arrivavano i cavalli tornava di corsa in casa con chiari segni di spavento, stavolta rimane fuori dal portone per un'ora, anche quando transitano carrozze, cosa che succede abbastanza frequentemente da noi. Ogni tanto, quando da lontano vede arrivare una carrozza, corre in casa, però torna subito indietro, come se ci avesse ripensato. In ogni caso si tratta solo di un residuo di paura e il progresso, dopo la spiegazione, è innegabile.

[12] Il bambino ripeté questa reazione nei confronti del padre più tardi, in modo più chiaro e completo, colpendogli prima la mano e poi baciandogliela teneramente.

„Abends sagt er: „Wenn wir schon vors Haustor gehen, werden wir auch in den Stadtpark gehen.“

„Am 3. April kommt er früh zu mir ins Bett, während er die letzten Tage nicht mehr gekommen war und sogar stolz auf diese Enthaltung schien. Ich frage: „Weshalb bist du denn heute gekommen?“

Hans: „Bis ich mich nicht fürchten werde, werde ich nicht mehr kommen.“

Ich: „Du kommst also zu mir, weil du dich fürchtest?“

Hans: „Wenn ich nicht bei dir bin, fürchte ich mich; wenn ich nicht bei dir im Bette bin, da fürcht' ich mich. Bis ich mich nicht mehr fürchten werde, komme ich nicht mehr.“

Ich: „Du hast mich also gern und dir ist bange, wenn du früh in deinem Bette bist, deshalb kommst du zu mir?“

Hans: „Ja. Warum hast du mir gesagt, ich hab' die Mammi gern, und ich fürcht' mich deshalb, wenn ich dich gern hab'?“

Der Kleine zeigt hier eine wirklich überlegene Klarheit. Er gibt zu erkennen, daß in ihm die Liebe zum Vater mit der Feindseligkeit gegen den Vater infolge seiner Nebenbuhlerrolle bei der Mutter ringt, und macht dem Vater den Vorwurf, daß er ihn bisher auf dieses Kräftespiel, das in Angst auslaufen mußte, nicht aufmerksam gemacht hat. Der Vater versteht ihn noch nicht ganz, denn er holt sich erst während dieser Unterhaltung die Überzeugung von der Feindseligkeit des Kleinen gegen ihn, die ich bei unserer Konsultation behauptet hatte. Das Folgende, das ich doch unverändert mitteile, ist eigentlich bedeutsamer für die Aufklärung des Vaters als für den kleinen Patienten.

„Diesen Einwand habe ich leider nicht sofort nach seiner Bedeutung aufgefaßt. Weil Hans die Mutter gerne hat, will er mich offenbar weghaben, dann ist er an Vaters Stelle. Dieser unterdrückte feindliche Wunsch wird zur Angst um den Vater, und er kommt früh zu mir, um zu sehen, ob ich fort bin. Ich habe das leider in diesem Momente noch nicht verstanden und sage ihm:

„Wenn du allein bist, ist dir halt bange nach mir und du kommst zu mir.“

Hans: „Wenn du weg bist, fürcht' ich mich, daß du nicht nach Hause kommst.“

Ich: „Hab' ich dir denn einmal gedroht, daß ich nicht nach Hause komme?“

"La sera dice: 'Visto che andiamo già fuori dal portone, andremo anche al parco'.

"Il 3 aprile la mattina viene nel letto da me, mentre negli ultimi giorni non era più venuto e sembrava perfino fiero di essersi astenuto dal farlo. Domando: 'Come mai oggi sei venuto?'

Hans: "Quando non avrò più paura, non verrò più".

Io: "Allora vieni da me perché hai paura?"

Hans: "Se non sono da te ho paura; se non sono da te nel letto, ecco che ho paura. Quando non avrò più paura, non vengo più".

Io: "Allora mi vuoi bene, e sei allarmato quando la mattina presto vieni qui nel letto, è per questo che vieni da me?"

Hans: "Sì. Come mai mi hai detto che io voglio bene alla mami e ho paura di questo perché ti voglio bene?"

Il piccolo qui mostra una chiarezza veramente eccezionale. Fa capire che in lui l'amore per il padre lotta con l'ostilità per il padre a causa del suo ruolo di rivale presso la madre e lo rimprovera di non averlo finora messo al corrente di questo gioco di forze che doveva sfociare nell'angoscia. Il padre non capisce ancora completamente il bambino perché in questa conversazione coglie soltanto la traduzione dell'ostilità del piccolo verso di lui, di cui avevo parlato durante la nostra consultazione. Quello che segue, riportato senza variazioni, è in realtà importante, più che per il piccolo paziente, per il processo di chiarificazione del padre.

"Purtroppo il significato di questa replica non l'ho capito subito. Siccome Hans vuol bene alla madre, vuole chiaramente eliminarmi per mettersi al posto del padre. Questo desiderio ostile represso si trasforma in angoscia per il padre e viene da me la mattina presto per vedere se io sono via. Purtroppo in quel momento non l'avevo ancora capito e gli dico:

'Quando sei solo stai in pensiero per me e vieni da me'.

Hans: 'Quando sei via ho paura che tu non torni a casa'.

Io: 'Ti ho forse minacciato qualche volta di non tornare a casa?'

Hans: „Du nicht, aber die Mammi. Die Mammi hat mir gesagt, daß sie nicht mehr kommt.“ (Wahrscheinlich war er schlimm, und sie hat ihm mit dem Weggehen gedroht.)

Ich: „Das hat sie gesagt, weil du schlimm warst.“

Hans: „Ja.“

Ich: „Du fürchtest dich also, ich geh' weg, weil du schlimm warst, deshalb kommst du zu mir.“

„Beim Frühstücke stehe ich vom Tische auf, worauf Hans sagt: Vatti, renn mir nicht davon! Daß er „renn“ anstatt „lauf“ sagt, fällt mir auf und ich repliziere: „Oha, du fürchtest dich, das Pferd rennt dir davon.“ Wozu er lacht.

Wir wissen, daß dieses Stück der Angst Hansens doppelt gefügt ist: Angst vor dem Vater und Angst um den Vater. Die erstere stammt von der Feindseligkeit gegen den Vater, die andere von dem Konflikte der Zärtlichkeit, die hier reaktionsweise übertrieben wird, mit der Feindseligkeit.

Der Vater setzt fort: „Das ist zweifellos der Anfang eines wichtigen Stückes. Daß er sich höchstens vors Haus traut, vom Hause aber nicht weggeht, daß er beim ersten Anfalle der Angst auf der Hälfte des Weges umkehrt, ist motiviert durch die Furcht, die Eltern nicht zu Hause zu treffen, weil sie weggegangen sind. Er klebt am Hause aus Liebe zur Mutter, er fürchtet sich, daß ich weggehe, aus feindlichen Wünschen gegen mich, dann wäre er der Vater.“

„Im Sommer bin ich wiederholt von Gmunden nach Wien weggefahren, weil es der Beruf erforderte, dann war er der Vater. Ich erinnere daran, daß die Pferdeangst an das Erlebnis in Gmunden anknüpft, als ein Pferd das Gepäck der Lizzi auf den Bahnhof bringen sollte. Der verdrängte Wunsch, ich solle auf den Bahnhof fahren, dann ist er mit der Mutter allein („das Pferd soll wegfahren“), wird dann zur Angst vor dem Wegfahren der Pferde, und tatsächlich versetzt ihn nichts in größere Angst, als wenn aus dem unserer Wohnung gegenüberliegenden Hofe des Hauptzollamtes ein Wagen wegfährt, Pferde sich in Bewegung setzen.“

„Dieses neue Stück (feindselige Gesinnungen gegen den Vater) konnte erst herauskommen, nachdem er weiß, daß ich nicht böse bin, weil er die Mama so gerne hat.“

„Nachmittags gehe ich wieder mit ihm vors Haustor; er geht

Hans: 'Non tu, ma la mami. La mami mi ha detto che non tornava più'. (Probabilmente era stato cattivo, e lei lo aveva minacciato che se ne sarebbe andata.)

Io: 'Lo ha detto perché eri cattivo'.

Hans: 'Sì.'

Io: 'Hai paura che io vada via perché tu sei stato cattivo, per questo vieni da me'.

"A colazione mi alzo da tavola, e Hans dice: 'Papi, non fare una corsa via!' Mi colpisce che dica "fare una corsa" anziché "correre" e replico: 'Ohe, hai paura che il cavallo faccia una corsa via'. Lui ci ride."

Sappiamo che questa parte di angoscia di Hans è composta doppiamente: angoscia del padre e angoscia per il padre. La prima deriva dall'ostilità contro il padre, l'altra dal conflitto fra tenerezza, qui esagerata per reazione, e ostilità.

Il padre continua: "È senza dubbio l'inizio di una parte importante. Che al massimo si spinga davanti a casa, ma non se ne allontani, che alla prima crisi di paura, a metà strada torni indietro, dipende dal fatto che teme di non trovare a casa i genitori perché se ne sono andati. Sta appiccicato a casa per amore della madre, ha paura che io me ne vada, per sentimenti ostili verso di me, perché in questo caso lui diventerebbe il padre.

"In estate, quando a più riprese tornavo a Vienna da Gmunden per esigenze di lavoro, lui diventava il padre. Ricordo che la fobia dei cavalli si collega con l'esperienza di Gmunden, in cui era un cavallo che doveva portare il bagaglio di Lizzi alla stazione. Il desiderio rimosso che io sia costretto ad andare alla stazione per partire in modo da restare solo con la madre ('il cavallo deve partire') diventa paura della partenza del cavallo, e in effetti niente lo impaurisce di più dei cavalli che si mettono in moto quando parte un carro dal cortile della 'Dogana centrale' situato di fronte a casa nostra.

"Questa nuova parte (disposizione ostile verso il padre) è potuta venire a galla solo da quando sa che non sono adirato perché vuole così bene alla mamma.

"Nel pomeriggio vado di nuovo con lui davanti al por-

wieder vors Haus und bleibt auch daselbst, wenn Wagen fahren, nur bei einzelnen Wagen hat er Angst und läuft in den Hausflur. Er erklärt mir auch: „Nicht alle weißen Pferde beißen;“ d. h.: durch die Analyse sind bereits einige weiße Pferde als ‚Vatti‘ erkannt worden, die beißen nicht mehr, allein es bleiben noch andere zum Beißen.“

„Die Situation vor unserem Haustore ist folgende: Gegenüber ist das Lagerhaus des Verzehrungssteueramtes mit einer Verladungsrampe, wo den ganzen Tag über Wagen vorfahren, um Kisten u. dgl. abzuholen. Gegen die Straße sperrt ein Gitter diesen Hofraum. Vis-à-vis von unserer Wohnung ist das Einfahrtstor des Hofraumes (Fig. 2). Ich bemerke schon seit einigen Tagen,

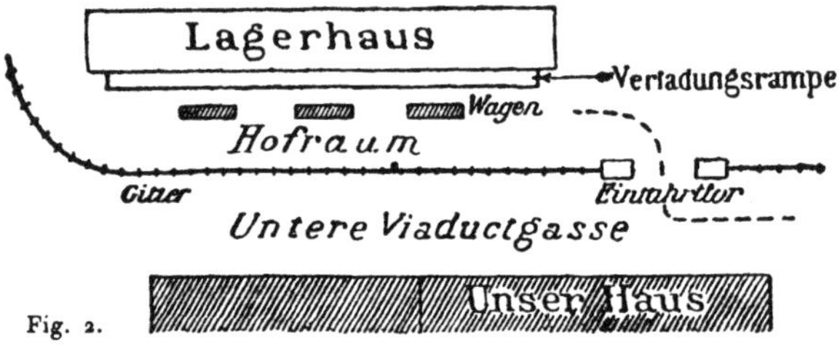

Fig. 2.

daß Hans sich besonders fürchtet, wenn Wagen aus dem Hofe heraus- oder hineinfahren, wobei sie eine Schwenkung machen müssen. Ich habe seinerzeit gefragt, warum er sich so fürchtet, worauf er sagt: „Ich fürcht' mich, daß die Pferde umfallen, wenn der Wagen umwendet (A).“ Ebensosehr fürchtet er sich, wenn Wagen, die bei der Verladungsrampe stehen, sich plötzlich in Bewegung setzen, um fortzufahren (B). Er fürchtet sich ferner (C) vor großen Lastpferden mehr als vor kleinen Pferden, vor bäuerischen Pferden mehr als vor eleganten (wie z. B. Fiaker-)Pferden. Auch fürchtet er sich mehr, wenn ein Wagen schnell vorüberfährt (D), als wenn die Pferde langsam dahertrotten. Diese Differenzierungen sind natürlich erst in den letzten Tagen deutlich hervorgetreten.“

tone; di nuovo esce di casa e ci resta, anche quando passano i carri; soltanto di alcuni ha paura e corre nell'ingresso. Mi spiega anche: 'Non tutti i cavalli bianchi mordono'; cioè: grazie all'analisi ci sono già alcuni cavalli bianchi, che sono stati identificati col 'papi', i quali non mordono più, solo che ne restano ancora altri che mordono.

"La topografia davanti al nostro portone è la seguente: di fronte c'è il magazzino dell'Ufficio delle imposte di consumo, con una rampa di carico davanti alla quale passano per tutto il giorno carri a prelevare casse e simili. Davanti alla strada una cancellata chiude questo cortile. Il portone d'ingresso del cortile è situato di fronte alla nostra abitazione (Fig. 2). Noto già da qualche giorno che Hans è particolarmente spaventato quando i carri entrano o escono dal cortile, per cui devono fare una curva. Ho chiesto a suo tempo perché si spaventi così e lui dice: *'Ho paura che i cavalli cadano quando il carro gira'* (A). Ugualmente si spa-

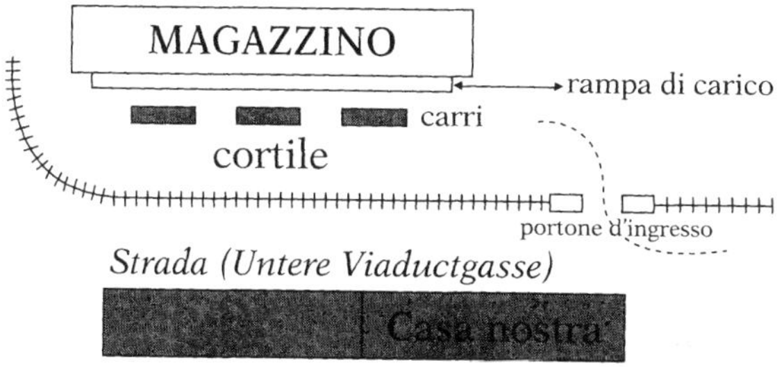

Fig. 2

venta quando i carri che si trovano davanti alla rampa di carico si mettono improvvisamente in marcia per andarsene (B). Inoltre (C) ha più paura dei cavalli da soma che non dei cavalli piccoli, dei cavalli di campagna che non di quelli eleganti (come, per esempio i cavalli da fiacchere). Come pure si spaventa di più se un carro transita velocemente (D) piuttosto che se i cavalli sopraggiungono lentamente al trotto. Queste differenziazioni, naturalmente, si sono manifestate per la prima volta con chiarezza negli ultimi giorni."

Ich möchte sagen, infolge der Analyse hat nicht nur der Patient, sondern auch seine Phobie mehr Courage bekommen und wagt es sich zu zeigen.

„Am 5. April kommt Hans wieder ins Schlafzimmer und wird in sein Bett zurückgeschickt. Ich sage ihm: „Solange du früh ins Zimmer kommst, wird die Pferdeangst nicht besser werden.“ Er trotzt aber und antwortet: „Ich werde doch kommen, auch wenn ich mich fürchte.“ Er will sich also den Besuch bei der Mama nicht verbieten lassen.“

„Nach dem Frühstück sollen wir hinuntergehen. Hans freut sich sehr darauf und plant, anstatt wie gewöhnlich vor dem Haustore zu bleiben, über die Gasse in den Hofraum zu gehen, wo er oft genug Gassenbuben spielen sah. Ich sage ihm, es werde mich freuen, wenn er hinübergehen werde, und benütze die Gelegenheit, um zu fragen, weshalb er sich so fürchte, wenn die beladenen Wagen sich an der Verladungsrampe in Bewegung setzen (B).“

Hans: „Ich fürcht' mich, wenn ich am Wagen steh' und der Wagen geschwind wegfährt, und ich steh' drauf und ich will dort auf das Brett gehen (die Verladungsrampe) und ich fahre mit dem Wagen weg.“

Ich: „Und wenn der Wagen steht? Dann fürchtest du dich nicht? Weshalb nicht?“

Hans: „Wenn der Wagen steht, geh' ich geschwind auf den Wagen und geh' auf das Brett.“

„(Hans plant also, über einen Wagen auf die Verladungsrampe zu klettern und fürchtet sich, daß der Wagen davonfährt, wenn er auf dem Wagen oben ist.)“

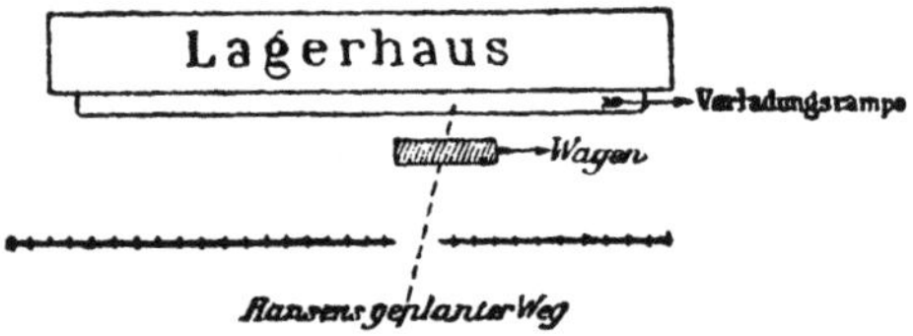

Fig. 3.

Ich: „Fürchtest du dich vielleicht, daß du nicht mehr nach Hause kommst, wenn du mit dem Wagen davonfährst?“

Hans: „O nein; ich kann ja immer noch zur Mama kommen,

Direi che, in conseguenza dell'analisi, non solo il paziente, ma anche la sua fobia ha ricevuto più coraggio e osa mostrarsi.

"Il 5 aprile Hans arriva di nuovo in camera e viene rimandato nel suo letto. Gli dico: 'Finché verrai la mattina presto in camera, la paura dei cavalli non migliorerà'. Ma lui si ostina e risponde: 'Tanto verrò anche se ho paura'. Non vuol perciò farsi proibire la visita alla mamma.

"Dopo la colazione scendiamo giù. Hans ne è tutto felice e progetta, anziché di restare come al solito davanti al portone, di andare nel cortile oltre la strada, dove abbastanza spesso ha visto giocare dei ragazzotti. Gli dico che mi fa piacere che vada dall'altra parte e colgo l'opportunità per chiedergli come mai abbia così paura quando i carri che sono stati riempiti si mettono in moto dalla rampa di carico (B).

Hans: "Ho paura se sono al carro e il carro parte velocemente e io sono sopra e voglio andare là sul piano (la rampa di carico) e parto con il carro".

Io: "E quando il carro sta fermo? Allora non hai paura? Perché non ce l'hai?"

Hans: "Quando il carro sta fermo, vado velocemente sul carro e vado sul piano".

"(Hans quindi progetta di salire sulla rampa di carico scavalcando un carro e ha paura che il carro parta mentre lui sta sopra.)

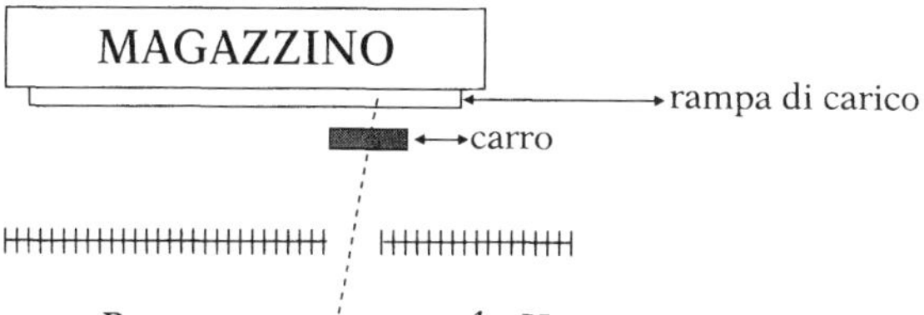

Percorso progettato da Hans

Fig. 3

Io: "Hai forse paura di non arrivare più a casa se parti insieme al carro?"

Hans: "Oh, no; posso sempre ritornare dalla mamma

mit dem Wagen oder mit einem Fiaker. Ich kann ihm ja auch die Hausnummer sagen."

Ich: „Also weshalb fürchtest du dich eigentlich?"

Hans: „Das weiß ich nicht, der Professor wird's aber wissen. Glaubst du, daß er es wissen wird?"

Ich: „Warum willst du eigentlich hinüber aufs Brett?"

Hans: „Weil ich noch nie drüben war, und da hab' ich so gern wollen dort sein, und weißt du, warum ich hab' wollen hingehen? Weil ich hab' wollen Gepäck aufladen und einladen und auf dem Gepäcke dort hab' ich wollen herumklettern. Da mag ich so gerne herumklettern. Weißt du, von wem ich das Herumklettern gelernt habe? Buben haben auf dem Gepäcke geklettert und das hab' ich auch gesehen und das will ich auch machen."

„Sein Wunsch ging nicht in Erfüllung, denn wenn Hans sich auch wieder vors Haustor getraute, die wenigen Schritte über die Gasse in den Hofraum wecken in ihm zu große Widerstände, weil im Hofe fortwährend Wagen fahren."

Der Professor weiß auch nur, daß dieses beabsichtigte Spiel Hansens mit den beladenen Wagen in eine symbolische, ersetzende Beziehung zu einem andern Wunsche geraten sein muß, von dem er noch nichts geäußert hat. Aber dieser Wunsch ließe sich, wenn es nicht zu kühn schiene, schon jetzt konstruieren.

„Nachmittags gehen wir wieder vors Haustor und zurückgekehrt frage ich Hans:

„Vor welchen Pferden fürchtest du dich eigentlich am meisten?"

Hans: „Vor allen."

Ich: „Das ist nicht wahr."

Hans: „Am meisten fürcht' ich mich vor den Pferden, die am Munde so etwas haben."

Ich: „Was meinst du? Das Eisen, das sie im Munde haben?"

Hans: „Nein, sie haben etwas Schwarzes am Munde (deckt seinen Mund mit der Hand zu)."

Ich: „Was, vielleicht einen Schnurrbart?"

Hans (lacht): „O nein."

Ich: „Haben das alle?"

Hans: „Nein, nur einige."

con il carro o con un fiacchere. So dirgli anche il numero di casa".

Io: "Allora di cosa hai veramente paura?"

Hans: "Non lo so, ma il Professore lo saprà. Pensi che lo sappia?"

Io: "Perché vuoi proprio montare sul piano?"

Hans: "Perché non ci sono ancora mai stato e mi sarebbe piaciuto starci e sai perché volevo andarci? Perché volevo scaricare e caricare il bagaglio e volevo arrampicarmi sopra il bagaglio che c'è lì. Mi piacerebbe tanto arrampicarmici sopra. Sai da chi ho imparato questa cosa dell'arrampicarsi? I ragazzetti sono saliti sul bagaglio e io l'ho visto e lo voglio fare anch'io".

"Il suo desiderio non si realizza perché, anche se Hans si spinge di nuovo davanti al portone, i pochi passi necessari per attraversare la strada e raggiungere il cortile risvegliano in lui resistenze troppo grandi, dato che nel cortile transitano ininterrottamente carri."

Anche il Professore sa soltanto che questo gioco con i carri carichi progettato da Hans deve essere immischiato in una relazione simbolica, sostitutiva, con un altro desiderio, che lui non ha ancora affatto palesato. Ma questo desiderio lo si può già costruire fin d'ora, se questo non sembra troppo arrischiato.

"Nel pomeriggio andiamo nuovamente davanti al portone e tornando indietro chiedo a Hans:

"Di quali cavalli hai paura di più?"

Hans: "Di tutti".

Io: "Non è vero".

Hans: "Più di tutti ho paura dei cavalli che hanno qualcosa alla bocca".

Io: "Che vuoi dire? Il ferro che hanno in bocca?"

Hans: "No, hanno qualcosa di nero alla bocca (si copre la bocca con la mano)".

Io: "Cosa, dei baffi forse?"

Hans (ride): "Oh, no".

Io: "Ce l'hanno tutti?"

Hans: "No, solo alcuni".

Ich: „Was ist das, was sie am Munde haben?“

Fig. 4.

Hans: „So etwas Schwarzes.“ — „Ich glaube, es ist in der Realität das dicke Riemenzeug der Lastpferde über der Schnauze.“

„Auch vor einem Möbelwagen fürcht' ich mich am meisten.“

Ich: „Warum?“

Hans: „Ich glaub', wenn die Möbelpferde einen schweren Wagen ziehen, fallen sie um.“

Ich: „Bei einem kleinen Wagen fürchtest du dich also nicht?“

Hans: „Nein, bei einem kleinen Wagen und einem Postwagen fürcht' ich mich nicht. Auch wenn ein Stellwagen kommt, fürcht' ich mich am meisten.“

Ich: „Warum, weil er so groß ist?“

Hans: „Nein, weil einmal bei so einem Wagen ein Pferd umgefallen ist.“

Ich: „Wann?“

Hans: „Einmal, wie ich mit der Mammi gegangen bin trotz der „Dummheit“, wie ich die Weste gekauft hab'.“

„(Dies wird nachträglich von der Mutter bestätigt.)“

Ich: „Was hast du dir gedacht, wie das Pferd umgefallen ist?“

Hans: „Das wird jetzt immer sein. Alle Pferde werden beim Stellwagen umfallen.“

Ich: „Bei jedem Stellwagen?“

Hans: „Ja! Und auch beim Möbelwagen. Beim Möbelwagen nicht so oft.“

Ich: „Du hast damals die Dummheit schon gehabt?“

Hans: „Nein, ich hab' sie erst gekriegt. Wie das Pferd vom Stellwagen umgefallen ist, hab' ich mich so sehr erschrocken, wirklich! Wie ich gegangen bin, hab' ich sie gekriegt.“

Ich: „Die Dummheit war doch, daß du dir gedacht hast, ein Pferd wird dich beißen, und jetzt sagst du, du hast dich gefürchtet, daß ein Pferd umfallen wird.“

Io: '"Ma che cos'è che hanno alla bocca?"

Hans: "Un qualcosa di nero".

"Penso si tratti, in realtà, dei grossi finimenti che hanno sul muso i cavalli da soma."

"Anche di un carro da traslochi ho paura più di tutto"

Fig. 4

Io: "Perché?"

Hans: "Penso che se i cavalli da traslochi portano un carro pesante, cadono".

Io: "Di una carrozza piccola allora non hai paura?"

Hans: "No, di una carrozza piccola e di una carrozza postale non ho paura. Anche quando viene un omnibus mi spavento più di tutto".

Io: "Perché? Per il fatto che è grosso?"

Hans: "No, perché una volta in una carrozza così un cavallo è caduto."

Io: "Quando?"

Hans: "Una volta, che sono andato con la mamma nonostante la 'stupidaggine', quando ho comprato il panciotto".

"(Questo viene successivamente confermato dalla madre.)"

Io: "Cos'hai pensato quando il cavallo è caduto?"

Hans: "Che adesso sarebbe stato sempre così. Tutti i cavalli dell'omnibus sarebbero caduti".

Io: "Di ogni omnibus?"

Hans: "Sì! E anche dei carri da traslochi. Dei carri da traslochi non così spesso".

Io: "A quel tempo avevi già avuto la stupidaggine?"

Hans: "No, me la sono presa allora per la prima volta. Quando il cavallo dell'omnibus è caduto mi sono terrorizzato tantissimo, veramente! Quando sono venuto, me la sono presa".

Io: "Ma la stupidaggine era che tu pensavi che un cavallo ti mordesse e ora dici di aver avuto paura che un cavallo cadesse".

Hans: „Umfallen und beißen wird.“ [13]

Ich: „Weshalb bist du so erschrocken?“

Hans: „Weil das Pferd mit den Füßen so gemacht hat (legt sich auf die Erde hin und macht mir das Zappeln vor). Ich hab' mich erschrocken, weil es einen ‚Krawall‘ gemacht hat mit den Füßen.“

Ich: „Wo warst du damals mit der Mammi?“

Hans: „Zuerst am Eislaufplatze, dann im Kaffeehause, dann eine Weste kaufen, dann beim Zuckerbäcker mit der Mammi und dann nach Hause am Abend; da sind wir durch den Stadtpark durchgegangen.“

„(Das alles wird von meiner Frau bestätigt, auch daß unmittelbar nachher die Angst ausgebrochen ist).“

Ich: „War das Pferd tot, wie es umgefallen ist?“

Hans: „Ja!“

Ich: „Woher weißt du das?“

Hans: „Weil ich's gesehen hab' (lacht). Nein, es war gar nicht tot.“

Ich: „Vielleicht hast du dir gedacht, daß es tot ist.“

Hans: „Nein, gewiß nicht. Ich hab's nur im Spaße gesagt.“ „(Seine Miene war aber damals ernst.)“

„Da er müde ist, lasse ich ihn laufen. Er erzählt mir nur noch, daß er sich zuerst vor Stellwagenpferden, dann vor allen anderen und zuletzt erst vor Möbelwagenpferden gefürchtet habe.“

Auf dem Rückwege nach Lainz noch einige Fragen:

Ich: „Wie das Stellwagenpferd gefallen ist, was für Farbe hat es gehabt? Weiß, rot, braun, grau?“

Hans: „Schwarz, beide Pferde waren schwarz.“

Ich: „War es groß oder klein?“

Hans: „Groß.“

Ich: „Dick oder dünn?“

Hans: „Dick, sehr groß und dick.“

Ich: „Hast du, wie das Pferd gefallen ist, an den Vatti gedacht?“

Hans: „Vielleicht. Ja. Es ist möglich.“

[13] Hans hat recht, so unwahrscheinlich diese Vereinigung auch klingt. Der Zusammenhang ist nämlich, wie sich zeigen wird, daß das Pferd (der Vater) ihn beißen werde wegen seines Wunsches, daß es (der Vater) umfallen möge.

Hans: "Cadesse e mordesse".[13]

Io: "Perché ti sei terrorizzato tanto?"

Hans: "Perché il cavallo ha fatto così coi piedi (si sdraia a terra e fa vedere lo scalpiccìo). Mi sono terrorizzato *perché ha fatto baccano con i piedi*".

Io: "Dove eri andato quella volta con la mami?"

Hans: "Prima al pattinaggio, poi in un caffè, poi a comprare un panciotto poi dal pasticcere con la mami e poi la sera a casa; siamo passati per il parco municipale".

"(Tutto questo viene confermato da mia moglie, anche che immediatamente dopo il fatto è scoppiata la paura.)"

Io: "È morto il cavallo quando è caduto?"

Hans: "Sì!"

Io: "Come fai a saperlo?"

Hans: "Perché l'ho visto (ride). No, non era affatto morto".

Io: "Forse te lo sei immaginato morto".

Hans: "No, certamente no. L'ho detto solo per scherzo".

"(Ma la sua espressione prima era seria)".

"Siccome è stanco, lo lascio correre. Mi racconta solo ancora che da principio ha avuto paura dei cavalli degli omnibus, poi di tutti gli altri e soltanto per ultimi dei cavalli dei carri da traslochi.

Al ritorno da Lainz ancora alcune domande:

Io: "Quando il cavallo dell'omnibus è caduto, di che colore era? Bianco, rosso, marrone, grigio?"

Hans: "Nero, tutti e due i cavalli erano neri"

Io: "Era grosso o piccolo?"

Hans: "Grosso".

Io: "Grasso o magro?"

Hans: "Grasso, molto grosso e grasso".

Io: "Quando il cavallo è caduto, hai pensato al papi?"

Hans: "Forse. Sì. È possibile".

[13] Hans ha ragione, anche se questo abbinamento suona improbabile. Il collegamento, come si vedrà, è che il cavallo (il padre) lo morderebbe per via del suo desiderio che il cavallo (il padre) cada.

Der Vater mag an manchen Stellen ohne Erfolg geforscht haben; aber es schadet nichts, eine solche Phobie, die man gerne nach ihrem neuen Objekte benennen möchte, aus der Nähe kennen zu lernen. Wir erfahren so, wie diffus sie eigentlich ist. Sie geht auf Pferde und auf Wagen, darauf, daß Pferde fallen, und daß sie beißen, auf Pferde besonderer Beschaffenheit, auf Wagen, die schwer beladen sind. Verraten wir gleich, daß alle diese Eigentümlichkeiten daher rühren, daß die Angst ursprünglich gar nicht den Pferden galt, sondern sekundär auf sie transponiert wurde und sich nun an den Stellen des Pferdekomplexes fixierte, die sich zu gewissen Übertragungen geeignet zeigten. Ein wesentliches Ergebnis der Inquisition des Vaters müssen wir besonders anerkennen. Wir haben den aktuellen Anlaß erfahren, nach welchem die Phobie ausbrach. Dies war, als der Knabe ein großes schweres Pferd fallen sah, und wenigstens eine der Deutungen dieses Eindruckes scheint die vom Vater betonte zu sein, daß Hans damals den Wunsch verspürte, der Vater möge so fallen — und tot sein. Die ernste Miene bei der Erzählung galt wohl diesem unbewußten Sinne. Ob nicht noch anderer Sinn sich dahinter verbirgt? Und was soll das Krawallmachen mit den Beinen bedeuten?

„Hans spielt seit einiger Zeit im Zimmer Pferd, rennt herum, fällt nieder, zappelt mit den Füßen, wiehert. Einmal bindet er sich ein Sackerl wie einen Futtersack um. Wiederholt läuft er auf mich zu und beißt mich."

Er akzeptiert so die letzten Deutungen entschiedener als er es mit Worten kann, natürlich aber mit Rollenvertauschung, da das Spiel im Dienste einer Wunschphantasie steht. Also er ist das Pferd, er beißt den Vater, übrigens identifiziert er sich dabei mit dem Vater.

„Seit zwei Tagen bemerke ich, daß Hans sich in entschiedenster Weise gegen mich auflehnt, nicht frech, sondern ganz lustig. Ist es, weil er sich vor mir, dem Pferde, nicht mehr fürchtet?"

Può darsi che il padre su alcuni punti abbia indagato senza successo; ma non è affatto male venire a conoscere da vicino questo genere di fobia, cui si vorrebbe volentieri dare un nome in base a ogni suo nuovo oggetto. In questo modo sappiamo quanto è effettivamente diffusa. È rivolta ai cavalli e alle carrozze, al fatto che i cavalli cadano e che mordano, ai cavalli di particolare natura, ai carri con carichi pesanti. Così come rileviamo che tutte queste particolarità dipendono dal fatto che la paura inizialmente non riguardava i cavalli, ma che è stata trasposta su di essi secondariamente e si è ora fissata sui luoghi del complesso dei cavalli che si mostravano adatti a determinate traslazioni. In particolare dobbiamo riconoscere all'indagine del padre un risultato essenziale. Abbiamo conosciuto l'avvenimento effettivo in base a cui la fobia scoppiò. È stato quando il bambino vide cadere un cavallo grosso, pesante e almeno una delle interpretazioni di questa impressione sembra essere quella sottolineata dal padre, e cioè che Hans allora provasse il desiderio che il padre cadesse in quel modo – e morisse. L'espressione seria durante il racconto testimoniava bene questo senso inconscio. Che dietro ci sia nascosto anche un altro senso? E che cosa significa il far baccano con le gambe?

"Da un po' di tempo Hans in camera gioca al cavallo, fa le corse tutto intorno, cade giù, scalpita, nitrisce. Una volta si lega addosso un borsellino come sacchetta della biada. Diverse volte corre da me e mi morde."

Così accetta le ultime interpretazioni più esplicitamente di quanto potrebbe farlo a parole, ma naturalmente invertendo i ruoli, perché il gioco è al servizio di una fantasia di desiderio. Perciò il cavallo è lui, è lui a mordere il padre e in questo modo si identifica con il padre.

"Noto da due giorni che Hans si ribella in modo più energico contro di me, ma non da impertinente: al contrario, è molto divertente. Dipende dal fatto che non ha più paura davanti a me, al cavallo?

„6. April. Am Nachmittage mit Hans vor dem Hause. Ich frage ihn bei allen Pferden, ob er bei ihnen das „Schwarze am Munde" sieht; er verneint es bei allen. Ich frage ihn, wie das Schwärze eigentlich ausschaut; er sagt, es ist schwarzes Eisen. Meine erste Vermutung, er meine die dicken Lederriemen des Geschirres bei den Lastpferden, bestätigt sich also nicht. Ich frage, ob das „Schwarze" an einen Schnurrbart erinnert; er sagt: nur durch die Farbe. Was es in Wirklichkeit ist, weiß ich bis jetzt also nicht."

„Die Furcht ist geringer; er wagt sich diesmal schon bis zum Nachbarhause, kehrt aber schnell um, wenn er in der Ferne Pferdetraben hört. Als ein Wagen bei unserem Haustore vorfährt und hält, gerät er in Angst und läuft ins Haus, da das Pferd mit dem Fuße scharrt. Ich frage ihn, weshalb er sich fürchte, ob er sich vielleicht ängstige, weil es so gemacht habe (stampfe mit dem Fuße auf). Er sagt: „Mach' doch keinen solchen Krawall mit den Füßen!" Vergleiche dazu die Äußerung über das gefallene Stellwagenpferd."

„Besonders schreckt ihn das Vorüberfahren eines Möbelwagens. Er läuft dann ins Hausinnere. Ich frage ihn gleichgültig: „Sieht so ein Möbelwagen eigentlich nicht wie ein Stellwagen aus?" Er sagt nichts. Ich wiederhole die Frage. Er sagt dann: „Na natürlich, sonst würde ich mich nicht so vor einem Möbelwagen fürchten."

„7. April. Heute frage ich wieder, wie das „Schwarze am Munde" der Pferde aussieht. Hans sagt: wie ein Maulkorb. Das Merkwürdige ist, daß seit 3 Tagen kein Pferd vorüberkommt, an dem er diesen „Maulkorb" konstatieren kann; ich selbst habe bei keinem Spaziergange ein solches Pferd gesehen, obzwar Hans beteuert, daß es solche gebe. Ich vermute, daß ihn wirklich eine Art von Kopfzäumung der Pferde — das dicke Riemenzeug um den Mund etwa — an einen Schnurrbart erinnert hat, und daß mit meiner Andeutung auch diese Furcht verschwunden ist."

„Die Besserung Hansens ist konstant, der Radius seines Aktionskreises mit dem Haustore als Zentrum größer; er unternimmt sogar das für ihn bisher unmögliche Kunststück, aufs Trottoir vis-à-vis hinüberzulaufen. Alle Furcht, die übrig ist, hängt mit

"6 aprile. Nel pomeriggio con Hans davanti a casa. A ogni cavallo gli chiedo se ci veda il 'nero alla bocca'; dice sempre di no. Gli chiedo come sia fatto veramente questo nero; dice che è un ferro nero. Non viene perciò confermata la mia prima ipotesi che intendesse le grosse cinghie di cuoio dei finimenti dei cavalli da soma. Chiedo se il 'nero' ricordi dei baffi; dice: solo per il colore. Per cui, cosa sia in realtà, finora non lo so.

"La paura è minore; questa volta si spinge già fino alla casa dei vicini, ma torna velocemente indietro, quando sente in lontananza il trotto di cavalli. Quando davanti al portone di casa transita una carrozza e si ferma è colto dalla paura e scappa in casa, perché il cavallo raspa con i piedi. Gli chiedo perché si spaventi, se per caso abbia paura perché il cavallo ha fatto così (batto il piede). Dice: 'Non fare tutto quel baccano con i piedi!' Confronta a questo proposito l'asserzione sul cavallo caduto dell'omnibus.

"In particolare lo terrorizza il passaggio di un carro da traslochi. Allora corre nell'ingresso. Gli chiedo indifferente: 'Un carro da traslochi come questo non assomiglia proprio a un omnibus?' Lui non dice niente. Ripeto la domanda. Allora dice: 'Certo, sennò non mi spaventerei così davanti a un carro da traslochi'.

"7 aprile. Oggi chiedo di nuovo come sembri il 'nero intorno alla bocca'. Hans dice: 'Come una museruola'. La cosa stupefacente è che da tre giorni non transiti alcun cavallo sul quale lui possa accertare la presenza di questa 'museruola'; io stesso non ho visto alcun cavallo simile durante nessuna passeggiata, quantunque Hans asserisca che ce ne sono. Suppongo che davvero una specie di briglia – per esempio lo spesso paramento intorno alla bocca – gli abbia ricordato la barba e che con il mio accenno anche questa paura si sia dissolta.

"Il miglioramento di Hans è costante, il raggio del suo cerchio d'azione con il portone di casa come centro si ingrandisce; intraprende perfino l'acrobazia, finora impossibile per lui, di fare una scappata sul marciapiede dalla parte opposta. Tutta la paura restante è collegata con la scena

der Stellwagenszene zusammen, deren Sinn mir allerdings noch nicht klar ist."

„9. April. Heute früh kommt Hans dazu, wie ich mich mit entblößtem Oberkörper wasche."

Hans: „Vatti, du bist aber schön, so weiß!"

Ich: „Nicht wahr, wie ein weißes Pferd."

Hans: „Nur der Schnurrbart ist schwarz (fortfahrend). Oder ist es vielleicht der schwarze Maulkorb?"

Ich erzähle ihm dann, daß ich am Abende vorher beim Professor war, und sage: „Der will einiges wissen," worauf Hans: „Da bin ich aber neugierig."

Ich sage ihm, ich weiß, bei welcher Gelegenheit er mit den Füßen Krawall macht. Er unterbricht mich: „Nicht wahr, wenn ich einen „Zurn" habe oder wenn ich Lumpf machen soll und lieber spielen will. (Im Zorne hat er allerdings die Gewohnheit, mit den Füßen Krawall zu machen, d. h.: aufzustampfen. — „Lumpf machen" bedeutet auf die große Seite gehen. Als Hans klein war, sagte er eines Tages, vom Topfe aufstehend: „Schau den Lumpf". [Er meinte: Strumpf wegen der Form und der Farbe]. Diese Bezeichnung ist geblieben bis heute. — In ganz frühen Zeiten, wenn er auf den Topf gesetzt werden sollte und sich weigerte, das Spiel stehen zu lassen, stampfte er wütend mit den Füßen auf, zappelte und warf sich eventuell auch auf den Boden).

„Du zappelst auch mit den Füßen, wenn du Wiwimachen sollst und nicht gehen willst, weil du lieber spielen möchtest."

Er: „Du, ich muß Wiwi machen" — und geht hinaus, wohl als Bestätigung."

Der Vater hatte bei seinem Besuche die Frage an mich gerichtet, woran wohl das Zappeln mit den Füßen beim gefallenen Pferde Hans erinnert haben möchte, und ich hatte vorgebracht, daß dies wohl seine eigene Reaktion bei zurückgehaltenem Harndrange gewesen sein könnte. Das bestätigt nun Hans durch das Wiederauftreten des Harndranges im Gespräche und fügt noch andere Bedeutungen des Krawallmachens mit den Füßen hinzu.

dell'omnibus, il cui senso, in ogni caso, non mi è ancora chiaro.

"9 aprile. Stamattina Hans arriva mentre mi sto lavando a torso nudo.

Hans: "Papi, come sei bello, così bianco!"

Io: "Vero!? Come un cavallo bianco".

Hans: "Solo i baffi sono neri (continuando). O forse è la museruola nera?"

Allora gli racconto che la sera prima sono stato dal Professore e dico: "Lui vuole sapere qualcosa", al che Hans: "Allora sono curioso".

"Gli dico che so in quale occasione fa baccano con i piedi. Lui mi interrompe: "Quando c'ho una 'rabbia' o quando devo far cacchetta e invece vorrei giocare, vero?" (Quando è arrabbiato ha l'abitudine di far baccano con i piedi, cioè di pestare. – 'Far cacchetta' significa fare la popò. Quando era piccolo, un giorno alzandosi dal vaso disse: 'Guarda la cacchetta'.[14] (Intendeva dire : la 'calzetta', per via della forma e del colore.) Questa denominazione è rimasta a tutt'oggi. – Nei primissimi tempi, quando doveva esser messo sul vaso e si rifiutava di lasciare il gioco, pestava arrabbiato i piedi, scalciava ed eventualmente si buttava anche in terra.

"Batti i piedi anche quando devi fare vivì e non vuoi andare perché preferiresti giocare."

Lui: "Senti, devo fare vivì" – ed esce, giusto a conferma del fatto."

Durante la sua visita, il padre mi aveva chiesto che cosa avesse potuto ricordare ad Hans lo scalpiccìo del cavallo caduto, e io avevo suggerito che poteva trattarsi della sua personale reazione alla ritenzione dell'urina. Questo Hans lo conferma con la comparsa, durante il colloquio, del bisogno di mingere e inoltre aggiunge altri significati al far baccano con i piedi.

[14] In realtà Hans pronuncia "Lumpf" la parola "Strumpf", che significa appunto calza, calzetta. [*N.d.T.*]

„Dann gehen wir vors Haustor. Er sagt mir, als ein Kohlenwagen kommt: „Du, vor einem Kohlenwagen fürchte ich mich auch stark.“ Ich: „Vielleicht, weil er auch so groß ist wie ein Stellwagen.“ Hans: „Ja, und weil er so schwer beladen ist und die Pferde haben soviel zu ziehen und können leicht fallen. Wenn ein Wagen leer ist, fürcht' ich mich nicht.“ Tatsächlich versetzt ihn, wie schon früher konstatiert, nur Schwerfuhrwerk in Angst.“

Bei alledem ist die Situation recht undurchsichtig. Die Analyse macht wenig Fortschritte; ihre Darstellung fürchte ich, wird dem Leser bald langweilig werden. Indes, es gibt in jeder Psychoanalyse solche dunklen Zeiten. Hans begibt sich jetzt bald auf ein von uns nicht in Erwartung gezogenes Gebiet.

„Ich komme nach Hause und spreche mit meiner Frau, die verschiedene Einkäufe gemacht hat und sie mir zeigt. Darunter ist eine gelbe Unterhose. Hans sagt einige Male: „Pfui!“, wirft sich auf die Erde und spuckt aus. Meine Frau sagt, er habe das schon einige Male getan, sowie er die Hose gesehen habe.“

„Ich frage: „Warum sagst du Pfui?“

Hans: „Wegen der Hose.“

Ich: „Warum, wegen der Farbe, weil sie gelb ist und an Wiwi oder an Lumpf erinnert?“

Hans: „Lumpf ist ja nicht gelb, er ist weiß oder schwarz.“ — Unmittelbar darauf: „Du, macht man leicht Lumpf, wenn man Käse ißt? (Das hatte ich einmal gesagt, als er mich fragte, wozu ich Käse esse).“

Ich: „Ja.“

Hans: „Deshalb gehst du immer früh gleich Lumpf machen? Ich möchte so gerne Käse auf Butterbrot essen.“

„Gestern schon fragte er mich, als er auf der Gasse herumsprang: „Du, nicht wahr, wenn man soviel herumspringt, macht man leicht Lumpf?“ — Seit jeher macht sein Stuhlgang Schwierigkeiten, Kindermeth und Klystiere werden häufig gebraucht. Ein-

"Poi andiamo davanti al portone. Quando arriva un carro di carbone mi dice: 'Senti, mi spavento forte anche davanti a un carro di carbone'. Io: 'Forse perché è anch'esso grosso come un omnibus'. Hans: 'Sì, e perché è caricato così pesantemente che i cavalli devono tirare tanto e possono cadere facilmente. Quando un carro è vuoto, non ho paura'. Effettivamente, come ho già da prima constatato, lo mettono in agitazione solo i veicoli pesanti."

In ogni caso la situazione è assai impenetrabile. L'analisi fa pochi progressi; temo che la sua descrizione diventi presto noiosa per chi legge. D'altra parte in ogni psicoanalisi ci sono queste fasi oscure. Hans adesso si sta immettendo in un campo non contemplato dalla nostra aspettativa.

"Arrivo a casa e parlo con mia moglie, che ha fatto diversi acquisti e me li mostra. Fra questi ci sono un paio di mutande gialle. Hans pronuncia una serie di 'puh!', si butta in terra e sputa. Mia moglie dice che l'ha già fatto alcune volte, appena ha visto le mutande."

Chiedo: "Perché dici 'puh'?"

Hans: "Per le mutande".

Io: "Perché? Per il colore, che è giallo e fa pensare alla vivì o alla cacchetta?"

Hans: "La cacchetta non è gialla, è bianca o nera". Subito dopo: "Senti, si fa facilmente cacchetta se si mangia il formaggio? (Questo lo avevo detto io una volta quando lui mi aveva chiesto perché mangiassi il formaggio)".

Io: "Sì".

Hans: "Per questo vai sempre la mattina presto a far cacchetta? Vorrei tanto mangiare il formaggio sul pane e burro".

"Già ieri, saltellando per strada, mi aveva chiesto: 'Senti, è vero che se si salta così tanto, si fa facilmente cacchetta?' – "Da sempre la sua evacuazione è stata difficoltosa; spesso si ricorre a purganti ed enteroclismi.

mal war seine habituelle Verstopfung so stark, daß meine Frau Dr. L. um Rat fragte. Dieser meinte, Hans werde überfüttert, was ja auch stimmte, und empfahl mäßigere Kost, was den Zustand auch sofort behob. In der letzten Zeit trat Verstopfung wieder häufiger auf."

„Nach dem Essen sage ich: „Wir werden dem Professor wieder schreiben", und er diktierte mir: „Wie ich die gelbe Hose gesehen habe, habe ich gesagt: Pfui, da spei' ich, hab' mich niedergeworfen, hab' die Augen zugemacht und hab' nicht geschaut."

Ich: „Warum?"

Hans: „Weil ich die gelbe Hose gesehen habe, und bei der schwarzen Hose[14] habe ich auch so etwas gemacht. Die schwarze ist auch so eine Hose, nur schwarz war sie." (Sich unterbrechend). „Du, ich bin froh; wenn ich dem Professor schreiben kann, bin ich immer so froh."

Ich: „Weshalb hast du Pfui gesagt? Hast du dich geekelt?"

Hans: „Ja, weil ich das gesehen hab'. Ich hab' geglaubt, ich muß Lumpf machen."

Ich: „Warum?"

Hans: „Ich weiß nicht."

Ich: „Wann hast du die schwarze Hose gesehen?"

Hans: „Einmal, wie die Anna (unser Mädchen) längst da war — bei der Mama — sie hat sie erst vom Kaufen nach Hause gebracht." (Diese Angabe wird von meiner Frau bestätigt.)"

Ich: „Hast du dich auch geekelt?"

Hans: „Ja."

Ich: „Hast du die Mammi in einer solchen Hose gesehen?"

Hans: „Nein."

Ich: „Wenn sie sich angezogen hat?"

Hans: „Die gelbe hab ich' schon einmal gesehen, wie sie sie gekauft hat (Widerspruch! Wie die Mama die gelbe gekauft hat, hat er sie zum erstenmal gesehen). Die schwarze hat sie heute

[14] „Meine Frau ist seit einigen Wochen im Besitze einer schwarzen Reformhose für Radfahrpartien."

Una volta la sua costipazione recidivante fu talmente forte che mia moglie consultò il dottor L. Questi disse che Hans era ipernutrito, cosa certamente vera, e consigliò una dieta più leggera, che eliminò subito quello stato. Negli ultimi tempi la costipazione si è di nuovo ripresentata spesso.

"Dopo il pasto dico: 'Scriveremo di nuovo al Professore', e lui mi detta: 'Quando ho visto le mutande gialle ho detto puh, perché sputo, mi sono buttato in terra, ho chiuso gli occhi e non ho guardato'."

Io: "Perché?"

Hans: "Perché ho visto le mutande gialle, e ho fatto qualcosa del genere anche per le mutande nere.[15] Anche quelle nere sono delle mutande così, solo che erano nere. – (Interrompendosi) – Sai, sono felice; quando posso scrivere al Professore sono sempre felice".

Io: "Perché hai detto 'puh!'? Ti sei disgustato?"

Hans: "Sì, perché ho visto questa roba. Ho pensato che devo fare cacchetta".

Io: "Perché?"

Hans: "Non lo so".

Io: "Quando hai visto le mutande nere?"

Hans: "Una volta che l'Anna (la nostra domestica) c'era già da parecchio – dalla mamma – le aveva portate a casa appena comprate". (Questa circostanza viene confermata da mia moglie.)

Io: "Ti sei anche disgustato?"

Hans: "Sì".

Io: "Hai visto la mamma con quelle mutande?"

Hans: "No".

Io: "Mentre si vestiva?"

Hans: "Quelle gialle, quando le ha comprate, le avevo già viste una volta. (Contraddizione! Le ha viste per la prima volta quando la mamma le ha comprate.) Quelle nere ce

[15] "Mia moglie da qualche settimana possiede dei pantaloni neri per andare in bicicletta."

auch an (richtig!), weil ich gesehen hab' wie sie in der Früh sie sich ausgezogen hat."

Ich: „Was? In der Früh hat sie sich die schwarze Hose ausgezogen?"

Hans: „In der Früh', wie sie weggegangen ist, hat sie sich die schwarze Hose ausgezogen, und wie sie gekommen ist, hat sie sich noch einmal die schwarze angezogen."

„Ich frage meine Frau, weil mir dies unsinnig vorkommt. Sie sagt auch, das ist gar nicht wahr; sie hat beim Weggehen natürlich nicht die Hose gewechselt."

„Ich frage Hans sofort: „Du hast doch erzählt, die Mammi hat sich eine schwarze Hose angezogen, und wie sie weggegangen ist, hat sie sie ausgezogen, und wie sie gekommen ist, hat sie sie noch einmal angezogen. Die Mammi sagt aber, das ist nicht wahr."

Hans: „Mir scheint, ich hab' vielleicht vergessen, daß sie sie nicht ausgezogen hat. (Unwillig.) Laß' mich endlich in Ruh'."

Zur Erläuterung dieser Hosengeschichte bemerke ich nun: Hans heuchelt offenbar, wenn er sich so froh stellt, daß er nun über diese Angelegenheit Rede stehen darf. Am Ende wirft er die Maske ab und wird grob gegen seinen Vater. Es handelt sich um Dinge, die ihm früher viel Lust bereitet haben, und deren er sich jetzt nach eingetretener Verdrängung sehr schämt, zu ekeln vorgibt. Er lügt geradezu, um dem beobachteten Hosenwechsel der Mama andere Veranlassungen unterzuschieben; in Wirklichkeit gehört das An- und Ausziehen der Hose in den „Lumpf"-Zusammenhang. Der Vater weiß genau, worauf es hier ankommt, und was Hans verbergen will.

„Ich frage meine Frau, ob Hans öfter dabei war, wenn sie sich aufs Klosett begab. Sie sagt: Ja, oft, er „penzt" so lange, bis sie es ihm erlaubt; das täten alle Kinder."

Wir wollen uns aber die heute bereits verdrängte Lust, die Mama beim Lumpfmachen zu sehen, gut merken.

„Wir gehen vors Haus. Er ist sehr lustig, und wie er fortwährend gleichsam als Pferd herumhopst, frage ich: „Du, wer ist eigentlich ein Stellwagenpferd? Ich, du oder die Mammi?"

l'ha su anche oggi (giusto), perché ho visto, stamattina, che se le è tolte".

Io: "Cosa? Stamattina si è tolta le mutande nere?"

Hans: "Stamattina, quando è andata via, si è tolta le mutande nere, e quando è tornata si è messa un'altra volta quelle nere".

"Chiedo a mia moglie, perché mi sembra insensato. Anche lei dice che non è affatto vero; ovviamente non si è cambiata le mutande per uscire."

"Chiedo subito ad Hans: 'Hai raccontato che la mami si è messa un paio di mutande nere e al momento di uscire se le è tolte e quando è tornata le ha di nuovo indossate. La mami però dice che non è vero'.

Hans: "Mi sembra, forse ho dimenticato, che non se le sia levate. (Irritato.) Lasciami un po' in pace".

Per spiegare questa storia delle mutande noto questo: Hans chiaramente finge quando dice di esser felice di aver la possibilità di parlare di questa faccenda. Alla fine getta la maschera e diventa aspro con il padre. Si tratta di cose che prima gli hanno procurato *molto piacere*, delle quali adesso si vergogna molto per via della rimozione subentrata, e perciò fa credere di averne disgusto. Mente apertamente per inserire in altri ambiti il cambiamento di mutande della mamma, che ha osservato; in realtà il mettere e togliere mutande appartiene al contesto della "cacchetta". Il padre sa bene di che cosa si tratta e che cosa Hans vuole nascondere.

"Chiedo a mia moglie se Hans fosse stato spesso presente mentre lei si serviva del gabinetto. Dice: 'Sì, spesso; punzecchia così a lungo, finché non glielo concedo; lo fanno tutti i bambini'."

Teniamo tuttavia ben presente il desiderio, attualmente già rimosso, di osservare la mamma mentre fa cacchetta.

"Andiamo davanti alla casa. Lui è molto contento e siccome salta ininterrottamente tutto intorno giocando al cavallo, chiedo: 'Senti, chi è veramente un cavallo da omnibus? Io, tu o la mamma?'

Hans (sofort): „Ich, ich bin ein junges Pferd."

„Als er in der stärksten Angstzeit Pferde springen sah, Angst hatte und mich fragte, warum sie das täten, sagte ich, um ihn zu beruhigen: „Weißt du, das sind junge Pferde, die springen halt wie die jungen Buben. Du springst ja auch und bist ein Bub." Seither, wenn er Pferde springen sieht, sagt er: „Das ist wahr, das sind junge Pferde!"

„Auf der Treppe frage ich beim Heraufgehen fast gedankenlos: „Hast du in Gmunden mit den Kindern Pferdl gespielt?"

Er: „Ja! (Nachdenklich.) Mir scheint, da hab' ich die Dummheit gekriegt."

Ich: „Wer war das Pferdl?"

Er: „Ich, und die Berta war der Kutscher."

Ich: „Bist du vielleicht gefallen, wie du Pferdl warst?"

Hans: „Nein! Wenn die Berta gesagt hat: Hüh, bin ich schnell gelaufen, sogar gerannt."[15]

Ich: „Stellwagen habt ihr nie gespielt?"

Hans: „Nein, gewöhnlichen Wagen und Pferd ohne Wagen. Wenn das Pferd einen Wagen hat, kann es ja auch ohne Wagen gehen und der Wagen kann ja zu Hause sein."

Ich: „Habt ihr oft Pferdl gespielt?"

Hans: „Sehr oft. Der Fritzl (wie bekannt auch ein Hausherrnkind) ist auch einmal Pferdl gewesen und der Franzl Kutscher, und der Fritzl ist so stark gelaufen und auf einmal ist er auf einen Stein getreten und hat geblutet."

Ich: „Ist er vielleicht gefallen?"

Hans: „Nein, er hat den Fuß in ein Wasser hineingegeben und dann hat er sich ein Tuch daraufgegeben."[16]

Ich: „Warst du oft Pferd?"

Hans: „O ja."

Ich: „Und da hast du die Dummheit gekriegt."

Hans: „Weil sie immer gesagt haben: „wegen dem Pferd" und „wegen dem Pferd" (er betont das „wegen"), und so hab' ich

[15] „Er hatte auch ein Pferdchenspiel mit Glöckchen."

[16] Siehe darüber später. Der Vater vermutet ganz richtig, daß Fritzl damals gefallen ist.

Hans (subito): "Io, io sono un cavallo giovane".

"Quando, nel periodo in cui l'angoscia era più forte, vide saltare dei cavalli, si spaventò e siccome mi chiese perché lo facessero, risposi, per calmarlo: 'Sai, sono cavalli giovani, saltano proprio come i bambini. Anche tu che sei un bambino, salti'. Da quel momento, quando vede saltare i cavalli, dice: 'È vero, sono cavalli giovani!'

"Sulle scale, mentre saliamo, chiedo quasi soprappensiero: 'A Gmunden hai giocato con i bambini al cavalluccio?'

Lui: "Sì! (Meditando.) Mi pare di aver preso allora la stupidaggine".

Io: "Chi era il cavallo?"

Lui: "Io, e Berta il cocchiere".

Io: "Sei caduto, quando hai fatto il cavalluccio?"

Lui: "No! Quando Berta ha detto: 'Arri!', ho corso veloce, ho fatto anche a gara".[16]

Io: "Avete mai giocato a fare l'omnibus?"

Hans: "No, alla carrozza normale e al cavallo senza carrozza. Se il cavallo ha una carrozza, può anche andare senza carrozza e la carrozza può restare a casa".

Io: "Avete giocato spesso al cavalluccio?"

Hans: "Molto spesso. Anche Fritzl (come sappiamo, un bambino dei vicini) è stato una volta il cavalluccio e Franzl il cocchiere, e Fritzl ha corso molto forte e una volta è inciampato in una pietra e ha perso sangue".

Io: "È caduto?"

Hans: "No, ha messo il piede dentro dell'acqua e poi ci si è messo intorno una fascia".[17]

Io: "Tu eri spesso il cavallo?"

Hans: "Oh, sì".

Io: "E allora ti sei preso la 'stupidaggine'".

Hans: "Perché dicevano sempre: 'per via del cavallo', 'per via del cavallo' (sottolinea il 'per via') e allora io forse,

[16] Aveva anche giocato al cavalluccio con campanellini.

[17] Vedi sotto. Il padre suppose, del tutto correttamente, che allora Fritzl fosse caduto.

vielleicht, weil sie so geredet haben „wegen dem Pferd", hab ich vielleicht die Dummheit gekriegt."[17]

Der Vater forscht eine Weile fruchtlos auf anderen Pfaden.

Ich: „Haben sie was erzählt vom Pferde?"

Hans: „Ja!"

Ich: „Was?"

Hans: „Ich hab's vergessen."

Ich: „Haben sie vielleicht erzählt vom Wiwimacher?"

Hans: „O nein!"

Ich: „Hast du dich dort schon vor dem Pferde gefürchtet?"

Hans: „O nein, ich hab' mich gar nicht gefürchtet."

Ich: „Hat vielleicht die Berta davon gesprochen, daß ein Pferd . . ."

Hans: (unterbrechend) „Wiwi macht? Nein!"

„Am 10. April knüpfe ich an das gestrige Gespräch an und will wissen, was das „wegen dem Pferde" bedeutet habe. Hans weiß sich nicht zu erinnern, er weiß nur, daß früh mehrere Kinder vor dem Haustore gestanden sind und „wegen dem Pferde, wegen dem Pferde" gesagt haben. Er selbst war dabei. Wie ich dringender werde, erklärt er, sie hätten gar nicht „wegen dem Pferde" gesagt, er habe sich falsch erinnert."

Ich: „Ihr waret doch auch oft im Stalle, da habt ihr gewiß vom Pferde gesprochen." — „Wir haben nicht gesprochen. — „Wovon habt ihr gesprochen?" — „Von nichts." — „Soviel Kinder waret ihr und ihr habt von nichts gesprochen?" — „Etwas haben wir schon gesprochen, aber nicht vom Pferde." — „Was denn?" — „Das weiß ich jetzt nicht mehr."

„Ich lasse das fallen, weil die Widerstände offenbar zu groß sind,[18] und frage: „Mit der Berta hast du gern gespielt?"

[17] Ich erläutere, Hans will nicht behaupten, daß er damals die Dummheit gekriegt hat, sondern im Zusammenhange damit. Es muß ja wohl so zugehen, die Theorie fordert es, daß dasselbe einmal Gegenstand einer hohen Lust war, was heute das Objekt der Phobie ist. Und dann ergänze ich für ihn, was das Kind ja nicht zu sagen weiß, daß das Wörtchen „wegen" der Ausbreitung der Phobie vom Pferde auf die Wagen (oder wie Hans zu hören und zu sprechen gewohnt ist: Wägen) den Weg eröffnet hat. Man darf nie daran vergessen, um wieviel dinglicher das Kind die Worte behandelt als der Erwachsene, wie bedeutungsvoll ihm darum Wortgleichklänge sind.

[18] Es ist da nämlich nichts anderes zu holen als die Wortanknüpfung, die dem Vater entgeht. Ein gutes Beispiel von den Bedingungen, unter denen die analytische Bemühung fehlschlägt.

siccome hanno detto questo 'per via del cavallo', forse io ho preso la stupidaggine".[18]

Il padre per un po' batte senza successo altre strade.

Io: "Hanno raccontato qualcosa dei cavalli?"

Hans: "Sì!"

Io: "Che cosa?"

Hans: "L'ho dimenticato".

Io: "Forse hanno parlato del favivì?"

Hans: "Oh, no!"

Io: "Hai avuto paura dei cavalli già lì?"

Hans: "Oh no, non avevo affatto paura".

Io: "Forse Berta ha detto di come un cavallo..."

Hans "(interrompendo): "fa vivì? No!"

"Il 10 aprile mi riallaccio al colloquio di ieri e cerco di sapere che cosa significhi il 'per via del cavallo'. Hans non è in grado di ricordare, sa soltanto che la mattina presto c'erano diversi bambini davanti al portone e hanno detto 'per via del cavallo, per via del cavallo'. C'era anche lui. Alle mie insistenze, spiega che non hanno affatto detto 'per via del cavallo', che si è ricordato male."

Io: "Siete stati spesso nella stalla, lì parlavate certo di cavalli". – "Non ne abbiamo parlato." – "Di che cosa parlavate?" – "Di niente." – "Eravate tanti bambini e non parlavate di niente?" – "Di qualcosa parlavamo, ma non di cavalli." – "Di che cosa?" – "Non lo so più."

"Lascio cadere la cosa perché le resistenze sono chiaramente troppo grandi,[19] e chiedo: "Giocavi volentieri con Berta?"

[18] Spiegherò che Hans non sostiene di aver preso la stupidaggine *allora*, ma in *relazione* a tutto questo. Che vada così, è richiesto dalla teoria per cui oggi è oggetto di fobia ciò che in passato era fonte di grande piacere. Integro quello che il bambino non sa dire e cioè che la parolina "per via di"(wegen) ha aperto la strada all'estensione della fobia dai cavalli alle carrozze (Wagen, termine che Hans pronuncia e percepisce con la "e", cioè come "wegen"). Non si deve dimenticare che il bambino, a differenza degli adulti, tratta le parole come fossero cose, e che, conseguentemente, dà molta più importanza all'omofonia.

[19] Non c'è niente da scoprire se non l'associazione verbale che al padre sfugge. Un buon esempio di condizioni in cui il trattamento analitico manca il bersaglio.

Er: „Ja, sehr gern, mit der Olga nicht; weißt, was die Olga getan hat? Die Grete droben hat mir einmal einen Papierball geschenkt und die Olga hat ihn ganz zerrissen. Die Berta hätt' mir den Ball nie zerrissen. Mit der Berta hab' ich sehr gern gespielt."

Ich: „Hast du gesehen, wie der Wiwimacher von der Berta aussieht?"

Er: „Nein, vom Pferde aber, weil ich immer im Stalle war, und da hab' ich vom Pferde den Wiwimacher gesehen."

Ich: „Und da warst du neugierig, wie sieht der Wiwimacher von der Berta und von der Mammi aus?"

Er: „Ja!"

„Ich erinnere ihn daran, daß er mir einmal geklagt hat, die Mäderl wollen immer zuschauen, wenn er Wiwi macht."

Er: „Die Berta hat mir auch immer zugeschaut (durchaus nicht gekränkt, sondern sehr befriedigt), öfters. Wo der kleine Garten ist, wo die Rettige sind, hab' ich Wiwi gemacht, und sie ist vor dem Haustore gestanden und hat hergeschaut."

Ich: „Und wenn sie Wiwi gemacht hat, hast du zugeschaut?"

Er: „Sie ist ja aufs Klosett gegangen."

Ich: „Und du warst neugierig?"

Er: „Ich war ja im Klosett drinnen, wenn sie drin war."

„(Das stimmt; die Hausleute haben es uns einmal erzählt, und ich erinnere mich, wir haben es Hans verboten.)"

Ich: „Hast du ihr gesagt, du willst hineingehen?"

Er: „Ich bin allein hineingegangen und weil die Berta erlaubt hat. Es ist ja keine Schande."

Ich: „Und du hättest gerne den Wiwimacher gesehen."

Er: „Ja, ich hab' ihn aber nicht gesehen."

„Ich erinnere ihn an den Gmundner Traum: Was soll das Pfand in meiner Hand usw., und frage: Hast du in Gmunden gewünscht, daß dich die Berta Wiwi machen lassen soll?"

Er: „Gesagt hab' ich ihr nie."

Ich: „Warum hast du's ihr nie gesagt?"

Er: „Weil ich nicht daran gedenkt hab'. (Sich unterbrechend.) Wenn ich alles dem Professor schreib', wird die Dummheit sehr bald vorüber sein, nicht wahr?"

Ich: „Warum hast du gewünscht, daß die Berta dich Wiwi machen lassen soll?"

Lui: "Sì, molto volentieri, con Olga no; sai cosa ha fatto Olga? Grete lassù mi ha regalato una volta una palla di carta e Olga l'ha tutta rotta. Berta non me l'avrebbe rotta. Con Berta ho giocato molto volentieri".

Io: "Hai visto come è fatto il favivì di Berta?"

Hans: "No, ma quello del cavallo sì, perché andavo sempre nella stalla, e lì ho visto il favivì del cavallo".

Io: "E allora ti è venuta la curiosità di sapere come è fatto il favivì di Berta e della mamma?"

Lui: "Sì!"

"Gli ricordo a questo proposito che una volta si era lamentato del fatto che le ragazzine lo volevano sempre guardare mentre faceva vivì."

Lui: "Berta, comunque, mi ha guardato (per niente offeso, anzi molto soddisfatto), diverse volte. Nel giardino piccolo, dove ci sono i ravanelli, io ho fatto vivì e lei era sul portone e ha guardato".

Io: "E quando lei faceva vivì, tu guardavi?"

Lui: "Lei la faceva al gabinetto".

Io: "E tu eri curioso?"

Lui: "Andavo anch'io nel gabinetto, quando lei era dentro".

"(È vero; le persone della casa ce lo avevano riferito, e mi ricordo che noi proibimmo a Hans di farlo)."

Io: "Le avevi detto che volevi entrare?"

Lui: "Sono entrato da solo e perché Berta voleva. Non è una vergogna".

Io: "E avresti visto volentieri il favivì".

Lui: "Sì, ma non l'ho visto".

"Gli ricordo il sogno fatto a Gmunden: Di chi è il pegno che ho in mano ecc. e chiedo: 'A Gmunden hai desiderato che Berta ti facesse fare vivì?'

Lui: "Veramente non gliel'ho mai detto".

Io: "Perché non glielo hai mai detto?"

Lui: "Perché non ci ho pensato". (Interrompendosi.) "Se scrivo tutto al Professore, la stupidaggine passerà, vero?"

Io: "Perché hai desiderato che Berta ti facesse fare vivì?"

Er: „Ich weiß nicht. Weil sie zugeschaut hat."

Ich: „Hast du dir gedacht, sie soll die Hand zum Wiwimacher geben?"

Er: „Ja. (Ablenkend). In Gmunden war's sehr lustig. In dem kleinen Garten, wo die Rettige drin sind, ist ein kleiner Sandhaufen, dort spiel' ich mit der Schaufel."

„(Das ist der Garten, wo er immer Wiwi gemacht hat.)"

Ich: „Hast du in Gmunden, wenn du im Bette gelegen bist, die Hand zum Wiwimacher gegeben?"

Er: „Nein, noch nicht. In Gmunden hab' ich so gut geschlafen, daß ich gar nicht daran gedenkt hab'. Nur in der —gasse[19] und jetzt hab ich's getan."

Ich: „Die Berta hat aber nie die Hand zu deinem Wiwimacher gegeben?"

Er: „Sie hat es nie getan, nein, weil ich ihr's nie gesagt hab'."

Ich: „Wann hast du dir's denn gewünscht?"

Er: „Einen Tag halt in Gmunden."

Ich: „Nur einmal?"

Er: „Ja, öfters."

Ich: „Immer wenn du Wiwi gemacht hast, hat sie hergeschaut; sie war vielleicht neugierig, wie du Wiwi machen tust."

Er: „Vielleicht war sie neugierig, wie mein Wiwimacher aussieht."

Ich: „Du warst aber auch neugierig; nur auf die Berta?"

Er: „Auf die Berta, auf die Olga."

Ich: „Auf wen noch?"

Er: „Auf niemand andern."

Ich: „Das ist ja nicht wahr. Auf die Mammi auch."

Er: „Auf die Mammi schon."

Ich: „Jetzt bist du doch nicht mehr neugierig. Du weißt doch wie der Wiwimacher der Hanna ausschaut?"

Er: „Er wird aber wachsen, nicht?"[20]

Ich: „Ja gewiß, aber wann er wächst, wird er nicht ausschaun wie deiner."

[19] In der früheren Wohnung vor dem Umzuge.

[20] Er will die Sicherheit haben, daß sein eigener Wiwimacher wachsen wird.

Lui: "Non so. Perché ha guardato".

Io: "Hai pensato che avrebbe dovuto mettere la mano sul favivì?"

Lui: "Sì. (Divagando.) A Gmunden mi divertivo. Nel giardino piccolo, dove ci sono i ravanelli, c'è un mucchietto di sabbia e lì giocavo con la paletta".

"(Si tratta del giardino in cui ha sempre fatto vivì)."

Io: "A Gmunden, quando eri a letto, ti portavi la mano al favivì?"

Lui: "No, non ancora. A Gmunden dormivo così bene, che non ci pensavo affatto. L'ho fatto solo in via*[20] e adesso."

Io: "Ma Berta non ha mai messo la mano sul tuo favivì?"

Lui: "Non l'ha mai fatto, no, perché non gliel'ho mai chiesto".

Io: "Quando ne hai avuto voglia?"

Lui: "Una volta e basta a Gmunden".

Io: "Solo una volta?"

Lui: "Sì, più volte".

Io: "Quando tu hai fatto vivì, lei ha sempre guardato; forse era curiosa di sapere in che modo fai vivì".

Lui: "Forse era curiosa di sapere come è fatto il mio favivì".

Io: "Ma anche tu eri curioso; solo di Berta?"

Lui: "Di Berta, di Olga".

Io: "E di chi ancora?"

Lui: "Di nessun altro".

Io: "Questo non è vero. Anche della mamma".

Lui: "D'accordo, della mamma".

Io: "Ora non sei più curioso. Sai come è fatto il favivì di Hanna?"

Lui: "Ma crescerà, vero?"[21]

Io: "Sì, certo, ma quando crescerà non sarà mai come il tuo".

[20] "La strada in cui abitavamo prima di cambiare casa."
[21] Vuole essere sicuro che il proprio favivì crescerà.

Er: „Das weiß ich. Er wird so sein [sc. wie er jetzt ist], nur größer."

Ich: „Warst du neugierig in Gmunden, wenn die Mama sich ausgezogen hat?"

Er: „Ja, auch bei der Hanna beim Baden hab ich den Wiwimacher gesehen."

Ich: „Bei der Mammi auch?"

Er: „Nein!"

Ich: „Du hast dich geekelt, wenn du die Hose von der Mammi gesehen hast."

Er: „Nur wenn ich die schwarze gesehen hab', wenn sie sie gekauft hat, dann spei ich, aber wenn sie sich die Hose anzieht oder auszieht, dann spei ich nicht. Dann spei ich, weil die schwarze Hose doch schwarz ist wie ein Lumpf und die gelbe wie ein Wiwi, und da glaub' ich, ich muß Wiwi machen. Wenn die Mammi die Hose trägt, dann seh' ich sie nicht, dann hat sie doch die Kleider vor."

Ich: „Und wenn sie sich die Kleider auszieht?"

Er: „Dann spei ich nicht. Wenn sie aber neu ist, dann sieht sie aus wie ein Lumpf. Wenn sie alt ist, geht die Farbe herunter und sie wird schmutzig. Wenn man sie gekauft hat, ist sie ganz rein, zu Hause hat man sie schon schmutzig gemacht. Wenn sie gekauft ist, ist sie neu, und wenn sie nicht gekauft ist, ist sie alt."

Ich: „Vor der alten ekelt dich also nicht?"

Er: „Wenn sie alt ist, ist sie ja viel schwärzer als ein Lumpf nicht wahr? Ein bissel schwärzer ist sie." [21]

Ich: „Mit der Mammi warst du oft im Klosett?"

Er: „Sehr oft."

Ich: „Da hast du dich geekelt?"

Er: „Ja . . . Nein!"

Ich: „Du bist gerne dabei, wenn die Mammi Wiwi oder Lumpf macht?"

[21] Unser Hans ringt da mit einem Thema, das er nicht darzustellen weiß, und wir haben es schwer, ihn zu verstehen. Vielleicht meint er, daß die Hosen die Ekelerinnerung nur dann erwecken, wenn er sie für sich sieht; sobald sie am Leibe der Mutter sind, bringt er sie nicht mehr mit Lumpf oder Wiwi in Zusammenhang, dann interessieren sie ihn in anderer Weise.

Lui: "Questo lo so. Sarà così (cioè, come è ora), solo più grosso".

Io: "Eri curioso a Gmunden, quando la mamma si spogliava?"

Lui: "Sì, anche a Hanna ho visto il favivì quando faceva il bagno".

Io: "Anche alla mamma?"

Lui: "No!"

Io: "Hai provato disgusto quando hai visto le mutande della mamma".

Lui: "Solo quando ho visto quelle nere, quando le ha comprate ho sputato, ma quando si mette o si toglie le mutande, allora non sputo. *Poi sputo perché le mutande nere sono nere come una cacchetta e quelle gialle sono come una vivì e allora penso che devo fare vivì*. Quando la mamma le mutande le porta addosso, non le vedo perché sopra ha i vestiti".

Io: "E quando si toglie i vestiti?"

Lui: "Allora non sputo. Quando sono nuove, allora sembrano una cacchetta. Quando sono vecchie, il colore va via e diventano sporche. Quando si comprano, sono tutte pulite, a casa vengono subito fatte diventare sporche. Quando vengono comprate, sono nuove, quando non sono state comprate, sono vecchie".

Io: "Allora di quelle vecchie non sei disgustato?"

Hans: "Quando sono vecchie, sono molto più nere di una cacchetta, non è vero? Sono un tantino più nere".[22]

Io: "Sei stato spesso al gabinetto con la mamma?"

Lui: "Molto spesso".

Io: "Lì hai avuto disgusto?"

Lui: "Sì... No!"

Io: "Ci stai volentieri quando la mamma fa vivì o cacchetta?"

[22] Il nostro Hans è alle prese con un tema che non sa esporre e per noi è difficile capirlo. Forse vuol dire che le mutande gli risvegliano il ricordo disgustoso quando le vede da sole; quando sono sul corpo della madre, non le ricollega più alla cacchetta o alla vivì, per cui lo interessano in un altro senso.

Er: „Sehr gerne."

Ich: „Warum so gerne?"

Er: „Das weiß ich nicht."

Ich: „Weil du glaubst, daß du den Wiwimacher sehen wirst."

Er: „Ja, das glaub' ich auch."

Ich: „Warum willst du aber in Lainz nie ins Klosett gehen?"

„(Er bittet in Lainz immer, ich soll ihn nicht ins Klosett führen; er fürchtete sich einmal vor dem Lärme, den das herabstürzende Spülwasser macht.)"

Er: „Vielleicht, weil es einen Krawall macht, wenn man herunterzieht."

Ich: „Da fürchtest du dich."

Er: „Ja!"

Ich: „Und in unserem Klosett hier?"

Er: „Hier nicht. In Lainz erschreck ich, wenn du herunterläßt. Wenn ich drin bin und es geht herunter, dann erschrecke ich auch."

Um mir zu zeigen, daß er sich in unserer Wohnung nicht fürchte, fordert er mich auf, ins Klosett zu gehen und die Wasserspülung in Bewegung zu setzen. Dann erklärt er mir:

„Zuerst ist ein starker, dann ein lockerer Krawall (wenn das Wasser herabstürzt). Wenn es einen starken Krawall macht, bleib' ich lieber drin, wenn es einen schwachen macht, geh' ich lieber hinaus."

Ich: „Weil du dich fürchtest?"

Er: „Weil ich immer so gerne mag einen starken Krawall sehen (korrigiert sich), hören, und da bleib' ich lieber drin, daß ich ihn fest hör'."

Ich: „Woran erinnert dich ein starker Krawall?"

Er: „Daß ich im Klosett Lumpf machen muß. (Also dasselbe wie die schwarze Hose.)"

Ich: „Warum?"

Er: „Ich weiß nicht. Ich weiß es, ein starker Krawall hört sich so an, wie wenn man Lumpf macht. Ein großer Krawall erinnert am Lumpf, ein kleiner an Wiwi (vgl. die schwarze und die gelbe Hose)."

Ich: „Du, hat das Stellwagenpferd nicht dieselbe Farbe gehabt wie ein Lumpf?" (Es war nach seiner Angabe schwarz.)

Lui: “Molto volentieri”.

Io: “Perché così volentieri?”

Lui: “Questo non lo so”.

Io: “Perché pensi che vedrai il favivì?”

Lui: “Sì, lo credo anch’io”.

Io: “Ma perché a Lainz non vuoi mai andare al gabinetto?”

“(A Lainz prega sempre che non lo porti al gabinetto; una volta si spaventò del rumore che fa il getto d’acqua quando cade.)”

Lui: “Forse perché, quando si tira giù, fa baccano”.

Io: “Allora hai paura”.

Lui: “Sì!”

Io: “E qui nel nostro gabinetto?”

Lui: “Qui no. A Lainz sono terrorizzato quando tu la fai scendere. Anche se sono dentro e l’acqua viene giù, sono terrorizzato”.

Per mostrarmi che a casa nostra non ha paura, mi prega di andare al gabinetto e di azionare lo scarico. Allora mi spiega:

“Da principio fa un baccano più forte, poi uno più leggero (quando l’acqua cade). Quando fa un baccano più forte, preferisco restare dentro, quando ne fa uno più debole, preferisco uscir fuori”.

Io: “Perché ne hai paura?”

Lui: “Perché mi piace sempre tanto vedere un baccano forte (si corregge), sentire, e allora preferisco restare dentro, che lo sento forte.”

Io: “A cosa ti fa pensare un chiasso forte?”

Lui: “Che devo fare cacchetta al gabinetto. (Quindi la stessa cosa delle mutande nere)”.

Io: “Perché?”

Lui: “Non lo so. So che quando un baccano è forte, è come quando uno fa cacchetta. Un baccano più grosso fa pensare alla cacchetta, uno più piccolo alla vivì (confronta con le mutande nere e le mutande gialle)”.

Io: “Senti, l’omnibus non aveva lo stesso colore di una cacchetta?” (A quanto aveva affermato, era nero.)

Er (sehr betroffen): „Ja!"

Ich muß da einige Worte einschalten. Der Vater fragt zu viel und forscht nach eigenen Vorsätzen, anstatt den Kleinen sich äußern zu lassen. Dadurch wird die Analyse undurchsichtig und unsicher. Hans geht seinen eigenen Weg und leistet nichts, wenn man ihn von diesem ablocken will. Sein Interesse ist jetzt offenbar bei Lumpf und Wiwi, wir wissen nicht, weshalb. Die Krawallgeschichte ist so wenig befriedigend aufgeklärt wie die mit der gelben und schwarzen Hose. Ich vermute, sein scharfes Ohr hat die Verschiedenheit der Geräusche, wenn ein Mann oder ein Weib uriniert, sehr wohl bemerkt. Die Analyse hat das Material aber etwas künstlich in den Gegensatz der beiden Bedürfnisse gepresst. Dem Leser, der noch selbst keine Analyse gemacht hat, kann ich nur den Rat geben, nicht alles sogleich verstehen zu wollen, sondern allem, was kommt, eine gewisse unparteiische Aufmerksamkeit zu schenken und das Weitere abzuwarten.

„11. April. Heute früh kommt Hans wieder ins Zimmer und wird, wie in allen den letzten Tagen, hinausgewiesen."

„Später erzählt er: „Du, ich hab mir was gedacht:

„Ich bin in der Badewanne,[22] da kommt der Schlosser und schraubt sie los.[23] Da nimmt er einen großen Bohrer und stoßt mich in den Bauch."

Der Vater übersetzt sich diese Phantasie. „Ich bin im Bette bei der Mama. Da kommt der Papa und treibt mich weg. Mit seinem großen Penis verdrängt er mich von der Mama."

Wir wollen unser Urteil noch aufgeschoben halten.

„Ferner erzählt er etwas zweites, was er sich ausgedacht: „Wir fahren im Zuge nach Gmunden. In der Station ziehen wir die Kleider an, werden damit aber nicht fertig und der Zug fährt mit uns davon."

22 „Hans wird von der Mama gebadet."

23 „Um sie in Reparatur zu nehmen."

Lui (molto colpito): "Sì!"

Devo inserire due parole. Il padre fa troppe domande, e indaga secondo i suoi propositi, invece di lasciare che il piccolo si esprima liberamente. Per questo motivo l'analisi diventa oscura e incerta. Hans prosegue per la propria strada e non serve a nulla volerlo distogliere. Adesso il suo interesse, non sappiamo perché, è diretto alla cacchetta e alla vivì. La storia del baccano è stata chiarita in modo altrettanto poco soddisfacente, quanto quella delle mutande gialle e nere. Suppongo che il suo orecchio fine abbia perfettamente notato la differenza di rumore fra la minzione maschile e quella femminile. L'analisi, in modo davvero un po' artificioso, ha forzato il materiale all'interno dell'opposizione tra i due bisogni corporali. Al lettore che non abbia compiuto alcuna analisi, posso solo dare il consiglio di non voler capire tutto subito ma di rivolgere a tutto ciò che emerge un'attenzione imparziale e aspettare il seguito.

"11 aprile. Stamattina Hans viene nuovamente in camera, e, come è sempre successo in questi ultimi giorni, viene ricondotto fuori."

"Più tardi racconta: 'Senti, ho pensato qualcosa:

'*Sono nella vasca da bagno,*[23] *arriva il fabbro e la svita.* [24] *Poi prende un grosso succhiello e mi colpisce nella pancia*'.

Il padre traduce questa fantasia. "Sono a letto con la mamma. Allora arriva il papà e mi spinge via. Con il suo pene grosso mi allontana dalla mamma."

Per adesso manteniamo sospeso il giudizio.

"Dopo racconta una seconda cosa che ha pensato: 'Andiamo in treno a Gmunden. Arrivati alla stazione ci vestiamo, ma non facciamo in tempo e il treno parte con noi sopra'.

[23] "Hans viene lavato dalla madre."
[24] "Per portarla ad aggiustare."

„Später frage ich: „Hast du schon einmal ein Pferd Lumpf machen gesehen?“

Hans: „Ja, sehr oft.“

Ich: „Macht es einen starken Krawall beim Lumpfmachen?“

Hans: „Ja!“

Ich: „An was erinnert dich der Krawall?“

Hans: „Wie wenn der Lumpf in den Topf fällt.“

„Das Stellwagenpferd, das umfällt und Krawall mit den Füßen macht, ist wohl — ein Lumpf, der herabfällt und dabei Geräusch macht. Die Furcht vor der Defäkation, die Furcht vor schwer beladenen Wagen ist überhaupt gleich der Furcht vor schwerbeladenem Bauche.“

Auf diesen Umwegen dämmert dem Vater der richtige Sachverhalt.

„11. April. Hans sagt beim Mittagessen: „Wenn wir nur in Gmunden eine Badewanne hätten, damit ich nicht in die Badeanstalt gehen muß.“ Er wurde in Gmunden nämlich, um ihn warm zu baden, immer in die nahe gelegene Badeanstalt geführt, wogegen er mit heftigem Weinen zu protestieren pflegte. Auch in Wien schreit er immer, wenn er zum Baden in die große Wanne gesetzt oder gelegt wird. Er muß knieend oder stehend gebadet werden.“

Diese Rede Hansens, der nun anfängt, der Analyse durch selbständige Äußerungen Nahrung zu geben, stellt die Verbindung zwischen seinen beiden letzten Phantasien (vom Schlosser, der die Badewanne abschraubt, und von der mißglückten Reise nach Gmunden) her. Der Vater hatte mit Recht aus letzterer eine Abneigung gegen Gmunden erschlossen. Übrigens wieder eine gute Mahnung daran, daß man das aus dem Unbewußten Auftauchende nicht mit Hilfe des Vorhergegangenen, sondern des Nachkommenden zu verstehen hat.

„Ich frage ihn, ob und wovor er sich fürchtet.“

Hans: „Weil ich hineinfall’.“

Ich: „Warum hast du dich aber nie gefürchtet, wenn du in der kleinen Badewanne gebadet worden bist?“

"Più tardi chiedo: 'Hai già visto una volta fare cacchetta a un cavallo?'

Hans: "Sì, molto spesso".

Io: "Fa un baccano forte quando fa cacchetta?"

Hans: "Sì!"

Io: "Che cosa ti ricorda il baccano?"

Hans: "Quando la cacchetta cade nel vaso".

"Il cavallo dell'omnibus che cade e fa baccano con i piedi è appunto... una cacchetta, che cade giù facendo rumore. La paura della defecazione, ovvero la paura di carri pesantemente carichi, è fondamentalmente uguale alla paura di una pancia sovraccarica."

Per queste vie traverse, il padre comincia a chiarirsi le idee sul reale stato di cose.

"11 aprile. Hans a pranzo dice: 'Almeno se a Gmunden avessimo una vasca da bagno, in modo che io non debba andare allo stabilimento balneare'. A Gmunden, per fargli il bagno caldo, veniva sempre condotto nello stabilimento balneare situato nelle vicinanze, cosa contro cui ogni volta protestava con un pianto dirotto. Anche a Vienna strilla sempre quando, per fare il bagno, viene fatto sedere o sdraiare nella vasca grande. Deve esser lavato in piedi o in ginocchio."

Questo discorso di Hans, il quale adesso comincia ad alimentare l'analisi con espressioni spontanee, realizza il collegamento fra le sue due ultime fantasie (quella del fabbro che svita la vasca e quella del viaggio a Gmunden non riuscito). Da quest'ultima il padre aveva desunto, a ragione, un'avversione per Gmunden. Tra l'altro è, di nuovo, un buon ammonimento a tener presente che ciò che emerge dall'inconscio va compreso non con l'aiuto di quello che lo ha preceduto, ma di quello che lo seguirà.

"Gli chiedo se e di che cosa abbia paura."

Hans: "Di cascarci dentro".

Io: "Perché allora non hai mai avuto paura quando sei stato lavato nella vasca piccola?"

Hans: „Da bin ich ja gesessen, da hab' ich mich nicht legen können, die war ja zu klein."

Ich: „Wenn du in Gmunden Schinakel gefahren bist, hast du dich nicht gefürchtet, daß du ins Wasser fällst?"

Hans: „Nein, weil ich mich angehalten hab', und da kann ich nicht hineinfallen. Ich fürcht' mich nur in der großen Badewanne, daß ich hineinfall."

Ich: „Da badet dich doch die Mama. Fürchtest du dich, daß dich die Mammi ins Wasser werfen wird?"

Hans: „Daß sie die Hände weggeben wird und ich falle ins Wasser mit dem Kopf."

Ich: „Du weißt doch, die Mammi hat dich lieb, sie wird doch nicht die Hände weggeben."

Hans: „Ich hab's halt geglaubt."

Ich: „Warum?"

Hans: „Das weiß ich bestimmt nicht."

Ich: „Vielleicht weil du schlimm warst und du geglaubt hast, daß sie dich nicht mehr gerne hat?"

Hans: „Ja!"

Ich: „Wenn du dabei warst, wie die Mammi die Hanna gebadet hat, hast du vielleicht gewünscht, sie soll die Hand loslassen, damit die Hanna hineinfällt?"

Hans: „Ja."

Wir glauben, dies hat der Vater sehr richtig erraten.

---

12. April. „Auf der Rückfahrt von Lainz in der zweiten Klasse sagt Hans, wie er die schwarzen Lederpölster sieht: „Pfui, da spei ich, bei den schwarzen Hosen und den schwarzen Pferden spei ich auch, weil ich muß Lumpf machen."

Ich: „Hast du vielleicht bei der Mammi etwas Schwarzes gesehen, was dich erschreckt hat?"

Hans: „Ja!"

Ich: „Was denn?"

Hans: „Ich weiß nicht. Eine schwarze Bluse oder schwarze Strümpfe."

Ich: „Vielleicht beim Wiwimacher schwarze Haare, wenn du neugierig warst und hingeschaut hast."

Hans: "Lì stavo seduto, non potevo stendermi, era troppo piccola".

Io: "Quando a Gmunden sei andato in barchetta, non hai avuto paura di cadere in acqua?"

Hans: "No, perché mi sono tenuto e non potevo cadere. Solo nella vasca grande ho paura di cadere".

Io: "Lì c'è la mamma che ti lava. Hai paura che la mamma ti faccia cadere in acqua?"

Hans: "Che lei lasci andare le mani e io cada in acqua con la testa".

Io: "Sai che la mamma ti vuole bene e non lascerebbe mai andare le mani".

Hans: "L'ho solo creduto".

Io: "Perché?"

Hans: "Non lo so davvero".

Io: "Forse perché eri cattivo e hai creduto che lei non ti volesse più bene?"

Hans: "Sì!"

Io: "Quando eri presente al bagno che la mamma faceva a Hanna hai forse desiderato che lei lasciasse le mani e che Hanna cadesse?"

Hans: "Sì".

Pensiamo che il padre questo lo abbia indovinato molto correttamente.

---

12 aprile. "Al ritorno da Lainz in seconda classe, quando Hans vede l'imbottitura in pelle nera dice: 'Puh, ora sputo, e anche per le mutande nere e i cavalli neri sputo, perché devo fare cacchetta'.

Io: "Hai forse visto alla mamma qualcosa di nero che ti ha fatto effetto?"

Hans: "Sì!"

Io: "Che cosa?"

Hans: "Non lo so. Una camicetta nera o delle calze nere".

Io: "Forse i peli neri intorno al favivì quando hai guardato per curiosare".

Hans (entschuldigend): „Aber den Wiwimacher hab' ich nicht gesehen."

Als er sich wieder einmal fürchtete, wie aus dem Hoftor vis-à-vis ein Wagen fuhr, fragte ich: „Sieht dieses Tor nicht aus wie ein Podl?"

Er: „Und die Pferde sind die Lumpfe!" Seitdem sagt er immer, wenn er einen Wagen herausfahren sieht: „Schau, ein ‚Lumpfi' kommt." Die Form Lumpfi ist ihm sonst ganz fremd, sie klingt wie ein Kosewort. Meine Schwägerin heißt ihr Kind immer „Wumpfi".

„Am 13. April sieht er in der Suppe ein Stück Leber und sagt: „Pfui, ein Lumpf". Auch faschiertes Fleisch ißt er sichtlich ungern wegen der Form und Farbe, die ihn an einen Lumpf erinnern."

„Abends erzählt meine Frau, Hans sei auf dem Balkon gewesen und habe dann gesagt: „Ich hab' gedacht, die Hanna ist am Balkon gewesen und ist hinuntergefallen." Ich hatte ihm öfter gesagt, er soll, wenn die Hanna auf dem Balkon ist, achtgeben, daß sie nicht zu nah ans Geländer kommt, das von einem sezessionistischen Schlosser höchst ungeschickt — mit großen Öffnungen, die ich erst mit einem Drahtnetz verkleinern lassen mußte — konstruiert worden ist. Der verdrängte Wunsch Hansens ist sehr durchsichtig. Die Mama fragt ihn, ob es ihm lieber wäre, wenn die Hanna nicht da wäre, was er bejaht."

„14. April. Das Thema Hanna steht im Vordergrund. Er hatte, wie aus früheren Aufzeichnungen erinnerlich, gegen das neugeborene Kind, das ihm einen Teil der Liebe der Eltern raubte, eine große Aversion, die auch jetzt noch nicht ganz geschwunden und durch übergroße Zärtlichkeit nur zum Teil überkompensiert ist.[24] Er äußerte sich öfter schon, der Storch solle kein Kind mehr

[24] Wenn das Thema „Hanna" das Thema „Lumpf" direkt ablöst, so leuchtet uns der Grund dafür endlich ein. Die Hanna ist selbst ein „Lumpf", Kinder sind Lumpfe!

Hans (scusandosi): "Ma il favivì non l'ho visto".

Una volta che si era di nuovo spaventato al passaggio di un carro dal portone del cortile di fronte, gli chiesi: "Questo portone non sembra un popò?"

Lui: "E i cavalli sono la cacchetta!" Da allora, quando vede passare una carrozza, dice sempre: "Guarda, viene una cacchella". La forma cacchella è per lui inusuale, suona come un vezzeggiativo. Mia cognata chiama sempre sua figlia "Lella".

Il 13 aprile vede un pezzetto di fegato nella minestra e dice: "Puh, una cacchetta". Anche le polpette di carne le mangia visibilmente controvoglia perché la forma e il colore gli ricordano una cacchetta.

"La sera mia moglie racconta che Hans era stato sul balcone e aveva detto: 'Ho pensato che Hanna sia stata sul balcone e sia caduta di sotto'. Spesso gli avevo detto che, quando Hanna era sul balcone, doveva fare attenzione che lei non si avvicinasse troppo alla ringhiera, che era stata costruita con estrema imperizia – con grosse aperture, che avevo dovuto rimpiccolire con una semplice rete metallica – da un fabbro seguace della Secessione.[25] Il desiderio rimosso di Hans è chiarissimo. La mamma gli chiede se avrebbe preferito che Hanna non ci fosse e lui risponde di sì."

"14 aprile. L'argomento 'Hanna' è in primo piano. Come si ricorderà, nei confronti della neonata, che gli aveva carpito una fetta dell'amore dei genitori, aveva nutrito una grossa avversione, non ancora del tutto scomparsa e solo in parte ipercompensata con una tenerezza esorbitante.[26] Più volte aveva espresso il parere che la cicogna non avrebbe dovuto portare altri bambini, che avremmo dovu-

[25] Movimento artistico che si sviluppò a Vienna alla fine del secolo. [*N.d.T.*]

[26] Poiché il tema "Hanna" deriva immediatamente dal tema "cacchetta", finalmente ne capiamo la ragione. Hanna è lei stessa una "cacchetta", i bambini sono cacchette.

bringen, wir sollen ihm Geld geben, daß er keines mehr aus der großen Kiste, worin die Kinder sind, bringe. (Vgl. die Furcht vor dem Möbelwagen. Sieht nicht ein Stellwagen wie ein große Kiste aus?) Die Hanna mache soviel Geschrei, das sei ihm lästig."

„Einmal sagt er plötzlich: „Kannst du dich erinnern, wie die Hanna gekommen ist? Sie ist bei der Mammi im Bette gelegen, so lieb und brav." (Dieses Lob hat verdächtig falsch geklungen!)"

„Dann unten vor dem Hause. Es ist abermals ein großer Fortschritt zu bemerken. Selbst Lastwagen flößen ihm geringere Furcht ein. Einmal ruft er fast freudig: „Da kommt ein Pferd mit was Schwarzem am Munde" und ich kann endlich konstatieren, daß es ein Pferd mit einem Maulkorbe aus Leder ist. Hans hat aber gar keine Angst vor diesem Pferde."

„Einmal schlägt er mit seinem Stocke auf das Pflaster und fragt: „Du, ist da ein Mann unten . . . einer, der begraben ist . . ., oder gibt's das nur am Friedhofe?" Ihn beschäftigt also nicht nur das Rätsel des Lebens, sondern auch das des Todes."

„Zurückgekehrt sehe ich eine Kiste im Vorzimmer stehen und Hans sagt: „Hanna ist in so einer Kiste nach Gmunden mitgefahren. Immer wenn wir nach Gmunden gefahren sind, ist sie mitgefahren in der Kiste. Du glaubst mir schon wieder nicht? Wirklich, Vatti. Glaub' mir. Wir haben eine große Kiste gekriegt und da sind lauter Kinder drin, in der Badewanne sitzen sie drin. (In der Kiste ist eine kleine Badewanne eingepackt worden.) Ich hab' sie hineingesetzt, wirklich. Ich kann mich gut erinnern." [25]

Ich: „Was kannst du dich erinnern?"

Hans: „Daß die Hanna in der Kiste gefahren ist, weil ich's nicht vergessen hab'. Mein Ehrenwort!"

Ich: „Aber voriges Jahr ist doch die Hanna im Coupé mitgefahren."

Hans: „Aber immer früher ist sie in der Kiste mitgefahren."

[25] Er beginnt nun zu phantasieren. Wir erfahren, daß Kiste und Badewanne ihm das gleiche bedeuten, Vertretungen des Raumes, in dem sich die Kinder befinden. Beachten wir seine wiederholten Beteuerungen!

to darle dei soldi perché non riuscisse a toglierne altri dalla grossa cassa dove stanno i bambini. (Confronta con la paura del carro da traslochi. Un omnibus non assomiglia a una grossa cassa?) Hanna, secondo lui, strillerebbe così tanto da dargli fastidio.

"Una volta dice improvvisamente: 'Ti ricordi quando Hanna è arrivata? Stava a letto con la mami, tanto carina e brava.' (Una lode dal suono sospettosamente falso!)'.

"Scendiamo poi davanti a casa. C'è da rilevare ancora una volta un grande progresso. Perfino i carri da carico gli infondono meno paura. A un tratto grida quasi felice: 'Arriva un cavallo con il nero alla bocca' e finalmente posso constatare che si tratta di un cavallo con una museruola di pelle. Hans, comunque, non ha affatto paura di questo cavallo.

"A un certo punto batte sul selciato con il suo bastoncino e chiede: 'Senti, c'è un uomo qui sotto... uno che è morto... o sono solo al cimitero?' Dunque non lo interessa soltanto l'enigma della vita, ma anche quello della morte.

"Tornando vedo che c'è una cassa nell'ingresso e Hans dice: 'Hanna è venuta con noi a Gmunden in una cassa come questa. Ogni volta che siamo andati a Gmunden, lei è venuta con noi nella cassa. Ecco che non mi credi di nuovo!? Davvero, papi. Credimi. Abbiamo ricevuto una grossa cassa dove non ci sono che bambini, stanno dentro, nella vasca da bagno. (Nella cassa è stata imballata una piccola vasca da bagno.) Ce li ho messi io. Me lo ricordo benissimo'.[27]

Io: "Cosa ti ricordi?"

Hans: "Che Hanna ha viaggiato nella cassa, perché non l'ho dimenticato. Parola d'onore!"

Io: "Ma l'anno scorso Hanna è venuta con noi nello scompartimento".

Hans: *"Ma prima è sempre venuta nella cassa"*.

[27] Adesso comincia a fantasticare. Apprendiamo che cassa e vasca da bagno per lui significano la stessa cosa, rappresentano lo spazio in cui si trovano i bambini. Notiamo le sue ripetute asserzioni!

Ich: „Hat die Mammi nicht die Kiste gehabt?“

Hans: „Ja, die Mammi hat sie gehabt!“

Ich: „Wo denn?“

Hans: „Zu Hause am Boden.“

Ich: „Hat sie sie vielleicht mit sich herumgetragen?“[26]

Hans: „Nein! Wenn wir jetzt nach Gmunden fahren, wird die Hanna auch in der Kiste fahren.“

Ich: „Wie ist sie denn aus der Kiste herausgekommen?“

Hans: „Man hat sie herausgenommen.“

Ich: „Die Mammi?“

Hans: „Ich und die Mammi, dann sind wir in den Wagen eingestiegen und die Hanna ist am Pferde geritten und der Kutscher hat ‚Hüöh‘ gesagt. Der Kutscher war am Bocke. Warst du mit? Die Mammi weiß es sogar. Die Mammi weiß es nicht, sie hat es schon wieder vergessen, aber nichts ihr sagen!“

„Ich lasse mir alles wiederholen.“

Hans: „Dann ist die Hanna ausgestiegen.“

Ich: „Sie hat noch gar nicht gehen können.“

Hans: „Wir haben sie dann heruntergehoben.“

Ich: „Wie hat sie denn am Pferde sitzen können, sie hat ja voriges Jahr noch gar nicht sitzen können.“

Hans: „O ja, sie hat schon gesessen und hat gerufen ‚Hüöh‘ und gepeitscht ‚Hüöh, hüöh‘ mit der Peitsche, die ich früher gehabt hab’. Das Pferd hat gar keinen Steigbügel gehabt und die Hanna hat geritten; Vatti, aber nicht im Spaße vielleicht.“

Was soll dieser hartnäckig festgehaltene Unsinn? Oh, es ist kein Unsinn, es ist Parodie und Hansens Rache an seinem Vater. Es heißt soviel als: Kannst du mir zumuten, daß ich glauben soll, der Storch habe die Hanna im Oktober gebracht, wo ich doch den großen Leib der Mutter schon im Sommer, wie wir nach Gmunden gefahren sind, bemerkt hab’, so kann ich verlangen, daß du mir meine Lügen glaubst. Was kann die Behauptung, daß die Hanna

[26] Die Kiste ist natürlich der Mutterleib. Der Vater will Hans andeuten, daß er dies versteht. Auch das Kästchen, in dem die Helden des Mythus ausgesetzt werden, von König Sargon von Agade an, ist nichts anderes. — [*Zusatz 1923:*] Vgl. Rank's Studie: Der Mythus von der Geburt des Helden 1909 (zweite Auflage 1922).

Io: "La cassa ce l'aveva la mami?"

Hans: "Sì, l'aveva avuta la mami!"

Io: "E dove?"

Hans: "A casa, per terra".

Io: "La portava forse in giro con sé?"[28]

Hans: "No! Se adesso andiamo a Gmunden anche Hanna viaggerà nella cassa".

Io: "Come ha fatto ad uscire dalla cassa?"

Hans: "Qualcuno l'ha fatta uscire".

Io: "La mami?"

Hans: "Io e la mami, poi siamo saliti sulla carrozza, e Hanna è montata sul cavallo e il cocchiere ha detto: 'Arri!' Il cocchiere era a cassetta. C'eri anche tu? Lo sa perfino la mami. La mami non lo sa, se l'è di nuovo dimenticato, ma non le dire niente!"

"Mi faccio ripetere tutto."

Hans: "Poi Hanna è scesa".

Io: "Non sapeva ancora camminare per niente".

Hans: "L'abbiamo presa giù noi".

Io: "Come ha fatto a sedersi sul cavallo, l'anno scorso non riusciva a stare seduta".

Hans: "Oh, sì, stava già seduta e ha urlato: "Arri!" e ha frustato arri!, arri!, col frustino che prima avevo io. Il cavallo non aveva staffe e Hanna ha cavalcato. Papi, ma non per scherzo, davvero".

Cosa significa questa insensatezza sostenuta caparbiamente? Oh, non è un'insensatezza, è una parodia, con la quale Hans si vendica sul padre. Non significa nient'altro che: "*Siccome tu pretendi che io creda alla storia che sarebbe stata la cicogna a portare Hanna a ottobre, mentre avevo notato il pancione della mamma già in estate, quando siamo andati a Gmunden, io posso esigere che tu creda alle mie bugie*. Che altro può significare l'affermazione che Hanna

[28] La cassa è, naturalmente, il ventre materno. Il padre vuol far capire a Hans che lui intende questo. Anche lo scrigno in cui vengono esposti gli eroi del mito, da re Sargon di Agade in poi, non è che questo. (Aggiunta del 1923): Cfr. Rank, *Der Mythus von der Geburt des Helden*, 1909.

schon im vorigen Sommer „in der Kiste“ nach Gmunden mitgefahren ist, anderes bedeuten als sein Wissen um die Gravididät der Mutter? Daß er die Wiederholung dieser Fahrt in der Kiste für jedes folgende Jahr in Aussicht stellt, entspricht einer häufigen Form des Auftauchens eines unbewußten Gedankens aus der Vergangenheit, oder es hat spezielle Gründe und drückt seine Angst aus, eine solche Gravididät zur nächsten Sommerreise wiederholt zu sehen. Wir haben jetzt auch erfahren, durch welchen Zusammenhang ihm die Reise nach Gmunden verleidet war, was seine zweite Phantasie andeutete.

„Später frage ich ihn, wie die Hanna nach ihrer Geburt eigentlich ins Bett der Mama gekommen ist.“

Da kann er nun loslegen und den Vater „frotzeln.“

Hans: „Die Hanna ist halt gekommen. Die Frau Kraus (die Hebamme) hat sie ins Bett gelegt. Sie hat ja nicht gehen können. Aber der Storch hat sie im Schnabel getragen. Gehen hat sie ja nicht können. (In einem Zuge fortfahrend). Der Storch ist bis im Gang gegangen auf der Stiegen und dann hat er geklopft und da haben alle geschlafen und er hat den richtigen Schlüssel gehabt und hat aufgesperrt und hat die Hanna in dein[27] Bett gelegt und die Mammi hat geschlafen — nein, der Storch hat sie in ihr Bett gelegt. Es war schon ganz Nacht, und dann hat sie der Storch ganz ruhig ins Bett gelegt, hat gar nicht gestrampelt, und dann hat er sich den Hut genommen, und dann ist er wieder weggegangen. Nein, Hut hat er nicht gehabt.“

Ich: „Wer hat sich den Hut genommen? Der Doktor vielleicht?“

Hans: „Dann ist der Storch weggegangen, nach Hause gegangen und dann hat er angeläutet und alle Leute im Hause haben nicht mehr geschlafen. Aber erzähl’ das nicht der Mammi und der Tinni (der Köchin). Das ist Geheimnis!“

Ich: „Hast du die Hanna gerne?“

Hans: „O ja, sehr gerne.“

Ich: „Wäre es dir lieber, wenn die Hanna nicht auf die Welt gekommen wäre, oder ist es dir lieber, daß sie auf der Welt ist?“

Hans: „Mir wär’ lieber, daß sie nicht auf die Welt gekommen wär’.“

[27] Hohn natürlich! Sowie die spätere Bitte, der Mama nichts von dem Geheimnis zu verraten.

l'estate prima era già andata con loro a Gmunden "nella cassa" se non che si era reso conto della gravidanza della mamma? Che lui prospetti la ripetizione di questo viaggio nella cassa per ogni anno successivo, corrisponde alla forma che frequentemente assume l'emersione dal passato di un pensiero inconscio, oppure ha ragioni precise, ed esprime la paura di assistere nuovamente, durante il viaggio dell'estate successiva, al fenomeno di una gravidanza. Adesso abbiamo anche capito qual era il contesto che gli aveva rovinato il viaggio a Gmunden, alluso dalla sua seconda fantasia.

"Più tardi gli chiedo come Hanna, di fatto, sia arrivata nel letto della mamma dopo la nascita."

Ora può davvero mettersi a "sfottere" il padre.

Hans: "Hanna è semplicemente venuta. La signora Kraus (l'ostetrica) l'ha messa nel letto. Lei non sapeva camminare. Ma la cicogna l'ha trasportata nel becco. Camminare non sapeva di certo. (Facendo tutta una tirata.) La cicogna si è avviata su per le scale e poi ha bussato e tutti dormivano e aveva la chiave giusta e ha aperto e ha messo Hanna nel tuo[29] letto e la mami dormiva – no, la cicogna l'ha lasciata nel suo letto. Era ancora notte fonda e allora la cicogna l'ha messa nel letto tutta tranquilla, non ha affatto sgambettato e allora lei si è presa il cappello e se ne è riandata. No, il cappello non ce l'aveva".

Io: "Chi si è preso il cappello? Il dottore forse?"

Hans: "Allora la cicogna è andata via, è andata a casa, e poi ha suonato e tutta la gente in casa non ha più dormito. Ma non lo raccontare alla mami o a Tinni (la cuoca). È un segreto!"

Io: "Vuoi bene a Hanna?"

Hans: "Oh sì, molto".

Io: "Avresti preferito che Hanna non fosse venuta al mondo o preferisci che ci sia?"

Hans: "Avrei preferito che non ci fosse".

[29] Una beffa, naturalmente! Come la successiva preghiera di non rivelare alla mamma niente del segreto.

Ich: „Warum?“

Hans: „Wenigstens schreit sie nicht so und ich kann das Schreien nicht aushalten.“

Ich: „Du schreist ja selbst.“

Hans: „Die Hanna schreit ja auch.“

Ich: „Warum kannst du es nicht aushalten?“

Hans: „Weil sie so stark schreit.“

Ich: „Aber sie schreit ja gar nicht.“

Hans: „Wenn man sie am nackten Popo haut, dann schreit sie.“

Ich: „Hast du sie einmal gehaut?“

Hans: „Wenn die Mammi sie auf den Popo haut, dann schreit sie.“

Ich: „Das hast du nicht gerne?“

Hans: „Nein . . . Warum? Weil sie so einen Krawall macht mit dem Schreien.“

Ich: „Wenn du lieber hättest, daß sie nicht auf der Welt wär,' hast du sie ja gar nicht gern.“

Hans: „Hm, hm (zustimmend).“

Ich: „Deshalb hast du gedacht, wenn die Mammi sie badet, wenn sie die Hände weggeben möcht', dann möchte sie ins Wasser fallen . . .“

Hans (ergänzt): — „und sterben.“

Ich: „Und du wärst dann allein mit der Mammi. Und ein braver Bub' wünscht das doch nicht.“

Hans: „*Aber denken darf er's.*“

Ich: „Das ist aber nicht gut.“

Hans: „*Wenn er's denken tut, ist es doch gut, damit man's dem Professor schreibt.*“[28]

„Später sag' ich ihm: „Weißt du, wenn die Hanna größer sein wird und wird sprechen können, wirst du sie schon lieber haben.“

Hans: „O nein. Ich hab' sie ja lieb. Wenn sie im Herbst groß sein wird, werd' ich mit ihr ganz allein in den Stadtpark gehen und werd' ihr alles erklären.“

„Wie ich mit einer weiteren Aufklärung anfangen will, unterbricht er mich, wahrscheinlich, um mir zu erklären, daß es nicht so schlimm ist, wenn er der Hanna den Tod wünscht.“

[28] Wacker, kleiner Hans! Ich wünschte mir bei keinem Erwachsenen ein besseres Verständnis der Psychoanalyse.

Io: "Perché?"

Hans: "Almeno non strillerebbe così, io non posso sopportare gli strilli".

Io: "Tu stesso strilli".

Hans: "Anche Hanna strilla".

Io: "Perché non puoi sopportare la cosa?"

Hans: "Perché lei urla così forte".

Io: "Ma non urla affatto".

Hans: "Quando la si picchia sul popò nudo, allora urla".

Io: "L'hai picchiata qualche volta?

Hans: "Quando la mami la picchia sul popò, lei grida".

Io: "Questo ti fa piacere?"

Hans: "No... perché? Fa un tale baccano quando strilla".

Io: "Se preferiresti che lei non fosse al mondo, non le vuoi affatto bene".

Hans: "Hm, hm (approvando)".

Io: "Per questo hai pensato che se la mami, quando la lava, lasciasse le mani, lei cadrebbe nell'acqua..."

Hans (completa): – "e morirebbe".

Io: "E allora tu saresti solo con la mami. E un bravo bambino non desidera questo".

Hans: "*Ma pensarlo può*".

Io: "Questo però non va bene".

Hans: "*Se lo fa nel pensiero va bene, perché serve per scriverlo al Professore*".[30]

"Più tardi gli dico: 'Sai, quando Hanna sarà più grande e saprà parlare, le vorrai già più bene'."

Hans: "O no. Io le voglio già bene. Quando in autunno sarà grande, andrò tutto solo nel parco con lei e le spiegherò tutto".

"Quando sto per incominciare un'altra spiegazione mi interrompe, probabilmente per spiegarmi che non è così cattivo se desidera la morte di Hanna."

[30] Bravo, piccolo Hans! Da nessun adulto potrei augurarmi una migliore comprensione della psicoanalisi.

Hans: „Du, sie war doch schon längst auf der Welt, auch wie sie noch nicht da war. Beim Storche war sie doch arch auf der Welt."

Ich: „Nein, beim Storche war sie vielleicht doch nicht."

Hans: „Wer hat sie denn gebracht? Der Storch hat sie gehabt."

Ich: „Woher hat er sie denn gebracht?"

Hans: „Na, von ihm."

Ich: „Wo hat er sie denn gehabt?"

Hans: „In der Kiste, in der Storchenkiste."

Ich: „Wie sieht denn die Kiste aus?"

Hans: „Rot. Rot angestrichen." (Blut?)

Ich: „Wer hat dir's denn gesagt?"

Hans: „Die Mammi — ich hab' mir's gedacht — im Buche steht's."

Ich: „In welchem Buche?"

Hans: „Im Bilderbuche." (Ich lasse mir sein erstes Bilderbuch bringen. Dort ist ein Storchennest mit Störchen abgebildet auf einem roten Kamin. Das ist die Kiste; sonderbarerweise ist auf demselben Blatt ein Pferd zu sehen, das beschlagen wird. In die Kiste verlegt Hans die Kinder, da er sie im Neste nicht findet).

Ich: „Was hat denn der Storch mit ihr gemacht?"

Hans: „Dann hat er die Hanna hergebracht. Im Schnabel. Weißt, der Storch, der in Schönbrunn ist, der in den Schirm beißt." (Reminiszenz an einen kleinen Vorfall in Schönbrunn).

Ich: „Hast du gesehen, wie der Storch die Hanna gebracht hat?"

Hans: „Du, da hab' ich doch noch geschlafen. In der Früh kann kein Storch ein Mäderl oder einen Buben bringen."

Ich: „Warum?"

Hans: „Das kann er nicht. Das kann ein Storch nicht. Weißt warum? Daß die Leute nicht sehen, und auf einmal, wenn Früh ist, ist ein Mädel da."[29]

Ich: „Du warst aber damals doch neugierig, wie das der Storch gemacht hat?"

[29] Man halte sich über Hansens Inkonsequenz nicht auf. Im vorigen Gespräch ist der Unglaube an den Storch aus seinem Unbewußten zum Vorschein gekommen, der mit seiner Erbitterung gegen den geheimtuerischen Vater verknüpft war. Jetzt ist er ruhiger geworden und antwortet mit offiziellen Gedanken, in denen er sich für die vielen mit der Storchhypothese verbundenen Schwierigkeiten Erklärungen zurecht gemacht hat.

Hans: "Senti, era già da tempo al mondo, anche quando non era ancora nata. Anche dalla cicogna era al mondo".

Io: "No, dalla cicogna forse non c'era".

Hans: "E chi l'ha portata allora? La cicogna ce l'aveva".

Io: "E da dove l'ha portata?"

Hans: "Beh! Da dove è lei".

Io: "E dove ce l'aveva?"

Hans: "Nella cassa, nella *cassa della cicogna*".

Io: "Come è fatta questa cassa?"

Hans: "Rossa. Tinta di rosso". (Sangue?)

Io: "Chi te l'ha detto?"

Hans: "La mami – l'ho pensato io – c'è nel libro".

Io: "In quale libro?"

Hans: "Nel libro delle figure". (Mi faccio portare il suo primo libro illustrato. C'è raffigurato un nido di cicogna, con la cicogna, sopra a un camino rosso. È la cassa; sorprendentemente, sulla stessa pagina, si vede un cavallo che viene ferrato. Hans trasferisce i bambini nella cassa, perché non li trova nel nido.)

Io: "Cosa ne ha fatto di lei la cicogna?"

Hans: "Dopo l'ha portata. Nel becco. Sai, la cicogna che c'è a Schönbrunn, che becchetta l'ombrello". (Reminiscenza di un piccolo episodio avvenuto a Schönbrunn.)

Io: "Hai visto portare Hanna dalla cicogna?"

Hans: "Senti, stavo ancora dormendo. La mattina presto nessuna cicogna può portare una ragazzina o un bimbo".

Io: "Perché?"

Hans: "Non può farlo. Una cicogna non può farlo. Sai perché? La gente non vede e all'improvviso, quando è mattina, ecco che c'è una ragazzina".[31]

Io: "Ma un tempo eri curioso di sapere come aveva fatto a far questo la cicogna?"

[31] Non bisogna fermarsi sull'incoerenza di Hans. Nel colloquio precedente l'incredulità sulla cicogna è emersa dal suo inconscio, collegandosi all'astio contro il padre che faceva il misterioso. Ora si è calmato e risponde con pensieri ufficiali in cui si è dato delle spiegazioni alle molte difficoltà connesse con l'ipotesi della cicogna.

Hans: „O ja!"

Ich: „Wie hat die Hanna ausgesehen, wie sie gekommen ist?"

Hans (falsch): „Ganz weiß und lieb. Wie goldig."

Ich: „Wie du sie aber das erstemal gesehen hast, hat sie dir aber nicht gefallen."

Hans: „O sehr!"

Ich: „Du warst doch überrascht, daß sie so klein ist?"

Hans: „Ja!"

Ich: „Wie klein war sie?"

Hans: „Wie ein junger Storch."

Ich: „Wie war's noch? Wie ein Lumpf vielleicht?"

Hans: „O nein, ein Lumpf ist viel größer . . . bissel kleiner, wie die Hanna wirklich."

Ich hatte dem Vater vorhergesagt, daß die Phobie des Kleinen sich auf die Gedanken und Wünsche aus Anlaß der Geburt des Schwesterchens werde zurückführen lassen, aber ich hatte versäumt, ihn aufmerksam zu machen, daß ein Kind ein „Lumpf" für die infantile Sexualtheorie sei, so daß Hans den Exkrementalkomplex passieren werde. Aus dieser meiner Nachlässigkeit entsprang die zeitweise Verdunkelung der Kur. Jetzt nach erfolgter Klärung versucht der Vater, Hans über diesen wichtigen Punkt ein zweitesmal zu vernehmen.

„Am nächsten Tage lasse ich mir die gestern erzählte Geschichte nochmals wiederholen. Hans erzählt: „Die Hanna ist in der großen Kiste nach Gmunden gefahren, und die Mammi im Coupé und die Hanna ist im Lastzuge mit der Kiste gefahren, und dann, wie wir in Gmunden waren, haben ich und die Mammi die Hanna herausgehoben, haben sie aufs Pferd gesetzt. Der Kutscher war am Bocke und die Hanna hat die vorige (vorjährige) Peitsche gehabt und hat das Pferd gepeitscht und hat immer gesagt: „Hüoh", und das war immer lustig, und der Kutscher hat auch gepeitscht. — Der Kutscher hat gar nicht gepeitscht, weil die Hanna die Peitsche gehabt hat. — Der Kutscher hat die Zügel gehabt — auch die Zügel hat die Hanna gehabt (wir sind jedesmal mit einem Wagen von der Bahn zum Hause gefahren; Hans sucht hier Wirklichkeit und Phantasie in Übereinstimmung zu bringen). In Gmunden haben wir die Hanna vom Pferde heruntergehoben, und

Hans: "Oh, sì!"

Io: "Com'era Hanna quando è arrivata?"

Hans (falsamente): "Tutta bianca e carina. Un tesoro".

Io: "Ma quando l'hai vista la prima volta non ti è piaciuta".

Hans: "Oh, molto!"

Io: "Eri stupito che fosse così piccola?"

Hans: "Sì!"

Io: "Quanto era piccola?"

Hans: "Come una cicogna giovane".

Io: "E com'altro ancora? Come una cacchetta forse?"

Hans: "Oh, no, una cacchetta è molto più grossa... un pochettino più piccola, come Hanna in realtà".

Avevo predetto al padre che la fobia del bambino sarebbe stata riconducibile ai pensieri e desideri causati dalla nascita della sorella, ma avevo trascurato di fargli sapere che per la teoria sessuale infantile un bambino è una "cacchetta", per cui Hans avrebbe attraversato la fase escrementizia. A questa mia negligenza è dovuta la temporanea oscurità della cura. Adesso, dopo la spiegazione avuta, il padre tenta di interrogare una seconda volta Hans su questo importante punto.

"Il giorno successivo mi faccio ripetere ancora una volta la storia raccontata il giorno precedente. Hans: "Hanna è andata a Gmunden nella grossa cassa e la mami nello scompartimento; Hanna ha viaggiato nel treno merci con la cassa e poi, quando siamo arrivati a Gmunden io e la mamma abbiamo tirato fuori Hanna, l'abbiamo messa a sedere sul cavallo. Il cocchiere era a cassetta e Hanna aveva il frustino di prima (dell'anno prima) e ha frustato il cavallo dicendo sempre 'arri!' e questo era divertente, e anche il cocchiere ha frustato. – Il cocchiere non ha affatto frustato, perché il frustino ce l'aveva Hanna. – Il cocchiere aveva le briglie – Hanna ha avuto anche le briglie (siamo sempre andati dalla stazione a casa con una carrozza; Hans qui cerca di far concordare fantasia e realtà). A Gmunden abbiamo fatto scendere Hanna dal cavallo ed è salita da sola

sie ist allein über die Stiege gegangen.“ (Als Hanna voriges Jahr in Gmunden war, war sie 8 Monate alt. Ein Jahr früher, worauf sich offenbar Hans' Phantasie bezieht, waren bei der Ankunft in Gmunden 5 Monate der Gravidität verstrichen.)

Ich: „Das vorige Jahr war die Hanna schon da.“

Hans: „Voriges Jahr ist sie im Wagen gefahren, aber ein Jahr vorher, wie sie bei uns auf der Welt war . . .“

Ich: „Bei uns war sie schon?“

Hans: „Ja, du bist doch schon immer gekommen, mit mir Schinakel zu fahren, und die Anna hat dich bedient.“

Ich: „Das war aber nicht voriges Jahr, da war die Hanna noch gar nicht auf der Welt.“

Hans: „Ja, da war sie auf der Welt. Wie sie erst in der Kiste gefahren ist, hat sie schon laufen können, schon ‚Anna‘ sagen.“ (Das kann sie erst seit 4 Monaten).

Ich: „Aber da war sie doch noch gar nicht bei uns.“

Hans: „O ja, da war sie doch beim Storche.“

Ich: „Wie alt ist denn die Hanna?“

Hans: „Sie wird im Herbste 2 Jahre. Die Hanna war doch da, du weißt es doch.“

Ich: „Und wann war sie beim Storche in der Storchenkiste?“

Hans: „Schon lange, bevor sie in der Kiste gefahren ist. Schon sehr lange.“

Ich: „Wie lange kann denn die Hanna gehen? Wie sie in Gmunden war, hat sie noch nicht gehen können.“

Hans: „Voriges Jahr nicht, sonst schon.“

Ich: „Die Hanna war doch nur einmal in Gmunden.“

Hans: „Nein! Sie war zweimal; ja, das ist richtig. Ich kann mich sehr gut erinnern. Frag' nur die Mammi. die wird dir's schon sagen.“

Ich: „Das ist doch nicht wahr.“

Hans: „Ja, das ist wahr. Wie sie in Gmunden das erstemal war, hat sie gehen und reiten können und später hat man sie tragen müssen. — Nein, später ist sie erst geritten und voriges Jahr hat man sie tragen müssen.“

Ich: „Sie geht aber doch erst ganz kurze Zeit. In Gmunden hat sie nicht gehen können.“

Hans: „Ja, schreib's nur auf. Ich kann mich ganz gut erinnern. — Warum lachst du?“

per le scale." (L'anno scorso, a Gmunden, Hanna aveva 8 mesi. L'anno precedente, al quale chiaramente la fantasia di Hans si riferisce, all'arrivo a Gmunden erano trascorsi 5 mesi di gravidanza.)

Io: "L'anno scorso Hanna c'era già".

Hans: "L'anno scorso ha viaggiato in carrozza, ma l'anno ancora prima, quando era al mondo con noi..."

Io: "Era già con noi?"

Hans: "Sì, che tu venivi sempre per andare in barchetta con me e Anna ti faceva i servizi".

Io: "Ma non era quell'anno, allora Hanna non era affatto al mondo".

Hans: "*Sì era al mondo*. Appena ha viaggiato nella cassa, sapeva già correre, già dire 'Anna'. (Questo l'ha fatto a partire dai quattro mesi.)

Io: "Ma allora non era affatto con noi".

Hans: "Oh sì, era dalla cicogna".

Io: "E quanto ha allora Hanna?"

Hans: "Avrà due anni in autunno. Hanna c'era, lo sai bene".

Io: "E da quanto era dalla cicogna, nella cassa della cicogna?"

Hans: "Già da tanto. Da prima che viaggiasse nella cassa. Già da tantissimo".

Io: "Da quanto sa camminare Hanna? Quando era a Gmunden non sapeva ancora camminare".

Hans: "L'anno scorso no, prima sì".

Io: "Hanna è stata solo una volta a Gmunden".

Hans: "No! C'è stata due volte; sì, è giusto. Me lo ricordo benissimo. Chiedi pure alla mami, te lo dirà".

Io: "Questo non è vero".

Hans: "Sì, è vero. La prima volta che è stata a Gmunden sapeva camminare e cavalcare e dopo la si è dovuta portare".

Io: "Cammina solo da pochissimo. A Gmunden non sapeva camminare".

Hans: "Sì, scrivi solo questo. Mi ricordo benissimo. Perché ridi?"

Ich: „Weil du ein Schwindler bist, weil du ganz gut weißt, daß die Hanna nur einmal in Gmunden war."

Hans: „Nein, das ist nicht wahr. Das erstemal ist sie auf dem Pferde geritten ... und das zweitemal (wird offenbar unsicher)."

Ich: „War das Pferd vielleicht die Mammi?"

Hans: „Nein, ein wirkliches Pferd, beim Einspänner."

Ich: „Wir sind doch immer mit einem Zweispänner gefahren."

Hans: „So war's halt ein Fiaker."

Ich: „Was hat die Hanna in der Kiste gegessen?"

Hans: „Man hat ihr ein Butterbrot und Hering und Rettig (ein Gmundner Nachtmahl) hineingegeben, und daweil die Hanna gefahren ist, hat sie sich das Butterbrot aufgeschmiert und hat 50mal gegessen."

Ich: „Hat die Hanna nicht geschrien?"

Hans: „Nein!"

Ich: „Was hat sie denn gemacht?"

Hans: „Ganz ruhig d'rin gesessen."

Ich: „Hat sie nicht gestoßen?"

Hans: „Nein, sie hat fortwährend gegessen und hat sich nicht einmal gerührt. Zwei große Häfen Kaffee hat sie ausgetrunken — bis in der Früh war alles weg und den Mist hat sie in der Kiste gelassen, die Blätter von den zwei Rettigen und ein Messer zum Rettigschneiden; sie hat alles zusammengeputzt wie ein Has', in einer Minute und sie war fertig. Das war eine Hetz'. Ich und die Hanna bin sogar mitgefahren in der Kiste, ich hab' in der Kiste geschlafen die ganze Nacht (wir sind vor 2 Jahren tatsächlich in der Nacht nach Gmunden gefahren) und die Mammi ist im Coupé gefahren. Immer haben wir gegessen auch im Wagen, das war eine Gaude. — Sie ist gar nicht am Pferde geritten (er ist jetzt unsicher geworden, weil er weiß, daß wir im Zweispänner gefahren sind) ... sie ist im Wagen gesessen. Das ist das Richtige, aber ganz allein bin ich und die Hanna gefahren ... die Mammi ist auf dem Pferde geritten, die Karolin' (unser Mädchen vom vorigen Jahre) auf dem andern ... Du, was ich dir da erzähl', ist nicht einmal wahr."

Ich: „Was ist nicht wahr?"

Hans: „Alles nicht. Du, wir setzen sie und mich in die

Io: "Perché sei un imbroglione, perché sai benissimo che Hanna è stata a Gmunden una sola volta".

Hans: "No, non è vero. La prima volta è andata a cavallo... e la seconda volta (diventa chiaramente incerto)".

Io: "Il cavallo era forse la mami?"

Hans: "No, era un cavallo vero, con una carrozza a un tiro".

Io: "Siamo sempre andati con una carrozza a due cavalli".

Hans: "Allora era semplicemente un fiacchere".

Io: "Cosa mangiava Hanna nella cassa?"

Hans: "Gli è stato messo dentro pane imburrato e aringa e ravanelli (una cena che facevamo a Gmunden), e siccome Hanna ha viaggiato, si è spalmata il pane e burro e ha mangiato cinquanta volte".

Io: "Non ha urlato Hanna?"

Hans: "No!"

Io: "Allora cos'ha fatto?"

Hans: "Ha mangiato lì dentro tutta calma".

Io: "Non dava colpi?"

Hans: "No, ha mangiato di continuo e non si è mossa. Ha svuotato due grossi boccali di caffè finché alla mattina presto tutto era finito e ha lasciato gli scarti nella cassa: le foglie dei due ravanelli e un coltello per tagliare ravanelli. Ha ripulito tutto, come una lepre, un minuto, ed era pronta. Era una furia. Io e Hanna abbiamo anche viaggiato insieme nella cassa, io ho dormito tutta la notte nella cassa (due anni fa siamo effettivamente andati a Gmunden di notte) e la mami ha viaggiato nello scompartimento. Abbiamo anche sempre mangiato in carrozza, era uno spasso. – Non è affatto andata a cavallo (adesso è diventato incerto, perché sa che siamo andati con una carrozza a due tiri)... si è seduta nella carrozza. Questa è la verità, ma io e Hanna abbiamo viaggiato tutti soli... la mamma era sul cavallo, Carolina (la ragazza dello scorso anno) sull'altro... Senti, quello che ti racconto non è vero".

Io: "Che cosa non è vero?"

Hans: "Tutto. Senti, mettiamo lei e me nella cassa[32] e io

[32] La cassa del bagaglio per andare a Gmunden, che sta nell'ingresso.

Kiste[30] und ich werde in die Kiste Wiwi machen. Ich werd' halt in die Hosen Wiwi machen, liegt mir gar nichts d'ran, ist gar keine Schand'. Du, das ist aber kein Spaß, aber lustig ist es schon!"

„Er erzählt dann die Geschichte, wie der Storch gekommen ist, wie gestern, nur nicht, daß er beim Weggehen den Hut genommen hat."

Ich: „Wo hat der Storch den Türschlüssel gehabt?"

Hans: „In der Tasche."

Ich: „Wo hat denn der Storch eine Tasche?"

Hans: „Im Schnabel."

Ich: „Im Schnabel hat er ihn gehabt! Ich hab' noch keinen Storch gesehen, der einen Schlüssel im Schnabel gehabt hat."

Hans: „Wie hat er denn hineinkommen können? Wie kommt denn der Storch von der Tür hinein? Das ist ja nicht wahr, ich hab' mich nur geirrt, der Storch läutet an und jemand macht auf."

Ich: „Wie läutet er denn?"

Hans: „Auf der Glocke."

Ich: „Wie macht er das?"

Hans: „Er nimmt den Schnabel und drückt mit dem Schnabel an."

Ich: „Und er hat die Tür wieder zugemacht?"

Hans: „Nein, ein Dienstmädchen hat sie zugemacht Die war ja schon auf, die hat ihm aufgemacht und zugemacht."

Ich: „Wo ist der Storch zu Hause?"

Hans: „Wo? In der Kiste, wo er die Mäderl hat. In Schönbrunn vielleicht."

Ich: „Ich hab' in Schönbrunn keine Kiste gesehen."

Hani: „Die wird halt weiter weg sein. — Weißt, wie der Storch die Kiste aufmacht? Er nimmt den Schnabel — die Kiste hat auch einen Schlüssel — er nimmt den Schabel und eins (eine Schnabelhälfte) läßt er auf und sperrt so auf (demonstriert es mir am Schreibtischschlosse). Das ist ja auch ein Henkel."

Ich: „Ist so ein Mäderl nicht zu schwer für ihn?"

Hans: „O nein!"

Ich: „Du, sieht ein Stellwagen nicht wie eine Storchenkiste aus?"

[30] Die Kiste für das Gmundner Gepäck, die im Vorzimmer steht.

farò vivì nella cassa. Farò vivì solo nei pantaloni, non me ne importa niente, non è affatto una vergogna. Senti, non è uno scherzo, però è divertente!"

"Racconta la storia di come è arrivata la cicogna allo stesso modo di ieri, solo senza il particolare del cappello che avrebbe preso prima di andar via."

Io: "Dov'è che la cicogna aveva la chiave della porta?"

Hans: "In tasca".

Io: "E dove ha una tasca la cicogna?"

Hans: "Nel becco".

Io: "Nel becco ce l'aveva! Non ho ancora mai visto una cicogna con una chiave nel becco".

Hans: "Sennò come avrebbe potuto entrare? Come entra la cicogna dalla porta? Non è vero, mi sono sbagliato, la cicogna suona e qualcuno apre".

Io: "Come suona?"

Hans: "Al campanello".

Io: "Ma come lo fa?"

Hans: "Prende il becco e pigia".

Io: "E ha richiuso la porta?"

Hans: "No, l'ha chiusa una cameriera. Lei era già alzata e le ha aperto e chiuso".

Io: "Dove ha la casa la cicogna?"

Hans: "Dove? Nella cassa dove tiene le bambine. Forse a Schönbrunn".

Io: "A Schönbrunn non ho visto nessuna cassa".

Hans: "Magari è di nuovo via. – Sai come apre la cassa la cicogna? Prende il becco – la cassa ha anche una chiave – prende il becco e uno (una metà del becco) lo lascia alzato e spalanca così (fa una dimostrazione con la serratura della scrivania). È anche una maniglia".

Io: "Una bambina così non è troppo pesante per lei?"

Hans: "Oh no!"

Io: "Senti, un omnibus non assomiglia a una cassa della cicogna?"

Hans: „Ja!"
Ich: „Und ein Möbelwagen?"
Hans: „Ein Gsindelwerkwagen (Gsindelwerk: Schimpfwort für unartige Kinder) auch."

„17. April. Gestern hat Hans seinen lange geplanten Vorsatz ausgeführt und ist in den Hof vis-à-vis hinübergegangen. Heute wollte er es nicht tun, weil gerade gegenüber dem Einfahrtstore ein Wagen an der Ausladerampe stand. Er sagte mir: „Wenn dort ein Wagen steht, so fürcht' ich mich, daß ich die Pferde necken werde und sie fallen um und machen mit den Füßen Krawall."
Ich: „Wie neckt man denn Pferde?"
Hans: „Wenn man mit ihnen schimpft, dann neckt man sie, wenn man Hühü schreit."[31]
Ich: „Hast du Pferde schon geneckt?"
Hans: „Ja, schon öfter. Fürchten tu ich mich, daß ich's tu, aber wahr ist es nicht."
Ich: „Hast du schon in Gmunden Pferde geneckt?"
Hans: „Nein!"
Ich: „Du neckst aber gerne Pferde?"
Hans: „O ja, sehr gerne!"
Ich: „Möchtest du sie gerne peitschen?"
Hans: „Ja!"
Ich: „Möchtest du die Pferde so schlagen, wie die Mammi die Hanna? Das hast du ja auch gerne."
Hans: „Den Pferden schadet es ja nichts, wenn man sie schlägt. (So hab' ich ihm seinerzeit gesagt, um seine Furcht vor dem Peitschen der Pferde zu mäßigen). Ich hab's einmal wirklich getan. Ich hab' einmal die Peitsche gehabt und hab' das Pferd gepeitscht und es ist umgefallen und hat mit den Füßen Krawall gemacht."
Ich: „Wann?"
Hans: „In Gmunden."
Ich: „Ein wirkliches Pferd? Das am Wagen angespannt war?"

[31] „Es hat ihm oft große Furcht eingejagt, wenn Kutscher die Pferde schlugen und Hü schrien."

Hans: "Sì!"

Io: "E un carro da traslochi?"

Hans: "Anche un carro di opera di canaglia (opera di canaglia: parolaccia che sta per 'bambini maleducati')".

"17 aprile. Ieri Hans ha realizzato il proposito, a lungo inseguito, di andare al di là della strada, nel cortile di fronte. Oggi non l'ha voluto fare perché proprio davanti al portone d'ingresso c'era un carro fermo alla rampa di carico. Mi ha detto: 'Quando lì c'è un carro, ho paura di punzecchiare i cavalli, che poi cadono e fanno baccano con i piedi'.

Io: "Come si punzecchiano i cavalli?"

Hans: "Quando si sgridano, si punzecchiano, quando si urla 'arri!'"[33]

Io: "Hai già punzecchiato cavalli?"

Hans: "Sì, spesso. Mi vien da farlo, ma non per davvero".

Io: "A Gmunden hai già punzecchiato cavalli?"

Hans: "No!"

Io: "Ma li punzecchieresti?"

Hans: "Oh sì, molto volentieri!"

Io: "Li frusteresti volentieri?"

Hans: "Sì!"

Io: "Picchieresti i cavalli come la mami fa con Hanna? Anche questo ti fa piacere".

Hans: "Ai cavalli non fa niente se li si picchiano. (Così gli avevo detto a suo tempo, per diminuire la sua paura delle frustate ai cavalli.) Una volta l'ho fatto davvero. Una volta ho avuto il frustino e ho frustato il cavallo ed è caduto e ha fatto baccano con i piedi".

Io: "Quando?"

Hans: "A Gmunden".

Io: "Un cavallo vero? Che era attaccato alla carrozza?"

[33] "Aveva spesso avuto grande paura quando i vetturini picchiavano i cavalli gridando "arri!".

Hans: „Es war außer'm Wagen."

Ich: „Wo war's denn?"

Hans: „Ich hab's halt gehalten, daß es nicht davonrennen soll." (Das klang natürlich alles unwahrscheinlich)."

Ich: „Wo war das?"

Hans: „Beim Brunnen."

Ich: „Wer hat's dir erlaubt? Hat's der Kutscher dort stehen lassen?"

Hans: „Halt ein Pferd vom Stalle."

Ich: „Wie ist es zum Brunnen gekommen?"

Hans: „Ich hab's hingeführt."

Ich: „Woher? Aus dem Stalle?"

Hans: „Ich hab's herausgeführt, weil ich es hab' wollen peitschen."

Ich: „War im Stalle niemand?"

Hans: „O ja, der Loisl (der Kutscher in Gmunden)."

Ich: „Hat er dir's erlaubt?"

Hans: „Ich hab' mit ihm lieb geredet und er hat gesagt, ich darf es tun."

Ich: „Was hast du ihm gesagt?"

Hans: „Ob ich das Pferd nehmen darf und peitschen und schreien. Er hat gesagt, ja."

Ich: „Hast du's viel gepeitscht?"

Hans: „Was ich dir da erzähl', ist gar nicht wahr."

Ich: „Was ist davon wahr?"

Hans: „Nix ist davon wahr, das hab' ich dir nur im Spaße erzählt."

Ich: „Du hast nie ein Pferd aus dem Stalle geführt?"

Hans: „O nein!"

Ich: „Gewünscht hast du dir's."

Hans: „O, gewünscht schon, gedacht hab' ich mir's."

Ich: „In Gmunden?"

Hans: „Nein, erst hier. In der Früh hab' ich mir's schon gedacht, wie ich ganz angezogen war; nein, in der Früh im Bette."

Ich: „Warum hast du mir's nie erzählt?"

Hans: „Ich hab' nicht d'ran gedacht."

Ich: „Du hast dir's gedacht, weil du auf die Straßen gesehen hast."

Hans: "Era staccato dalla carrozza".

Io: "Dov'era allora?"

Hans: "L'ho semplicemente tenuto perché non scappasse via". (Tutto questo naturalmente suona inverosimile.)

Io: "Dove è accaduto?"

Hans: "Alla fontana".

Io: "Chi ti ha dato il permesso? Ce lo ha lasciato il cocchiere?"

Hans: "Era solo un cavallo della stalla".

Io: "Come è arrivato alla fontana?"

Hans: "Ce l'ho portato io".

Io: "Da dove? Dalla stalla?"

Hans: "L'ho portato fuori perché volevo frustarlo".

Io: "Non c'era nessuno nella stalla?"

Hans: "Oh sì, Loisl (il cocchiere di Gmunden)".

Io: "Te lo ha permesso?"

Hans: "Gli ho parlato gentilmente e lui ha detto che potevo farlo".

Io: "Cosa gli hai detto?"

Hans: "Se potevo prendere il cavallo e frustarlo e sgridarlo. Lui ha detto di sì".

Io: "L'hai frustato molto?"

Hans: "*Quello che ti racconto non è affatto vero*".

Io: "Cosa c'è di vero?"

Hans: "Niente c'è di vero, l'ho solo raccontato per scherzo".

Io: "Non hai mai condotto un cavallo fuori dalla stalla?"

Hans: "Oh no!"

Io: "Lo hai desiderato?"

Hans: "Oh, certo l'ho desiderato, me lo sono immaginato".

Io: "A Gmunden?".

Hans: "No, soltanto qui. La mattina presto me lo sono immaginato, quando ero già tutto vestito; no, la mattina presto a letto".

Io: "Perché non me lo hai mai raccontato?"

Hans: "Non ci ho pensato".

Io: "Hai pensato questa cosa perché l'hai vista per strada?"

Hans: „Ja!"

Ich: „Wen möchtest du eigentlich gerne schlagen, die Mammi, die Hanna oder mich?"

Hans: „Die Mammi."

Ich: „Warum?"

Hans: „Ich möcht' sie halt schlagen."

Ich: „Wann hast du gesehen, daß jemand eine Mammi schlägt?"

Hans: „Ich hab's noch nie gesehen, in meinem Leben nie."

Ich: „Und du möchtest es halt doch machen. Wie möchtest du das tun?"

Hans: „Mit dem Pracker." (Mit dem Pracker droht die Mama öfter ihn zu schlagen).

„Für heute mußte ich das Gespräch abbrechen."

„Auf der Gasse erklärte mir Hans: Stellwagen, Möbelwagen, Kohlenwagen seien Storchkistenwagen."

Das heißt also: gravide Frauen. Die sadistische Anwandlung unmittelbar vorher kann nicht außer Zusammenhang mit unserem Thema sein.

„21. April. Heute Früh erzählt Hans, er habe sich gedacht: „Ein Zug war in Lainz und ich bin mit der Lainzer Großmama nach Hauptzollamt gefahren. Du warst noch nicht herunter von der Brücke und der zweite Zug war schon in St. Veit. Wie du heruntergekommen bist, war der Zug schon da und da sind wir eingestiegen."

„(Gestern war Hans in Lainz. Um auf den Einsteigeperron zu kommen, muß man über eine Brücke gehen. Von dem Perron sieht man die Schienen entlang bis zur Station St. Veit. Die Sache ist etwas undeutlich. Ursprünglich hat sich Hans wohl gedacht: er ist mit dem ersten Zuge, den ich versäumt habe, davongefahren, dann ist aus Unter-St. Veit ein zweiter Zug gekommen, mit dem ich nachgefahren bin. Ein Stück dieser Ausreißerphantasie hat er entstellt, so daß er schließlich sagt: Wir sind beide erst mit dem zweiten Zuge weggefahren."

„Diese Phantasie steht in Beziehung zu der letzten ungedeuteten, die davon handelt, wir hätten in Gmunden zuviel

Hans: "Sì!"

Io: "Chi picchieresti più volentieri, la mami, Hanna o me?"

Hans: "La mami".

Io: "Perché?"

Hans: "La vorrei semplicemente picchiare".

Io: "Hai mai visto che qualcuno picchi la mami?"

Hans: "Non l'ho mai ancora visto, nella mia vita mai".

Io: "E tu vorresti semplicemente farlo. Come lo faresti?"

Hans: "Col battipanni". (Spesso la mamma lo minaccia di picchiarlo col battipanni.)

"Per oggi devo troncare il discorso."

"Per la strada Hans mi spiega: omnibus, carri da traslochi, carri di carbone, sono carrozze di casse della cicogna."

Il che significa: donne gravide. L'impulso sadico espresso immediatamente prima non può non essere collegato con il nostro tema.

"21 aprile. Stamattina Hans racconta di aver pensato: "A Lainz c'era un treno e io, insieme con la nonna che sta a Lainz, sono andato in treno alla Dogana centrale. Tu non avevi ancora disceso la passerella e il secondo treno era già a St. Veit. Quando tu sei sceso, il treno era già lì e noi siamo saliti."

"(Ieri Hans era stato a Lainz. Per arrivare alla pensilina si deve passare sopra una passerella. Dalla pensilina, seguendo le rotaie, si vede fino alla stazione di St. Veit. La cosa è alquanto confusa. Inizialmente Hans ha immaginato questo: lui è partito con il primo treno, che io ho perso; da Unter-St. Veit è venuto un secondo treno, col quale io gli sono andato dietro. Una parte di questa fantasia di fuga l'ha alterata, per cui alla fine dice: siamo partiti entrambi solo con il secondo treno.

"Questa fantasia è in relazione all'ultima, non interpretata, il cui contenuto è che noi, arrivati alla stazione di

Zeit verbraucht, um die Kleider in der Bahn anzuziehen, und der Zug wäre davongefahren)."

„Nachmittag vor dem Haus. Hans läuft plötzlich ins Haus, als ein Wagen mit zwei Pferden kommt, an dem ich nichts Außergewöhnliches bemerken kann. Ich frage ihn, was er hat. Er sagt: „Ich fürchte mich, weil die Pferde so stolz sind, daß sie umfallen." (Die Pferde wurden vom Kutscher scharf am Zügel gehalten, so daß sie in kurzem Schritte gingen, die Köpfe hochhaltend — sie hatten wirklich einen stolzen Gang)."

„Ich frage ihn, wer denn eigentlich so stolz sei."

Er: „Du, wenn ich ins Bett zur Mammi komm'."

Ich: „Du wünschest also, ich soll umfallen?"

Er: „Ja, du sollst als Nackter (er meint: barfüßig wie seinerzeit Fritzl) auf einen Stein anstoßen und da soll Blut fließen und wenigstens kann ich mit der Mammi ein bißchen allein sein. Wenn du in die Wohnung heraufkommst, kann ich geschwind weglaufen von der Mammi, daß du's nicht siehst."

Ich: „Kannst du dich erinnern, wer sich am Steine angestoßen hat?"

Er: „Ja, der Fritzl."

Ich: „Wie der Fritzl hingefallen ist, was hast du dir gedacht?"[32]

Er: „Daß du am Steine hinfliegen sollst."

Ich: „Du möchtest also gerne zur Mammi?"

Er: „Ja!"

Ich: „Weshalb schimpf' ich denn eigentlich?"

Er: „Das weiß ich nicht." (!!)

Ich: „Warum?"

Er: „Weil du eifern tust."

Ich: „Das ist doch nicht wahr!"

Er: „Ja, das ist wahr, du tust eifern, das weiß ich. Das muß wahr sein."

„Meine Erklärung, daß nur kleine Buben zur Mammi ins Bett kommen, große in ihrem eigenen Bett schlafen, hat ihm also nicht sehr imponiert."

„Ich vermute, daß der Wunsch, das Pferd zu „necken" i. e.

[32] Fritzl ist also tatsächlich gefallen, was er seinerzeit geleugnet hat.

Gmunden, avremmo perso troppo tempo a rivestirci e il treno sarebbe ripartito.)"

"Pomeriggio davanti a casa. Hans corre improvvisamente in casa quando arriva una carrozza a due tiri, nella quale non riesco a notare niente di strano. Gli chiedo cosa gli succeda. Dice: 'Ho paura che i cavalli cadano, perché sono così fieri.' (I cavalli vengono tenuti dal cocchiere a briglia stretta per cui procedono a passi brevi, tenendo il capo ritto – hanno veramente un'andatura fiera.)"

"Gli chiedo chi sia in realtà così fiero."

Lui: "Tu, quando io vengo nel letto della mamma".

Io: "Quindi tu desideri che io cada".

Lui: "Sì, devi inciampare nudo (intende dire scalzo, come a suo tempo Fritzl) in un sasso e deve uscire il sangue, così almeno posso restare un pochino da solo con la mami. Quando tu sali in casa, io posso velocemente scappar via lontano dalla mami in modo che tu non veda".

Io: "Ti ricordi chi è inciampato in un sasso?"

Lui: "Sì, Fritzl".

Io: "Quando Fritzl è caduto, cosa hai pensato?"[34]

Lui: "Che tu devi sbattere nel sasso".

Io: "Dunque ti piacerebbe stare dalla mamma?"

Lui: "Sì!"

Io: "Allora per quale ragione ti sgrido?"

Lui: "Questo non lo so". (!!)

Io: "Perché?"

Lui: "Perché tu ti agiti".

Io: "Questo non è vero!"

Lui: "Sì, è vero, ti agiti, lo so. Deve essere vero".

"La mia spiegazione che solo i bambini piccoli vengono a letto dalla mami e quelli grandi dormono nel proprio letto non gli ha fatto effetto."

"Presumo che il desiderio di punzecchiare il cavallo,

[34] Fritzl quindi è caduto davvero, cosa che a suo tempo lui aveva negato.

schlagen, anschreien, nicht, wie er angab, auf die Mama, sondern auf mich geht. Er hat die Mama wohl nur vorgeschoben, weil er mir das andere nicht eingestehen wollte. In den letzten Tagen ist er von besonderer Zärtlichkeit gegen mich."

Mit der Überlegenheit, die man „nachträglich" so leicht erwirbt, wollen wir den Vater korrigieren, daß der Wunsch Hansens, das Pferd zu „necken", doppelt gefügt ist, zusammengesetzt aus einem dunkeln, sadistischen Gelüste auf die Mutter und einem klaren Rachedrange gegen den Vater. Der letztere konnte nicht eher reproduziert werden, als bis im Zusammenhange des Graviditätskomplexes das erstere an die Reihe gekommen war. Bei der Bildung der Phobie aus den unbewußten Gedanken findet ja eine Verdichtung statt; darum kann der Weg der Analyse niemals den Entwicklungsgang der Neurose wiederholen.

„22. April. Heute Früh hat sich Hans wieder etwas gedacht: „Ein Gassenbube ist auf dem Wagerl gefahren und der Kondukteur ist gekommen und hat den Buben ganz nackt ausgezogen und bis in der Früh dort stehen lassen und in der Früh hat der Bub dem Kondukteur 50.000 Gulden gegeben, damit er mit dem Wagerl fahren darf."

„(Vis-à-vis von uns fährt die Nordbahn. Auf einem Stockgeleise steht eine Draisine, auf der Hans einmal einen Gassenbuben fahren sah, was er auch tun wollte. Ich habe ihm gesagt, das dürfe man nicht, sonst käme der Kondukteur. Ein zweites Element der Phantasie ist der verdrängte Nacktheitswunsch)."

Wir merken schon seit einiger Zeit, daß Hansens Phantasie „im Zeichen des Verkehres" schafft und konsequenterweise vom Pferde, das den Wagen zieht, zur Eisenbahn fortschreitet. So gesellt sich ja auch zu jeder Straßenphobie mit der Zeit die Eisenbahnangst hinzu.

„Mittags höre ich, daß Hans den ganzen Vormittag mit einer Gummipuppe gespielt habe, die er Grete nannte. Er hat durch die Öffnung, in der einmal das kleine Blechpfeifchen befestigt war, ein kleines Taschenmesser hineingesteckt und ihr dann die Füße voneinander-

cioè picchiarlo, rimproverarlo gridando, non riguardi la madre, ma si riferisca a me. Ha messo avanti la mamma perché non voleva confessarmi l'altro. Negli ultimi giorni è particolarmente tenero verso di me."

Con la superiorità che ci è concessa "dal senno di poi", correggiamo il padre: il desiderio di Hans di punzecchiare il cavallo si configura in modo doppio, composto da un desiderio oscuro, di tipo sadico, verso la madre e da un chiaro impulso vendicativo diretto contro il padre. Quest'ultimo non poteva venir riprodotto fintanto che non arrivasse il turno del primo in relazione al complesso di gravidanza. Nella formazione della fobia a partire dai pensieri inconsci ha luogo un ispessimento; perciò il percorso dell'analisi non può in alcun modo ripetere l'andamento di sviluppo della nevrosi.

"22 aprile. Stamani mattina Hans ha di nuovo pensato qualcosa: un ragazzaccio di strada è andato con il vagoncino ed è arrivato il conduttore che ha spogliato tutto nudo il ragazzo e lo ha fatto restar lì fino alla mattina presto e la mattina presto il ragazzo ha dato al conduttore 50.000 fiorini per poter viaggiare con il vagoncino."

"(Di fronte a noi passa la ferrovia-Nord. Su un binario di carico c'è un carrello sul quale una volta Hans ha visto viaggiare un ragazzo di strada, cosa che anche lui voleva fare. Gli avevo detto che non si può, altrimenti arriva il conduttore. Un secondo elemento della fantasia è il desiderio di nudità rimosso.)"

Notiamo già da un po' di tempo che la fantasia di Hans crea "sotto il segno del traffico", e conseguentemente, procede dal cavallo che traina il carro alla ferrovia. Così, col tempo, a quella fobia della strada si associa la paura della ferrovia.

"A pranzo vengo a sapere che Hans *ha giocato tutta la mattina con una bambola di gomma che ha battezzato Grete. Ha infilato un temperino nell'apertura dove una volta era sistemato un fischietto metallico e ha staccato le gambe l'una*

gerissen, um das Messer herausfallen zu lassen. Dem Kindermädchen sagte er, zwischen die Füße der Puppe zeigend: „Schau, hier ist der Wiwimacher!"

Ich: „Was hast du denn heute eigentlich mit der Puppe gespielt?"

Er: „Ich hab' die Füße auseinandergerissen, weißt warum? Weil ein Messerl drin war, was die Mammi gehabt hat. Das hab' ich hineingegeben, wo der Kopf quietscht, und dann hab' ich die Füß' auseinandergerissen und dort ist es hinausgegangen."

Ich: „Weshalb hast du die Füße auseinandergerissen? Damit du den Wiwimacher sehen kannst?"

Er: „Er war ja auch zuerst da, da hab' ich ihn auch sehen können."

Ich: „Weshalb hast du das Messer hineingegeben?"

Er: „Ich weiß es nicht."

Ich: „Wie sieht denn das Messerl aus?"

„Er bringt es mir."

Ich: „Hast du dir gedacht, es ist vielleicht ein kleines Kind?"

Er: „Nein, ich hab' mir gar nichts gedacht, aber der Storch hat, mir scheint, einmal ein kleines Kind gekriegt — oder wer."

Ich: „Wann?"

Er: „Einmal. Ich hab's gehört, oder hab' ichs gar nicht gehört, oder hab' ich mich verredet?"

Ich: „Was heißt verredet?"

Er: „Es ist nicht wahr."

Ich: „Alles, was man sagt, ist ein bissel wahr."

Er: „No ja, ein bißchen."

Ich (nach einem Übergange): „Wie hast du dir gedacht, kommen die Hendl auf die Welt?"

Er: „Der Storch laßt sie halt wachsen, der Storch laßt die Hendl wachsen, — nein, der liebe Gott."

„Ich erkläre ihm, daß die Hendl Eier legen und aus den Eiern wieder Hendl kommen."

„Hans lacht."

Ich: „Warum lachst du?"

Er: „Weil mir's gefällt, was du mir da erzählst."

„Er sagt, er habe das bereits gesehen."

Ich: „Wo denn?"

dall'altra per far uscire il temperino. Alla ragazza ha detto, indicando tra gambe della bambola: 'Guarda, qui c'è il favivì!'."

Io: "A che cosa giocavi oggi con la bambola?"

Lui: "Ho staccato le gambe l'una dall'altra, sai perché? Perché dentro c'era un temperino che era della mami. L'ho messo dentro dove la testa strilla e poi ho staccato le gambe l'una dall'altra e da lì è uscito".

Io: "Per quale ragione hai staccato le gambe l'una dall'altra? Per vedere il favivì?"

Lui: "C'era anche prima, perciò avrei anche potuto vederlo".

Io: "Perché hai infilato dentro il temperino?"

Lui: "Non lo so".

Io: "Com'è fatto il temperino?"

"Me lo porta."

Io: "Ti sei immaginato che sia, forse, un bambino piccolo?"

Lui: "No, non mi sono immaginato nulla, ma la cicogna, mi sembra, una volta ha avuto un bambino piccolo – o qualcun altro".

Io: "Quando?"

Lui: "Una volta. Sono venuto a saperlo o non sono affatto venuto a saperlo, oppure ho detto una cosa per un'altra?"

Io: "Che significa dire una cosa per un'altra?"

Lui: "Che non è vera".

Io: "Tutto quello che uno dice è un pochettino vero".

Lui: "Eh sì, un pochino".

Io (facendo un passaggio): "Come ti sei immaginato che nascano i polli?"

Lui: "La cicogna li fa semplicemente nascere, la cicogna fa nascere i polli – no, il buon Dio".

"Gli spiego che fanno le uova, dalle uova vengono di nuovo altri polli."

"Hans ride."

Io: "Perché ridi?"

Lui: "Perché mi piace quello che mi racconti".

"Dice di averlo già visto."

Io: "E dove?"

Hans: „Bei dir!"

Ich: „Wo hab' ich ein Ei gelegt?"

Hans: „In Gmunden, ins Gras hast du ein Ei gelegt und auf einmal ist ein Hendl außigsprungen. Du hast einmal ein Ei gelegt, das weiß ich, das weiß ich ganz bestimmt. Weil mir's die Mammi gesagt hat."

Ich: „Ich werde die Mammi fragen, ob das wahr ist."

Hans: „Das ist gar nicht wahr, aber ich hab' schon einmal ein Ei gelegt, da ist ein Hendl außigsprungen."

Ich: „Wo?"

Hans: „In Gmunden habe ich mich ins Gras gelegt, nein gekniet und da haben die Kinder gar nicht hergeschaut und auf einmal in der Früh hab' ich gesagt: Suchts, Kinder, gestern hab' ich ein Ei gelegt! Und auf einmal haben sie geschaut und auf einmal haben sie ein Ei gesehen und aus dem ist ein kleiner Hans gekommen. Was lachst du denn? Die Mammi weiß es nicht und die Karolin' weiß es nicht, weil niemand zugeschaut hat und auf einmal hab' ich ein Ei gelegt und auf einmal war's da. Wirklich. Vatti, wann wächst ein Hendl aus dem Ei? Wenn man es stehen läßt? Muß man das essen?"

„Ich erkläre ihm das."

Hans: „No ja, lassen's wir bei der Henne, dann wächst ein Hendl. Packen wir's in die Kiste und lassen wir's nach Gmunden fahren."

Hans hat die Leitung der Analyse mit einem kühnen Griffe an sich gerissen, da die Eltern mit den längst berechtigten Aufklärungen zögerten, und in einer glänzenden Symptomhandlung mitgeteilt: „Seht ihr, so stelle ich mir eine Geburt vor." Was er dem Dienstmädchen über den Sinn seines Spieles mit der Puppe gesagt, war nicht aufrichtig; dem Vater gegenüber weist er es direkt ab, daß er nur den Wiwimacher sehen wollte. Nachdem ihm der Vater gleichsam als Abschlagszahlung die Entstehung der Hühnchen aus dem Ei erzählt hat, vereinigen sich seine Unbefriedigung, sein Mißtrauen und sein Besserwissen zu einer herrlichen Persiflage, die sich in seinen letzten Worten zu einer deutlichen Anspielung auf die Geburt der Schwester steigert.

Ich: „Was hast du mit der Puppe gespielt?"

Hans: "Da te!"

Io: "Dove ho fatto un uovo?"

Hans: "A Gmunden, hai fatto un uovo nell'erba e di colpo è saltato fuori un pollo. Tu una volta hai fatto un uovo, lo so, lo so benissimo. Perché me lo ha detto la mami".

Io: "Chiederò alla mami se è vero".

Hans: "Non è affatto vero, ma una volta io ho fatto un uovo ed è saltato fuori un pollo".

Io: "Dove?"

Hans: "A Gmunden mi sono messo nell'erba, no, inginocchiato, e i bambini non hanno guardato e a un tratto, la mattina, ho detto: 'cercate, bambini, ieri ho fatto un uovo'! e a un tratto hanno guardato e a un tratto hanno visto un uovo dal quale è venuto un piccolo Hans. Cosa ridi? La mami non lo sa, e Carolina non lo sa, perché nessuno ha guardato e a un tratto ho fatto un uovo e a un tratto c'era. Veramente. Papi, quando nasce un pollo dall'uovo? Quando lo si lascia stare? Si deve mangiarlo?"

"Glielo spiego."

Hans: "Eh sì, lo lasciamo dalla gallina, poi nasce un pulcino. Lo imballiamo nella cassa e lo mandiamo a Gmunden".

Hans, con una mossa audace, si è impadronito della conduzione dell'analisi, visto che i genitori indugiavano a dargli le spiegazioni, ormai da tempo legittime, e, con una splendida azione sintomatica, comunica loro : "*Guardate, così mi rappresento una nascita*". Quello che ha detto alla ragazza sul senso del suo gioco non era sincero; di fronte al padre nega apertamente di aver soltanto voluto vedere il favivì. Dopo che il padre gli ha raccontato, per così dire come acconto, della nascita dei pulcini dall'uovo, la sua insoddisfazione, la sua diffidenza, la sua saccenteria si fondono in una mirabile presa in giro, che nelle sue ultime parole si eleva a chiara allusione alla nascita della sorella.

Io: "A cosa hai giocato con la bambola?"

Hans: „Ich hab' ihr Grete gesagt."

Ich: „Warum?"

Hans: „Weil ich ihr Grete gesagt hab'."

Ich: „Wie hast du dich gespielt?"

Hans: „Ich hab' sie halt so gepflegt wie ein wirkliches Kind."

Ich: „Möchtest du gerne ein kleines Mäderl haben?"

Hans: „O ja. Warum nicht? Ich mag eins kriegen, aber die Mammi darf keines kriegen, ich mag's nicht."

„(Er hat sich schon oft so ausgesprochen. Er fürchtet durch ein drittes Kind noch weiter verkürzt zu werden)."

Ich: „Es bekommt doch nur eine Frau ein Kind."

Hans: „Ich krieg ein Mäderl."

Ich: „Wo kriegst du es denn her?"

Hans: „No, vom Storch. Er nimmt das Mäderl heraus und das Mäderl legt auf einmal ein Ei und aus dem Ei kommt dann noch eine Hanna heraus, noch eine Hanna. Aus der Hanna kommt noch eine Hanna. Nein, es kommt eine Hanna heraus."

Ich: „Du möchtest gerne ein Mäderl haben."

Hans: „Ja, nächstes Jahr krieg' ich eins, das wird auch Hanna heißen."

Ich: „Warum soll denn die Mammi kein Mäderl bekommen?"

Hans: „Weil ich einmal ein Mäderl mag."

Ich: „Du kannst aber kein Mäderl bekommen."

Hans: „O ja, ein Bub kriegt ein Mäderl und ein Mäderl kriegt einen Buben."[33]

Ich: „Ein Bub bekommt keine Kinder. Kinder bekommen nur Frauen, Mammis."

Hans: „Warum denn ich nicht?"

Ich: „Weil der liebe Gott es so eingerichtet hat."

Hans: „Warum kriegst denn du keines? O ja, du wirst schon eins kriegen, nur warten."

Ich: „Da kann ich lang warten."

Hans: „Ich gehör' doch dir."

Ich: „Aber die Mammi hat dich auf die Welt gebracht. Du gehörst dann der Mammi und mir."

33 Wiederum ein Stück infantiler Sexualtheorie mit ungeahntem Sinne.

Hans: "Le ho detto: Grete".
Io: "Perché?"
Hans: "Perché le ho detto Grete".
Io: "Come hai giocato?"
Hans: "Mi sono semplicemente preso cura di lei come di un bambino piccolo".
Io: "Ti piacerebbe avere una ragazzina?"
Hans: "Oh, sì. Perché no? Mi piacerebbe averne una, ma la mami non può averne, la cosa non mi piace".
"(Già spesso si è espresso così. Teme di essere ancor più depauperato dalla presenza di un terzo bambino.")
Io: "Solo una donna può fare un bambino".
Hans: "Io prendo una ragazzina".
Io: "E dove la prendi?"
Hans: "Eh, dalla cicogna. *Lei tira fuori la ragazzina* e la ragazzina d'un tratto fa un uovo e dall'uovo esce ancora una Hanna. Da Hanna viene un'altra Hanna. No, viene fuori *una* Hanna".
Io: "A te piacerebbe avere una ragazzina".
Hans: "Sì, *l'anno prossimo ne prendo una*, che si chiamerà anche lei Hanna".
Io: "Perché la mami non deve avere nessuna ragazzina?"
Hans: "Perché una buona volta una ragazzina piacerebbe a me".
Io: "Ma tu non puoi avere nessuna ragazzina".
Hans: "Oh sì, un ragazzino ha una ragazzina e una ragazzina ha un ragazzino".[35]
Io: "Un ragazzino non fa bambini. I bambini li fanno solo le donne, le mami".
Hans: "E perché io no?"
Io: "Perché il buon Dio ha disposto così".
Hans: "E perché tu non ne hai nessuno? Oh, sì tu lo avrai, devi solo aspettare".
Io: "Allora devo aspettare parecchio".
Hans: "Io sono tuo".
Io: "Ma è la mami che ti ha messo al mondo. Quindi tu sei della mami e mio".

[35] Un altro pezzo di teoria sessuale infantile di senso imprevisto.

Hans: „Gehört die Hanna mir oder der Mammi?“

Ich: „Der Mammi.“

Hans: „Nein, mir. Warum denn nicht mir und der Mammi?“

Ich: „Die Hanna gehört mir, der Mammi und dir.“

Hans: „Na also!“

Ein wesentliches Stück fehlt natürlich dem Kinde im Verständnisse der Sexualbeziehungen, solange das weibliche Genitale unentdeckt ist.

„Am 24. April wird Hans von mir und meiner Frau soweit aufgeklärt, daß Kinder in der Mammi wachsen und dann, was große Schmerzen bereite, mittels Drückens wie ein „Lumpf“ in die Welt gesetzt werden.“

„Nachmittags sind wir vor dem Haus. Es ist bei ihm eine sichtliche Erleichterung eingetreten, er läuft Wagen nach und nur der Umstand, daß er sich aus der Nähe des Haupttores nicht wegtraut, respektive zu keinem größeren Spaziergange zu bewegen ist, verrät den Rest von Angst.“

„Am 25. April rennt mir Hans mit dem Kopfe in den Bauch, was er schon früher einmal getan hat. Ich frage ihn, ob er eine Ziege ist.“

Er sagt: „Ja ein Wieder (Widder).“ — „Wo er einen Widder gesehen hat?“

Er: „In Gmunden, der Fritzl hat einen gehabt.“ (Der Fritzl hat ein kleines, lebendes Schaf zum Spielen gehabt.)

Ich: „Von dem Lamperl mußt du mir erzählen, was hat es gemacht?“

Hans: „Du weißt, das Fräulein Mizzi (eine Lehrerin, die im Hause wohnte) hat immer die Hanna auf das Lamperl gesetzt, da hat es aber nicht aufstehen können, da hat es nicht stoßen können. Wenn man hingeht, stößt es schon, weil es Hörner hat. Der Fritzl tut's halt an der Schnur führen und an einen Baum anbinden. Er bindet's immer an einen Baum an.“

Ich: „Hat das Lamperl dich gestoßen?“

Hans: „Hinaufgesprungen ist es auf mich, der Fritzl hat mich einmal hingegeben . . . ich bin einmal hingegangen und hab's nicht gewußt, und auf einmal ist es auf mich hinaufgesprungen. Das war so lustig — erschrocken bin ich nicht.“

Hans: "Hanna è mia o della mami?"
Io: "Della mami".
Hans: "No, mia. Perché non mia e della mami?"
Io: "Hanna è mia, della mami e tua".
Hans: "Ah, è così!"
Naturalmente, fino alla scoperta dell'organo genitale femminile, al bambino manca una parte essenziale per la comprensione dei rapporti sessuali.

"Il 24 aprile io e mia moglie spieghiamo a Hans che i bambini si sviluppano nella mami e poi vengono messi al mondo spingendo, come si fa con una 'cacchetta', il che comporta notevoli dolori."

"Nel pomeriggio siamo davanti a casa. In lui è subentrato un palese sollievo, corre incontro alle carrozze e solo la circostanza che non si azzarda oltre la zona limitrofa al portone principale o, rispettivamente, che non è possibile muoverlo ad alcuna passeggiata lunga, tradisce un residuo di paura."

"Il 25 aprile Hans mi corre con la testa contro la pancia, cosa che aveva già fatto un'altra volta. Gli chiedo se non sia una capra."

Lui dice: "Sì, un riè (ariete)" – "Dove hai visto un ariete?"

Lui: "A Gmunden, Fritzl ne aveva uno". (Fritzl aveva avuto una pecorina vera per giocare.)

Io: "Raccontami dell'agnellino, cosa ha fatto?"

Hans: "Sai che la signorina Mizzi (una insegnante che abitava nella casa) ha sempre messo Hanna a sedere sull'agnellino, ma lui non riusciva ad alzarsi, non poteva dare cornate. Quando si va lì, dà le cornate perché ha le corna. Fritzl lo porta con la corda e lo lega a un albero. Lo lega sempre a un albero".

Io: "Ti ha tirato cornate l'agnellino?"

Hans: "Mi è saltato addosso, Fritzl una volta mi ha dato... una volta sono andato lì, non sapevo e d'un tratto mi è saltato addosso. Era divertente – non ho avuto terrore".

„Das ist gewiß unwahr.“

Ich: „Hast du den Vatti gern?“

Hans: „O ja.“

Ich: „Vielleicht auch nicht?“

Hans (spielt mit einem kleinen Pferderl. In diesem Moment fällt das Pferdl um. Er schreit:) „Das Pferdl ist umgefallen! Siehst du, wie's Krawall macht!“

Ich: „Etwas ärgert dich am Vatti, daß ihn die Mammi gern hat.“

Hans: „Nein.“

Ich: „Weshalb weinst du also immer, wenn die Mammi mir einen Kuß gibt? Weil du eifersüchtig bist.“

Hans: „Das schon.“

Ich: „Was möchtest du denn machen, wenn du der Vatti wärst.“

Hans: „Und du der Hans? — Da möcht ich dich jeden Sonntag nach Lainz fahren, nein, auch jeden Wochentag. Wenn ich der Vatti wär', wär' ich gar brav.“

Ich: „Was möchtest du mit der Mammi machen?“

Hans: „Auch nach Lainz mitnehmen.“

Ich: „Was sonst noch?“

Hans: „Nix.“

Ich: „Weshalb bist du denn eifersüchtig?“

Hans: „Das weiß ich nicht.“

Ich: „In Gmunden warst du auch eifersüchtig?“

Hans: „In Gmunden nicht (das ist nicht wahr). In Gmunden hab' ich meine Sachen gehabt, einen Garten hab' ich in Gmunden gehabt und auch Kinder.“

Ich: „Kannst du dich erinnern, wie die Kuh das Kalberl bekommen hat?“

Hans: „O ja. Es ist mit einem Wagen dahergekommen (— das hat man ihm wohl damals in Gmunden gesagt; auch ein Stoß gegen die Storchtheorie —) und eine andere Kuh hat es aus dem Podl herausgedrückt.“ (Das ist bereits die Frucht der Aufklärung, die er mit der „Wagerltheorie“ in Einklang bringen will.)

Ich: „Das ist ja nicht wahr, daß es mit einem Wagerl gekommen ist; es ist aus der Kuh gekommen, die im Stalle war.“

"Questo non è certamente vero."
Io: "Vuoi bene a papi?"
Hans: "Oh sì".
Io: "Forse anche no?"
Hans (Gioca con un cavallino, che in questo preciso istante gli cade. Strilla:) "Il cavallo è caduto! Vedi che baccano fa!"
Io: "Qualcosa di papi ti fa arrabbiare: che la mami gli voglia bene".
Hans: "No".
Io: "Per quale ragione allora piangi sempre quando la mami mi dà un bacio? Perché sei geloso".
Hans: "Questo sì".
Io: "Cosa vorresti fare se tu fossi papi?"
Hans: "E tu Hans? – Allora ti porterei ogni domenica a Lainz, no, anche ogni giorno della settimana. Se io fossi papi, sarei proprio bravo".
Io: "Cosa vorresti fare con la mami?"
Hans: "Portare a Lainz anche lei".
Io: "E che altro?"
Hans: "Niente".
Io: "E allora perché sei geloso?"
Hans: "Non lo so".
Io: "Anche a Gmunden eri geloso?"
Hans: "A Gmunden no (Non è vero). A Gmunden avevo le mie cose, un giardino c'avevo a Gmunden e anche bambini".
Io: "Ti ricordi quando la mucca ha avuto il vitellino?"
Hans: "Oh, sì. È arrivato con un carretto (così gli era stato detto, allora, a Gmunden. È anche un colpo contro la teoria della cicogna –) e un'altra mucca l'ha spinto fuori dal sedere". (Questo è il frutto della spiegazione, che lui vuole conciliare con la teoria del carrettino.)
Io: "Non è vero che sia venuto con un carrettino; è venuto dalla mucca che era nella stalla".

„Hans bestreitet es, sagt, er habe den Wagen in der Früh gesehen. Ich mache ihn aufmerksam, daß man ihm das wahrscheinlich erzählt hat, daß das Kalberl im Wagen gekommen sei. Er gibt es schließlich zu: „Es hat mir's wahrscheinlich die Berta gesagt oder nein — oder vielleicht der Hausherr. Er war dabei und es war doch Nacht, deshalb ist es doch wahr, wie ich's dir sage, oder mir scheint, es hat mir's niemand gesagt, ich hab' mir's in der Nacht gedacht."

„Das Kalberl wurde, wenn ich nicht irre, im Wagen weggeführt; daher die Verwechslung."

Ich: „Warum hast du dir nicht gedacht, der Storch hat's gebracht?"

Hans: „Das hab' ich mir nicht denken wollen."

Ich: „Aber, daß die Hanna der Storch gebracht hat, hast du dir gedacht?"

Hans: „In der Früh (der Entbindung) hab' ich mir's gedacht. — Du Vatti, war der Herr Reisenbichler (der Hausherr) dabei, wie das Kalberl von der Kuh gekommen ist?"[34]

Ich: „Ich weiß nicht. Glaubst du?"

Hans: „Ich glaub' schon . . . Vatti hast du schon öfter gesehen, wie ein Pferd etwas Schwarzes am Mund hat?"

Ich: „Ich hab's schon öfter gesehen auf der Straße in Gmunden."[35]

Ich: „In Gmunden warst du oft im Bett bei der Mammi?"

Hans: „Ja.'

Ich: „Und dann hast dir gedacht, du bist der Vatti?"

Hans: „Ja."

Ich: „Und dann hast du dich vor dem Vatti gefürchtet?"

Hans: „Du weißt ja alles, ich hab' nichts gewußt."

Ich: „Wie der Fritzl gefallen ist, hast du dir gedacht, wenn der Vatti so fallen möchte, und wie dich das Lamperl gestoßen hat, wenn es den Vatti stoßen möcht'. Kannst du dich an das Begräbnis in Gmunden erinnern?" (Das erste Begräbnis, das Hans sah. Er erinnert sich öfter daran, eine zweifellose Deckerinnerung.)

Hans: „Ja, was war da?"

[34] Hans, der Grund hat, gegen die Mitteilungen der Erwachsenen mißtrauisch zu sein, erwägt hier, ob der Hausherr glaubwürdiger sei als der Vater.

[35] Der Zusammenhang ist der: Das mit dem Schwarzen am Munde der Pferde hat ihm der Vater lange nicht glauben wollen, bis es sich endlich hat verifizieren lassen.

"Hans vi si oppone, dice di aver visto il carretto la mattina presto. Gli faccio notare che probabilmente il fatto che il vitellino fosse arrivato con il carretto gli era stato raccontato. Alla fine ammette: "Probabilmente me lo ha detto Berta o no – o forse il padrone di casa. Di notte lui era lì, perciò è vero quello che ti dico, oppure mi sembra, non me lo ha detto nessuno, me lo sono immaginato nella notte".

"Se non sbaglio il vitellino fu portato via con un carretto, di qui la confusione."

Io: "Perché non hai pensato che lo avesse portato la cicogna?"

Hans: "Non l'ho voluto pensare".

Io: "Ma che Hanna l'abbia portata la cicogna l'hai pensato?"

Hans: "La mattina (il momento del parto) l'ho pensato. – Senti papi il signor Reisenblicher era lì quando il vitellino è venuto dalla mucca?"[36]

Io: "Non lo so. Tu credi?"

Hans: "Penso di sì... papi hai visto spesso quando un cavallo ha qualcosa di nero intorno alla bocca?"

Io: "L'ho visto spesso per strada a Gmunden".[37]

Io: "A Gmunden sei stato spesso a letto con la mami?"

Hans: "Sì".

Io: "E hai pensato di essere il papi?"

Hans: "Sì".

Io: "E hai avuto paura del papi?"

Hans: "*Tu sai tutto, io non sapevo nulla*".

Io: "Quando Fritzl è caduto hai immaginato che anche papi cadesse così e quando l'agnellino ti ha tirato cornate che tirasse cornate al papi. Ti ricordi del funerale a Gmunden?" (Il primo funerale visto da Hans. Se ne ricorda molto spesso, un indubbio ricordo di copertura.)

Hans: "Sì, cosa era allora?"

[36] Hans, che ha ragione di diffidare delle informazioni degli adulti, qui si chiede se il padrone di casa sia più attendibile di suo padre.

[37] Il contesto è questo: il padre non aveva voluto credergli sulla storia del nero intorno alla bocca dei cavalli per tanto tempo, finché la cosa ha potuto esser verificata.

Ich: „Da hast du gedacht, wenn der Vatti sterben möcht', wärst du der Vatti."

Hans: „Ja."

Ich: „Vor welchen Wagen fürchtest du dich eigentlich noch?"

Hans: „Vor allen."

Ich: „Das ist doch nicht wahr."

Hans: „Vor Fiakern, Einspännern nicht. Vor Stellwagen, vor Gepäckwagen, aber nur, wenn sie aufgeladen haben, wenn sie aber leer sind, nicht. Wenn es ein Pferd ist und voll aufgeladen hat, da fürcht' ich mich, und wenn's zwei Pferde sind und voll aufgeladen haben, da fürcht' ich mich nicht."

Ich: „Vor den Stellwagen fürchtest du dich, weil drin soviel Leute sind?"

Hans: „Weil am Dach soviel Gepäck ist."

Ich: „Hat die Mammi, wie sie die Hanna bekommen hat, nicht auch voll aufgeladen?"

Hans: „Die Mammi wird wieder voll aufgeladen sein, wenn sie wieder einmal eins haben wird, bis wieder eins wachsen wird, bis wieder eins drin sein wird."

Ich: „Das möchtest du halt gern."

Hans: „Ja."

Ich: „Du hast gesagt, du willst nicht, daß die Mammi noch ein Kind bekommen soll."

Hans: „So wird sie halt nicht mehr aufgeladen sein. Die Mammi hat gesagt, wenn die Mammi keins will, will's der liebe Gott auch nicht. Wird die Mammi auch keins wollen, so wird sie keins bekommen." (Hans hat natürlich gestern auch gefragt, ob in der Mammi noch Kinder sind. Ich habe ihm gesagt, nein, wenn der liebe Gott nicht will, wird's in ihr auch nicht wachsen).

Hans: „Aber die Mammi hat mir gesagt, wenn sie nicht will, wird keins mehr wachsen, und du sagst, wenn der liebe Gott nicht will."

„Ich sagte ihm also, daß es so ist, wie ich gesagt habe, worauf er bemerkt: „Du warst doch dabei? Du weißt es gewiß besser." — Er stellte also die Mama zur Rede, und die stellte die Konkordanz her, indem sie erklärte, wenn sie nicht wolle, wolle auch der liebe Gott nicht.[36]

36 *Ce que femme veut Dieu veut.* Hans hat hier in seinem Scharfsinne wieder ein sehr ernsthaftes Problem entdeckt.

Io: "Allora hai pensato che se papi morisse, saresti tu il papi".

Hans:"Sì".

Io: "Di quali carrozze hai ancora paura?"

Hans: "Di tutte".

Io: "Questo non è proprio vero".

Hans: "Dei fiaccheri e delle carrozze a un tiro, no. Degli omnibus e dei carri da traslochi, ma solo quando sono carichi, ma quando sono vuoti, no. Quando c'è un solo cavallo completamente carico, allora ho paura e quando i cavalli completamente carichi sono due, allora non ho paura".

Io: "Degli omnibus hai paura perché dentro c'è così tanta gente?"

Hans: "Perché sul tetto c'è così tanto bagaglio".

Io: "La mami, quando ha fatto Hanna, non era anche lei completamente carica?"

Hans: "La mami sarà di nuovo completamente carica se ne avrà ancora un altro, quando ne crescerà di nuovo uno, quando dentro ce ne sarà di nuovo uno".

Io: "Questo ti piacerebbe?"

Hans: "Sì".

Io: "Hai detto che non vuoi che la mami faccia un altro bambino".

Hans: "Così non sarà più carica. La mami ha detto che se lei non ne vuole, neanche il buon Dio ne vuole. Se la mami non ne vorrà più, non ne farà più". (Naturalmente ieri Hans ha anche chiesto se nella mami ci siano ancora bambini. Gli ho detto di no, che se il buon Dio non vuole, non ne crescerà più nessuno.)

Hans: "Ma la mami mi ha detto che se lei non vuole non ne cresceranno più, e tu dici che è se il buon Dio non vuole".

"Allora gli dico che le cose stanno come le ho descritte io, al che lui nota: 'Tu c'eri. Lo sai certamente meglio'. Chiede alla mamma e lei fa quadrare le cose spiegando che se lei non vuole, neanche il buon Dio vuole."[38]

[38] *Ce que femme veut Dieu veut*. Nella sua perspicacia, Hans ha di nuovo scoperto un serissimo problema.

Ich: „Mir scheint, du wünschest doch, die Mammi soll ein Kind bekommen?“

Hans: „Aber haben will ich's nicht.“

Ich: „Aber du wünschest es?“

Hans: „Wünschen schon.“

Ich: „Weißt du, warum du es wünschest? Weil du gern der Vatti sein möchst.“

Hans: „Ja . . . Wie ist die Geschicht'?“

Ich: „Welche Geschicht'?“

Hans: „Ein Vatti kriegt doch kein Kind, wie ist die Geschicht' dann, wenn ich gern der Vatti sein möcht'?“

Ich: „Du möchtest der Vatti sein und mit der Mammi verheiratet sein, möchtest so groß sein wie ich und einen Schnurrbart haben und möchtest, daß die Mammi ein Kind bekommen soll.“

Hans: „Vatti, und bis ich verheiratet sein werde, werde ich nur eines kriegen, wenn ich will, wenn ich mit der Mammi verheiratet sein werde, und wenn ich kein Kind will, will der liebe Gott auch nicht, wenn ich geheiratet hab'.“

Ich: „Möchtest du gern mit der Mammi verheiratet sein?“

Hans: „O ja.“

Man merkt es deutlich, wie das Glück in der Phantasie noch durch die Unsicherheit über die Rolle des Vaters und die Zweifel an der Beherrschung des Kinderkriegens gestört wird.

„Am Abend desselben Tages sagt Hans, wie er ins Bett gelegt wird, zu mir: „Du, weißt du, was ich jetzt mach'? Jetzt sprech' ich noch bis 10 Uhr mit der Grete, die ist bei mir im Bett. Immer sind meine Kinder bei mir im Bett. Kannst du mir sagen, wie das ist?“ — Da er schon sehr schläfrig ist, verspreche ich ihm, wir würden das morgen aufschreiben, und er schläft ein.“

„Aus den früheren Aufzeichnungen ergibt sich, daß Hans seit seiner Rückkehr von Gmunden immer von seinen „Kindern“ phantasiert, er führt mit ihnen Gespräche usw.“[37]

„Am 26. April frage ich ihn also, warum er denn immer von seinen Kindern spricht.“

[37] Es ist keine Nötigung, hier bei Hans einen femininen Zug von Sehnsucht nach Kinderhaben anzunehmen. Da er seine beseligenden Erlebnisse als Kind bei der Mutter gehabt hat, wiederholt er diese nun in aktiver Rolle, wobei er selbst die Mutter spielen muß.

Io: "Sai cosa mi sembra? Che tu desideri proprio che la mami faccia un bambino".

Hans: "Ma non lo voglio".

Io: "Però lo desideri?"

Hans: "Desiderare, sì".

Io: "Sai perché lo desideri? Perché vorresti essere papi".

Hans: "Sì... Come è la storia?"

Io: "Quale storia?"

Hans: "Un papi non ha bambini, com'è allora la storia, se io vorrei essere il papi?"

Io: "Vorresti essere papi ed essere sposato con mami, essere grosso come me, avere baffi e vorresti che la mamma facesse un bambino".

Hans: "Papi, quando sarò sposato, ne avrò uno, se voglio, quando sarò sposato con la mami, e se non voglio bambini, neanche il buon Dio lo vuole, quando sono sposato".

Io: "Vorresti essere sposato con la mami?"

Hans: "Oh, sì".

Si nota chiaramente come la felicità riposta nella fantasia sia ancora ostacolata dall'insicurezza sul ruolo del padre e dal dubbio sul controllo della procreazione.

"La sera dello stesso giorno, quando viene condotto a letto, Hans mi dice: 'Senti, sai cosa faccio adesso? Fino alle dieci parlo con Grete, che è a letto con me. I miei bambini sono sempre a letto con me. Sai dirmi come mai'? Siccome è già molto assonnato, gli assicuro che domattina questa cosa la scriveremo e lui si addormenta.

"Da annotazioni precedenti si ricava che Hans, dall'epoca del suo ritorno da Gmunden, ha sempre fantasticato dei suoi 'bambini', fatto discorsi con loro ecc."[39]

"Il 26 aprile gli chiedo dunque perché parli sempre dei suoi bambini."

[39] Qui non è necessario supporre in Hans un tratto femminile di nostalgia per l'aver bambini. Siccome da bambino le sue esperienze felici le ha avute dalla madre, adesso ripete la cosa assumendo un ruolo attivo, in cui lui stesso deve fare la parte della madre.

Hans: „Warum? Weil ich so gerne Kinder haben mag, aber ich wünsch' mir's nie, haben mag ich sie nicht."[38]

Ich: „Hast du dir immer vorgestellt, die Berta, die Olga usw. sind deine Kinder?"

Hans: „Ja, der Franzl, der Fritzl und der Paul (sein Gespiele in Lainz) auch und die Lodi." Ein fingierter Name. Sein Lieblingskind, von dem er am öftesten spricht. — Ich betone hier, daß die Persönlichkeit der Lodi nicht erst seit einigen Tagen, seit dem Datum der letzten Aufklärung (24. April) besteht."

Ich: „Wer ist die Lodi? Ist sie in Gmunden?"

Hans: „Nein."

Ich: „Gibts eine Lodi?"

Hans: „Ja, ich kenn' sie schon."

Ich: „Welche denn?"

Hans: „Die da, die ich hab'."

Ich: „Wie sieht sie denn aus?"

Hans: „Wie? Schwarze Augen, schwarze Haare . . . ich hab' sie einmal mit der Mariedl (in Gmunden) getroffen, wie ich in die Stadt gegangen bin."

„Wie ich Näheres wissen will, stellt sich heraus, daß dies erfunden ist."[39]

Ich: „Du hast also gedacht, du bist die Mammi?"

Hans: „Ich war auch wirklich die Mammi."

Ich: „Was hast du denn mit den Kindern gemacht?"

Hans: „Bei mir hab' ich sie schlafen lassen, Mädeln und Buben."

Ich: „Jeden Tag?"

Hans: „Na freilich."

Ich: „Hast du mit ihnen gesprochen?"

Hans: „Wenn alle Kinder nicht ins Bett hineingegangen sind,

[38] Der so auffällige Widerspruch ist der zwischen Phantasie und Wirklichkeit — wünschen und haben. Er weiß, daß er in Wirklichkeit Kind ist, da würden ihn andere Kinder nur stören, in der Phantasie ist er Mutter und braucht Kinder, mit denen er die selbst erlebten Zärtlichkeiten wiederholen kann.

[39] Es könnte doch sein, daß Hans eine zufällige Begegnung in Gmunden zum Ideal erhoben hat, das übrigens in der Farbe von Augen und Haaren der Mutter nachgebildet ist.

"Hans: *"Perché? Perché mi piace tanto avere bambini, ma non vorrei mai averli, averli non mi piace"*.[40]

Io: "Ti sei sempre immaginato che Berta, Olga ecc. siano tuoi bambini?"

Hans: "Sì, Franzl, Fritzl e anche Paul (i suoi compagni di gioco a Lainz) e Lata". Un nome immaginario. Il suo bambino preferito, del quale parla spessissimo. – Sottolineo che la personalità di Lata si è costituita soltanto a partire dagli ultimi giorni, dalla data dell'ultima spiegazione (24 aprile).

Io: "Chi è Lata? Sta a Gmunden?"

Hans: "No".

Io: "Esiste una Lata?"

Hans: "Sì, io ne conosco una".

Io: "E quale?"

Hans: "Quella là, che ho io".

Io: "Come è fatta?"

Hans: "Come? Occhi neri, capelli neri... una volta che sono andato in giro in città l'ho incontrata con Mariedl (a Gmunden)".

"Come cerco di saperne di più, viene fuori che questo è inventato."[41]

Io: "Quindi hai pensato di essere la mami?"

Hans: "Ero realmente la mami".

Io: "Cosa hai fatto con i bambini?"

Hans: "Li ho fatti dormire da me, ragazzine e ragazzini".

Io: "Tutti i giorni?"

Hans: "Eh, certo".

Io: "Hai parlato con loro?"

Hans: "Se non entravano tutti nel letto, alcuni li ho fat-

[40] La contraddizione così stupefacente è quella tra fantasia e realtà - desiderare e avere. Sa di essere, in realtà, un bambino e che quindi altri bambini gli arrecherebbero solo fastidi; nella fantasia è la madre e vuole dei bambini, con i quali riproduce le tenerezze che ha sperimentato su se stesso.

[41] È anche possibile che Hans abbia elevato a ideale, tra l'altro modellato sul colore degli occhi e dei capelli della madre, qualcuna incontrata casualmente a Gmunden.

habe ich welche Kinder aufs Sofa gelegt und welche in den Kinderwagen gesetzt, wenn noch übrig geblieben sind, hab' ich sie am Boden getragen und in die Kiste gelegt, da waren noch Kinder und ich hab' sie in die andere Kiste gelegt."

Ich: „Also die Storchenkinderkisten sind am Boden gestanden?"

Hans: „Ja."

Ich: „Wann hast du die Kinder bekommen? War die Hanna schon auf der Welt?"

Hans: „Ja, schon lange."

Ich: „Aber von wem hast du dir gedacht, daß du die Kinder bekommen hast?"

Hans: „No, von mir."[40]

Ich: „Damals hast du aber noch gar nicht gewußt, daß die Kinder von einem kommen."

Hans: „Ich hab' mir gedacht, der Storch hat sie gebracht." (Offenbar Lüge und Ausflucht).[41]

Ich: „Gestern war die Grete bei dir, aber du weißt doch schon, daß ein Bub keine Kinder haben kann."

Hans: „No ja, ich glaub's aber doch."

Ich: „Wie bist du auf den Namen Lodi gekommen? So heißt doch kein Mäderl. Vielleicht Lotti?"

Hans: „O nein, Lodi. Ich weiß nicht, aber ein schöner Name ist es doch."

Ich (scherzend): „Meinst du vielleicht eine Schokolodi?"

Hans (sofort): „Nein, eine Saffalodi[42] . . . weil ich so gern Wurst essen tu, Salami auch."

Ich: „Du, sieht eine Saffalodi nicht wie ein Lumpf aus?"

Hans: „Ja!"

Ich: „Wie sieht denn ein Lumpf aus?"

Hans: „Schwarz. Weißt (zeigt auf meine Augenbrauen und Schnurrbart) wie das und das."

Ich: „Wie noch? Rund wie eine Saffaladi?"

Hans: „Ja."

[40] Hans kann nicht anders als vom Standpunkte des Autoerotismus antworten.

[41] Es sind Phantasie-, d. h. Onaniekinder.

[42] „Saffaladi = Zervelatwurst. Meine Frau erzählt gern, daß ihre Tante immer Soffilodi sagt, das mag er gehört haben."

ti stare sul divano, altri li ho messi nella carrozzina, se ne sono rimasti degli altri, li ho trasportati a piano terra e li ho messi nella cassa, lì c'erano ancora bambini e io li ho messi nell'altra cassa".

Io: "Dunque le casse della cicogna stanno a piano terra?"

Hans: "Sì."

Io: "Quand'è che hai fatto i bambini? Hanna era già al mondo?"

Hans: "Sì, già da molto".

Io: "Con chi hai pensato di aver fatto i bambini?"

Hans: "*Oh, da me*".[42]

Io: "Ma un tempo non sapevi ancora che i bambini provengono da qualcuno".

Hans: "Ho pensato che li avesse portati la cicogna". (Chiaramente bugia e scappatoia.[43])

Io: "Ieri c'era Grete da te, ma tu sai già che un ragazzino non può avere bambini".

Hans: "Oh, sì, ma lo credo".

Io: "Come sei arrivato al nome di Lata? Così non si chiama nessuna ragazzina. Forse Lotti?"

Hans: "Oh, no. Non lo so, comunque è un bel nome".

Io (scherzando): "Forse vuoi dire una cioccolata?"

Hans (subito): "No, una cervellata[44]... perché mi piace tanto mangiare la salsiccia, anche il salame".

Io: "Senti, una cervellata non assomiglia a una cacchetta?"

Hans: "Sì!"

Io: "E come è una cacchetta?"

Hans: "Nera. Sai (indica i miei occhi scuri e i miei baffi) come questi e come quest'altri".

Io: "E poi com'è? Tonda come una cervellata?"

Hans: "Sì".

[42] Non può che rispondere dal punto di vista dell'autoerotismo.

[43] Sono bambini nati da fantasia, cioè da onanismo.

[44] Cervellata=Saffaladi. Mia moglie racconta spesso che sua zia la chiama sempre Saffilodi, e lui può averlo udito. [*N.d.T.*: nel testo, il nome della bambola è "Lodi".]

Ich: „Wenn du am Topf gesessen bist und ein Lumpf gekommen ist, hast du dir gedacht, daß du ein Kind bekommst?"

Hans (lachend): „Ja, in der **gasse schon und auch hier."

Ich: „Weißt du, wie die Stellwagenpferde umgefallen sind? Der Wagen sieht doch wie eine Kinderkiste aus, und wenn das schwarze Pferd umgefallen ist, war es so . . ."

Hans (ergänzend): „Wie wenn man ein Kind bekommt."

Ich: „Und was hast du dir gedacht, wie es mit den Füßen Krawall gemacht hat?"

Hans: „Na, wenn ich mich nicht will am Topf setzen und lieber spielen, dann mach' ich so mit den Füßen Krawall." (Er stampft mit den Füßen auf.)

„Daher interessierte es ihn so sehr, ob man gern oder ungern Kinder bekommt."

„Hans spielt heute fortwährend Gepäckkisten auf- und abladen, wünscht sich auch einen Leiterwagen mit solchen Kisten als Spielzeug. Im Hofe des Hauptzollamtes gegenüber interessierte ihn am meisten das Auf- und Abladen der Wagen. Er erschrak auch am heftigsten, wenn ein Wagen aufgeladen hatte und fortfahren sollte. „Die Pferde werden fallen[43]". Die Türen des Hauptzollamtsschuppens nannte er „Loch" (das erste, zweite, dritte . . . Loch). Jetzt sagt er „Podlloch".

„Die Angst ist fast gänzlich geschwunden, nur will er in der Nähe des Hauses bleiben, um einen Rückzug zu haben, wenn er sich fürchten sollte. Er flüchtet aber nie mehr ins Haus hinein, bleibt immer auf der Straße. Bekanntlich hat das Kranksein damit begonnen, daß er auf dem Spaziergange weinend umkehrte, und als man ihn ein zweites Mal zwang, spazieren zu gehen, nur bis zur Stadtbahnstation „Hauptzollamt" ging, von der aus man unsere Wohnung noch sieht. Bei der Entbindung der Frau war er natürlich von ihr getrennt, und die jetzige Angst, die ihn hindert, die Nähe des Hauses aufzugeben, ist noch die damalige Sehnsucht."

[43] Heißt man es nicht „niederkommen", wenn eine Frau gebärt?

Io: "Quando sei seduto sul vaso ed esce una cacchetta hai mai pensato di fare un bambino?"

Hans (ridendo): "Sì, già in via* e anche qui".

Io: "Sai come sono caduti i cavalli dell'omnibus? La carrozza sembra una cassa dei bambini e quando il cavallo nero è caduto era come..."

Hans (completando): "Come quando si fa un bambino".

Io: "E cosa hai pensato quando ha fatto baccano con i piedi?"

Hans: "Eh, quando non mi voglio sedere sul vaso e preferisco giocare, faccio un baccano con i piedi". (Pesta i piedi per terra.)

"Per questo gli interessa tanto se i bambini si fanno volentieri o malvolentieri."

"Oggi Hans gioca ininterrottamente a caricare e scaricare casse di bagaglio, vuole anche, come giocattolo, un carro a rastrelliera con casse simili. Nel cortile della Dogana centrale, di fronte a noi, più di ogni altra cosa lo interessa l'operazione di carico e scarico dei carri. La cosa che lo terrorizzava di più era la partenza di un carro dopo l'operazione di carico. 'I cavalli cadranno.'[45] Le porte della rimessa della Dogana centrale le chiamava 'buco' (il primo, il secondo, il terzo... buco). Ora dice: 'buco del popò'."

"La paura è quasi completamente scomparsa, solo vuol rimanere vicino a casa, per avere una possibilità di fuga nel caso si spaventi di nuovo. Ma non si rifugia quasi mai più in casa, rimane sempre per strada. Come si sa, la malattia era cominciata con l'episodio della passeggiata interrotta piangendo, e quando fu costretto ad andare a passeggio una seconda volta, arrivò solo fino alla stazione 'Dogana centrale', dalla quale si vede ancora casa nostra. Durante il parto di mia moglie, ovviamente venne separato da lei e la paura attuale, che gli impedisce di rinunciare alla vicinanza della casa, è ancora quella nostalgia di allora."

[45] Non chiamiamo il parto "niederkommen"(=venir giù)?

„30. April. Da Hans wieder mit seinen imaginären Kindern spielt, sage ich ihm: „Wieso leben denn deine Kinder noch? Du weißt ja, daß ein Bub keine Kinder bekommen kann."

Hans: „Das weiß ich. Früher war ich die Mammi, jetzt bin ich der Vatti."

Ich: „Und wer ist die Mammi zu den Kindern?"

Hans: „No, die Mammi, und du bist der Großvatti."

Ich: „Also du möchtest so groß sein wie ich, mit der Mammi verheiratet sein, und sie soll dann Kinder bekommen."

Hans: „Ja, das möcht' ich und die Lainzerin (meine Mutter) ist dann die Großmammi."

Es geht alles gut aus. Der kleine Ödipus hat eine glücklichere Lösung gefunden, als vom Schicksal vorgeschrieben ist. Er gönnt seinem Vater, anstatt ihn zu beseitigen, dasselbe Glück, das er für sich verlangt; er ernennt ihn zum Großvater und verheiratet auch ihn mit der eigenen Mutter.

„Am 1. Mai kommt Hans mittags zu mir und sagt: „Weißt was? Schreiben wir was für den Professor auf."

Ich: „Was denn?"

Hans: „Vormittag war ich mit allen meinen Kindern auf dem Klosett. Zuerst hab' ich Lumpf gemacht und Wiwi und sie haben zugeschaut. Dann hab' ich sie aufs Klosett gesetzt und sie haben Wiwi und Lumpf gemacht und ich hab' ihnen den Podl mit Papier ausgewischt. Weißt warum? Weil ich so gerne Kinder haben möcht', dann möcht' ich ihnen alles tun, sie aufs Klosett führen, ihnen den Podl abputzen, halt alles, was man mit Kindern tut."

Es wird nach dem Geständnisse dieser Phantasie wohl kaum angehen, die an die exkrementellen Funktionen geknüpfte Lust bei Hans in Abrede zu stellen.

„Nachmittags wagt er sich zum erstenmal in den Stadtpark. Da es 1. Mai ist, fahren wohl weniger Wagen als sonst, immerhin genug, die ihn bisher abgeschreckt haben. Er ist sehr stolz auf seine Leistung, und ich muß mit ihm nach der Jause noch einmal in den Stadtpark gehen. Auf dem Wege treffen wir einen Stell-

"30 aprile. Poiché Hans gioca di nuovo con i suoi bambini immaginari, gli dico: 'Come mai sono ancora vivi i tuoi bambini? Tu sai che un ragazzino non può fare bambini.'

Hans: "Lo so. Prima ero la mami, *adesso sono il papi*".

Io: "E chi è la mami dei ragazzini?"

Hans: "Oh, la mami, e tu sei il *nonnino*".

Io: "Dunque vorresti essere grande come me, essere sposato con la mamma, e lei poi dovrebbe fare bambini".

Hans: "Sì, è quello che vorrei e quella di Lainz (mia madre) è allora la nonnina".

Tutto si conclude bene. Il piccolo Edipo ha trovato una soluzione più felice di quella imposta dal destino. Anziché eliminare il padre, gli concede la stessa felicità che domanda per sé: lo elegge nonno e fa sposare anche lui con la propria madre.

"Il primo maggio, a pranzo, Hans viene da me e dice: 'Sai cosa? Scriviamo qualcosa per il Professore'.

Io: "Che cosa?"

Hans: "Questa mattina ero con tutti i miei bambini al gabinetto. Per prima cosa ho fatto cacchetta e vivì e loro hanno guardato. Allora li ho messi a sedere sul gabinetto e hanno fatto vivì e cacchetta e gli ho pulito il popò con la carta. Sai perché? Perché mi piacerebbe avere bambini, farei loro tutto, li porterei al gabinetto, pulirei loro il sedere, insomma tutto quello che si fa con i bambini".

Sarà difficile contestare che dietro la confessione di questa fantasia ci sia, in Hans, un piacere legato alla funzione escrementizia.

"Nel pomeriggio per la prima volta si azzarda fino nel parco municipale. Siccome è il primo maggio, circolano, in realtà, meno carrozze del solito, in ogni caso sempre in numero tale che, prima di oggi, lo avrebbe terrorizzato. È molto fiero della propria prestazione e dopo la merenda, devo nuovamente andare con lui nel parco. Lungo il per-

wagen, den er mir zeigt: „Schau, einen Storchenkistenwagen!" Wenn er, wie geplant ist, morgen mit mir wieder in den Stadtpark geht, kann man die Krankheit wohl als geheilt ansehen."

„Am 2. Mai früh kommt Hans: „Du, ich hab' mir heute was gedacht." Zuerst hat er's vergessen, später erzählt er unter beträchtlichen Widerständen: „Es ist der Installateur gekommen und hat mir mit einer Zange zuerst den Podl weggenommen und hat mir dann einen andern gegeben und dann den Wiwimacher. Er hat gesagt: Laß den Podl sehen und ich hab' mich umdrehen müssen, und er hat ihn weggenommen und dann hat er gesagt: Laß den Wiwimacher sehen."

Der Vater erfaßt den Charakter der Wunschphantasie und zweifelt keinen Moment an der einzig gestatteten Deutung.

Ich: „Er hat dir einen größeren Wiwimacher und einen größeren Podl gegeben."

Hans: „Ja."

Ich: „Wie der Vatti sie hat, weil du gerne der Vatti sein möchtest?"

Hans: „Ja, und so einen Schnurrbart wie du möcht' ich auch haben und solche Haare." (Deutet auf die Haare an meiner Brust.)

„Die Deutung der vor einiger Zeit erzählten Phantasie: Der Installateur ist gekommen und hat die Badewanne abgeschraubt und hat mir dann einen Bohrer in den Bauch eingesetzt, rektifiziert sich demnach: Die große Badewanne bedeutet den „Podl", der Bohrer oder Schraubenzieher, wie damals schon gedeutet, den Wiwimacher.[44] Es sind identische Phantasien. Es eröffnet sich auch ein neuer Zugang zu Hansens Furcht vor der großen Badewanne, die übrigens auch bereits abgenommen hat. Es ist ihm unlieb, daß sein „Podl" zu klein ist für die große Wanne."

In den nächsten Tagen nimmt die Mutter wiederholt das Wort,

[44] Vielleicht darf man hinzusetzen, daß der „Bohrer" nicht ohne Beziehung auf das Wort „geboren", „Geburt" gewählt worden ist. Das Kind würde so zwischen „gebohrt" und „geboren" keinen Unterschied machen. Ich akzeptiere diese mir von einem kundigen Kollegen mitgeteilte Vermutung, weiß aber nicht zu sagen, ob hier ein tieferer allgemeiner Zusammenhang oder die Ausnützung eines dem Deutschen eigentümlichen Sprachzufalles vorliegt. Auch Prometheus (Pramantha), der Menschenschöpfer, ist etymologisch der „Bohrer". Vgl. Abraham, Traum und Mythus. 4. Heft der „Schriften zur angewandten Seelenkunde", 1908.

corso incontriamo un omnibus, che lui mi mostra: 'Guarda, una carrozza di casse di cicogna!'"

"Se domani verrà di nuovo con me nel parco municipale, come progettato, la malattia si può considerare guarita."

"Il 2 maggio, la mattina presto viene Hans: 'Senti, oggi ho pensato qualcosa'. Dapprima l'aveva dimenticata, dopo racconta con considerevoli resistenze: '*È venuto l'idraulico e con una tenaglia mi ha tolto prima il popò e me ne ha dato un altro e poi il favivì*. Ha detto: Fammi vedere il popò e io mi son dovuto voltare e lui lo ha tolto e poi ha detto: fai vedere il favivì'.

Il padre afferra il carattere della fantasia di desiderio e non ha neanche un momento di indecisione sulla sola interpretazione che è lecito dare.

Io: "Ti ha dato un favivì *più grosso* e un popò *più grosso*".

Hans: "Sì".

Io: "Come ha papi, perché tu vorresti essere il papi?"

Hans: "Sì, e vorrei anche avere dei baffi come te e dei peli come questi (indica i peli sul mio petto)".

"L'interpretazione della fantasia raccontata un po' di tempo fa: è arrivato il fabbro e ha svitato la vasca da bagno e poi mi ha infilato un succhiello in pancia, in base a quest'ultima si corregge come segue: la vasca grossa significa il 'popò', il succhiello o cacciavite, come accennato già allora, il favivì.[46] Sono fantasie identiche. Viene anche fornita una nuova via d'accesso alla paura di Hans per la vasca grossa, che del resto è anch'essa già diminuita."

Nei giorni successivi la madre prende ripetutamente la

[46] Si potrebbe forse aggiungere che *Bohrer* (=succhiello) è stato scelto in relazione alla parola *geboren* (=nascere), *Geburt* (nascita). Il bambino non farebbe differenza fra *gebohrt* (=perforato) e *geboren* (=nato). Accetto questa supposizione di un collega esperto, ma non so dire se qui si presenta un nesso profondo e universale o l'utilizzazione di un caso verbale legato alle particolarità del tedesco. Anche Prometeo (*Pramantha*), il creatore degli uomini, è, etimologicamente, il "perforatore". Cfr. Abraham, *Traum und Mythus*, 1908, tr.it. in Abraham, *Opere*, 1975, vol.2, pp. 509 sgg.

um ihrer Freude über die Herstellung des Kleinen Ausdruck zu geben.

Nachtrag des Vaters eine Woche später:

„Geehrter Herr Professor! Ich möchte die Krankengeschichte Hansens noch durch folgendes ergänzen:

1) Die Remission nach der ersten Aufklärung war nicht so vollständig, wie ich sie vielleicht dargestellt habe. Hans ging allerdings spazieren, aber nur gezwungen und mit großer Angst. Einmal ging er mit mir bis zur Station „Hauptzollamt", von wo man noch die Wohnung sieht, und war nicht weiter zu bringen."

2) Ad: Himbeersaft, Schießgewehr. Himbeersaft bekommt Hans bei der Verstopfung. Schießen und Scheißen ist eine auch ihm geläufige Wortvertauschung."

3) Als Hans aus unserem Schlafzimmer in ein eigenes Zimmer separiert wurde, war er ungefähr 4 Jahre alt."

4) Ein Rest ist noch jetzt da, der sich nicht mehr in Furcht, sondern in normalem Fragetrieb äußert. Die Fragen beziehen sich meist darauf, woraus die Dinge verfertigt sind (Tramways, Maschinen usw.), wer die Dinge macht usw. Charakteristisch für die meisten Fragen ist, daß Hans fragt, obzwar er sich die Antwort bereits selbst gegeben hat. Er will sich nur vergewissern. Als er mich einmal mit Fragen zu sehr ermüdet hatte und ich ihm sagte: „Glaubst du denn, daß ich dir auf alles antworten kann, was du fragst?", meinte er: „No, ich hab' geglaubt, weil du das vom Pferd gewußt hast, daß du das auch weißt."

5) Von der Krankheit spricht Hans nur mehr historisch: „Damals, wie ich die Dummheit gehabt hab'."

6) Der ungelöste Rest ist der, daß Hans sich den Kopf zerbricht, was der Vater mit dem Kinde zu tun hat, da doch die Mutter das Kind zur Welt bringt. Man kann das aus den Fragen schließen,

parola per dare espressione alla sua gioia per la guarigione del piccolo.

Aggiunta del padre una settimana dopo:

"Egregio Professore, vorrei completare con quanto segue la storia della malattia di Hans:

1) Il miglioramento dopo la prima spiegazione non era così completo come forse io l'ho descritto. Hans andò ugualmente a passeggio, ma solo su costrizione e con grande paura. Una volta venne con me fino alla stazione 'Dogana centrale', dalla quale si vede ancora il nostro appartamento e non ci fu verso di farlo proseguire.

2) A proposito di: sciroppo di lamponi, schioppo. Lo sciroppo di lamponi Hans lo prende quando è costipato. Quello fra sparare e defecare[47] è anche uno scambio di parole comune per lui.

3) Quando Hans fu spostato dalla nostra alla sua camera da letto aveva più o meno quattro anni.

4) C'è ancora adesso un residuo che si manifesta non in paura ma in normale tendenza a fare domande. Le domande riguardano per lo più i materiali di cui sono costituiti gli oggetti (tramvai, macchine ecc.), i tipi di persone che li fabbricano ecc. Una caratteristica della maggior parte delle domande è che Hans le formula nonostante si sia già dato da solo la risposta. Vuole solo sincerarsene. Una volta che con le sue domande mi aveva stancato e io gli avevo detto: 'Credi che io sappia rispondere a tutto quello che chiedi?' mi disse: 'Oh, ho pensato che sapessi anche questo visto che avevi saputo quella cosa del cavallo'.

5) Della malattia ormai ne parla solo al passato: 'Allora, quando avevo la stupidaggine'.

6) Il residuo irrisolto è che si rompe la testa a cercar di capire cosa abbia a che fare il padre col bambino, visto che è solo la madre a farlo venire al mondo. Lo si può dedurre

[47] Rispettivamente, *schiessen* e *scheissen*.[*N.d.T.*]

wie: „Nicht wahr, ich gehör' auch dir" (Er meint, nicht nur der Mutter.) Das: wieso er mir gehört, ist ihm nicht klar. Dagegen habe ich keinen direkten Beweis, daß er, wie Sie meinen, einen Koitus der Eltern belauscht hätte."

7) Bei einer Darstellung müßte vielleicht doch auf die Heftigkeit der Angst aufmerksam gemacht werden, da man sonst sagen würde: „Hätte man ihn nur ordentlich durchgeprügelt, so wäre er schon spazieren gegangen."

Ich setze abschließend hinzu: Mit der letzten Phantasie Hansens war auch die vom Kastrationskomplex stammende Angst überwunden, die peinliche Erwartung ins Beglückende gewendet. Ja, der Arzt, Installateur usw. kommt, er nimmt den Penis ab, aber nur um einen größeren dafür zu geben. Im übrigen mag unser kleiner Forscher nur frühzeitig die Erfahrung machen, daß alles Wissen Stückwerk ist, und daß auf jeder Stufe ein ungelöster Rest bleibt.

da domande come: 'Appartengo anche a te, vero?' (Intende dire, non solo alla madre.) Non gli è chiaro in quale senso sia anche mio. Al contrario non ho alcuna dimostrazione certa del fatto che, come lei pensa, abbia spiato di nascosto un coito dei genitori.

7) In una descrizione si dovrebbe forse anche attirare l'attenzione sull'intensità della paura, altrimenti qualcuno potrebbe obiettare: 'Se fosse stato picchiato a dovere, sarebbe sicuramente andato a passeggiare'."

Aggiungo concludendo: con l'ultima fantasia di Hans, anche la paura che deriva dal complesso di castrazione è stata superata, l'attesa penosa rovesciata in qualcosa di gioioso. Sì, arriva il medico, l'idraulico ecc. che asporta il pene, ma solo per restituirne uno più grosso. Per il resto, il nostro piccolo ricercatore ha potuto solo sperimentare precocemente che tutto il sapere avviene per gradi e che a ogni stadio resta un residuo insoluto.

III

EPIKRISE

Nach drei Richtungen werde ich nun diese Beobachtung von der Entwicklung und Lösung einer Phobie bei einem noch nicht fünfjährigen Knaben zu prüfen haben: erstens, inwieweit sie die Behauptungen unterstützt, die ich in den „Drei Abhandlungen zur Sexualtheorie", 1905, aufgestellt habe; zweitens, was sie zum Verständnis der so häufigen Krankheitsform zu leisten vermag; drittens, was sich ihr etwa zur Aufklärung des kindlichen Seelenlebens und zur Kritik unserer Erziehungsabsichten abgewinnen läßt.

I

Mein Eindruck geht dahin, daß das Bild des kindlichen Sexuallebens, wie es aus der Beobachtung des kleinen Hans hervortritt, in sehr guter Übereinstimmung mit der Schilderung steht, die ich in meiner Sexualtheorie nach psychoanalytischen Untersuchungen an Erwachsenen entworfen habe. Aber ehe ich daran gehe, die Einzelheiten dieser Übereinstimmung zu verfolgen, werde ich zwei Einwendungen erledigen müssen, welche sich gegen die Verwertung dieser Analyse erheben. Die erste lautet: Der kleine Hans sei kein normales Kind, sondern, wie die Folge, eben die Erkrankung, lehrt, ein zur Neurose dispo-

III

EPICRISI

Metterò alla prova in tre diverse direzioni l'osservazione appena compiuta dello sviluppo e guarigione della fobia di un bambino di non ancora cinque anni. Per prima cosa determineremo fino a che punto rinsaldi le affermazioni espresse nei *Tre saggi sulla teoria sessuale* (1905), poi cercheremo di appurare come possa essere utilizzata per comprendere questa forma così frequente di malattia, e infine come possa servire per chiarificare la vita psichica del bambino e operare una critica del sistema educativo vigente.

1

Mi sembra che l'immagine della vita sessuale del bambino ricavata dall'osservazione del caso del piccolo Hans, concordi perfettamente con quella descritta nella *Teoria sessuale*[1] e desunta dalle indagini psicoanalitiche compiute su adulti. Prima di analizzare i particolari di questo accordo devo considerare due obiezioni che possono essere mosse contro l'utilizzazione dell'analisi presente. La prima è che il piccolo Hans non sarebbe un bambino normale ma, come mostrano gli eventi, cioè la sua malattia, un piccolo

[1] Si tratta naturalmente dell'opera *Tre saggi sulla teoria sessuale*, appena citata. [*N.d.T.*]

niertes, ein kleiner „Hereditarier“, und es sei darum unstatthaft, Schlüsse, die vielleicht für ihn Geltung haben, auf andere, normale Kinder zu übertragen. Ich werde diesen Einwand, da er den Wert der Beobachtung bloß einschränkt, nicht völlig aufhebt, später berücksichtigen. Der zweite und strengere Einspruch wird behaupten, daß die Analyse eines Kindes durch seinen Vater, der, in meinen theoretischen Anschauungen befangen, mit meinen Vorurteilen behaftet an die Arbeit geht, überhaupt eines objektiven Wertes entbehre. Ein Kind sei selbstverständlich in hohem Grade suggerierbar, vielleicht gegen keine Person mehr als gegen seinen Vater; es lasse sich alles dem Vater zuliebe aufdrängen zum Dank dafür, daß er sich soviel mit ihm beschäftige, seine Aussagen hätten keine Beweiskraft und seine Produktionen in Einfällen, Phantasien und Träumen erfolgten natürlich in der Richtung, nach welcher man es mit allen Mitteln gedrängt habe. Kurz, es sei wieder einmal alles „Suggestion“ und deren Entlarvung beim Kinde nur sehr erleichtert im Vergleiche mit dem Erwachsenen.

Sonderbar; ich weiß mich zu erinnern, als ich mich vor 22 Jahren in den Streit der wissenschaftlichen Meinungen einzumengen begann, mit welchem Spotte damals von der älteren Generation der Neurologen und Psychiater die Aufstellung der Suggestion und ihrer Wirkungen empfangen wurde. Seither hat sich die Situation gründlich geändert; der Widerwille ist in allzu entgegenkommende Bereitwilligkeit umgeschlagen, und dies nicht allein infolge der Wirkung, welche die Arbeiten Liébeaults, Bernheims und ihrer Schüler im Laufe dieser Dezennien entfalten mußten, sondern auch, weil unterdes die Entdeckung gemacht wurde, welche Denkersparnis mit der Anwendung des Schlagwortes „Suggestion“ verbunden werden kann. Weiß doch niemand und bekümmert sich auch niemand zu wissen, was die Suggestion ist, woher sie rührt und wann sie sich einstellt; genug, daß man alles im Psychischen Unbequeme „Suggestion“ heißen darf.

Ich teile nicht die gegenwärtig beliebte Ansicht, daß Kinderaussagen durchwegs willkürlich und unverläßlich seien. Willkür gibt es im Psychischen überhaupt nicht; die Unverläßlichkeit in den Aussagen der Kinder rührt her von der Übermacht ihrer Phantasie, wie die Unverläßlichkeit der Aussagen Erwachsener

con tare ereditarie, predisposto alla nevrosi, che perciò non consentirebbe di applicare ad altri bambini normali conclusioni valide, sì, ma solo nel suo caso. Siccome questa obiezione limita, ma non annulla la validità del caso osservato, la prenderò in considerazione solo in seguito. La seconda, più grave, riguarda la presunta mancanza di obiettività di un'analisi di un bambino svolta dal padre, il quale si mette al lavoro infarcito delle mie teorie e affetto dai miei pregiudizi. Un bambino sarebbe suggestionabile dal padre più che da ogni altra persona: per amore del padre, riconoscente dell'attenzione che gli prodiga, si lascerebbe imporre qualsiasi cosa. Perciò le sue dichiarazioni non proverebbero nulla, e le sue produzioni in forma di associazioni, fantasie, sogni avverrebbero nella direzione che loro è stata imposta. In breve, ancora una volta, tutto si ridurrebbe a "suggestione", mascherata, nel caso di un bambino, molto più facilmente che in quello di un adulto.

Singolare. Ricordo ancora con quale sarcasmo, ventidue anni fa, quando incominciai a intervenire nelle dispute, la vecchia generazione di neurologi e psichiatri accogliesse le formulazioni sulla suggestione e i suoi effetti. Nel frattempo la situazione è radicalmente cambiata; l'opposizione si è rovesciata in premura troppo compiacente e questo non solo in seguito all'effetto esercitato, nel corso di questi decenni, dai lavori di Liébeault, Bernheim e i loro allievi, ma anche perché nel frattempo deve esser stato scoperto quale risparmio di pensiero si ottenga utilizzando la parola a effetto "suggestione". Nessuno sa, né si preoccupa di sapere, cosa sia la suggestione, da dove provenga e quando si inneschi; è sufficiente essere autorizzati a chiamare "suggestione" tutto quello che c'è di scomodo nello psichismo.

Non condivido l'opinione, attualmente molto gradita, che le dichiarazioni dei bambini siano sempre arbitrarie e inattendibili. Nel campo della psiche nulla è arbitrario; l'inattendibilità delle dichiarazioni dei bambini deriva dalla strapotenza della loro fantasia, come l'inattendibilità delle dichiarazioni degli adulti dalla strapotenza dei loro

von der Übermacht ihrer Vorurteile. Sonst lügt auch das Kind nicht ohne Grund und hat im ganzen mehr Neigung zur Wahrheitsliebe als die Großen. Mit einer Verwerfung der Angaben unseres kleinen Hans in Bausch und Bogen täte man ihm gewiß schweres Unrecht; man kann vielmehr ganz deutlich unterscheiden, wo er unter dem Zwange eines Widerstandes fälscht oder zurückhält, wo er, selbst unentschieden, dem Vater beipflichtet, was man nicht als beweisend gelten lassen muß, und wo er, vom Drucke befreit, übersprudelnd mitteilt, was seine innere Wahrheit ist, und was er bisher allein gewußt hat. Größere Sicherheiten bieten auch die Angaben der Erwachsenen nicht. Bedauerlich bleibt, daß keine Darstellung einer Psychoanalyse die Eindrücke wiedergeben kann, die man während ihrer Ausführung empfängt, daß die endgültige Überzeugung nie durchs Lesen, sondern nur durchs Erleben vermittelt werden kann. Aber dieser Mangel haftet den Analysen mit Erwachsenen in gleichem Maße an.

Den kleinen Hans schildern seine Eltern als ein heiteres, aufrichtiges Kind, und so dürfte er auch durch die Erziehung geworden sein, die ihm die Eltern schenkten, die wesentlich in der Unterlassung unserer gebräuchlichen Erziehungssünden bestand. Solange er in fröhlicher Naivität seine Forschungen pflegen konnte, ohne Ahnung der aus ihnen bald erwachsenden Konflikte, teilte er sich auch rückhaltlos mit, und die Beobachtungen aus der Zeit vor seiner Phobie unterliegen auch keinem Zweifel und keiner Beanstandung. In der Zeit der Krankheit und während der Analyse beginnen für ihn die Inkongruenzen zwischen dem, was er sagt, und dem, was er denkt, zum Teil darin begründet, daß sich ihm unbewußtes Material aufdrängt, das er nicht mit einem Male zu bewältigen weiß, zum andern Teil infolge der inhaltlichen Abhaltungen, die aus seinem Verhältnisse zu den Eltern stammen. Ich behaupte, daß ich unparteiisch bleibe, wenn ich das Urteil ausspreche, daß auch diese Schwierigkeiten nicht größer ausgefallen sind als in soviel anderen Analysen mit Erwachsenen.

Während der Analyse allerdings muß ihm vieles gesagt werden, was er selbst nicht zu sagen weiß, müssen ihm Gedanken eingegeben werden, von denen sich noch nichts bei ihm gezeigt hat, muß seine Aufmerksamkeit die Einstellung nach jenen

pregiudizi. In genere neanche il bambino mente senza una ragione e, nel complesso, è più propenso degli adulti ad amare la verità. Se respingessimo in blocco le affermazioni del nostro piccolo Hans gli faremmo certamente un grave torto; magari si possono distinguere i casi in cui lui falsa o nasconde costretto da una resistenza, oppure condivide l'opinione del padre perché è indeciso, da quelli in cui, libero da pressioni, comunica in modo traboccante la propria verità interiore e le conoscenze che fino a quel momento erano suo esclusivo appannaggio. Anche le affermazioni degli adulti non offrono grandi sicurezze. Naturalmente dispiace che nessuna descrizione riesca a rendere le impressioni provate mentre si sta conducendo una psicoanalisi, che a esser convincente in modo definitivo sia solo l'esperienza diretta, e non la lettura. Ma questo difetto grava in ugual misura anche sulle analisi con adulti.

I suoi genitori descrivono il piccolo Hans come un bambino sereno, sincero, e questo doveva dipendere anche dall'educazione impartitagli, che aveva cercato di evitare i nostri errori educativi abituali. Si confidò senza riserve, finché aveva potuto compiere le proprie ricerche con felice ingenuità, senza sospettare l'esistenza dei conflitti che presto ne sarebbero derivati; e le osservazioni appartenenti all'epoca che ha preceduto la fobia non lasciano spazio a dubbi o a contestazioni. Nel periodo della malattia e durante l'analisi iniziano per lui le incongruenze tra ciò che dice e ciò che pensa, da una parte dovute al fatto che gli si impone del materiale inconscio che tutto in una volta lui non sa dominare, e dall'altra in seguito agli impedimenti di contenuto dovuti ai suoi rapporti con i genitori. Penso di essere imparziale esprimendo il giudizio che anche queste difficoltà non si sono presentate in misura maggiore che in tante altre analisi con adulti.

Certo, durante l'analisi gli si devono dire molte cose che egli non sa dire da solo, gli si devono suggerire pensieri che ancora non gli appartengono per niente, si deve orientare la sua attenzione in quelle direzioni da cui il padre si aspet-

Richtungen erfahren, von denen her der Vater das Kommende erwartet. Das schwächt die Beweiskraft der Analyse; aber in jeder verfährt man so. Eine Psychoanalyse ist eben keine tendenzlose, wissenschaftliche Untersuchung, sondern ein therapeutischer Eingriff; sie will an sich nichts beweisen, sondern nur etwas ändern. Jedesmal gibt der Arzt in der Psychoanalyse dem Patienten die bewußten Erwartungsvorstellungen, mit deren Hilfe er imstande sein soll, das Unbewußte zu erkennen und zu erfassen, das eine Mal in reichlicherem, das andere in bescheidenerem Ausmaße. Es gibt eben Fälle, die mehr, und andere, die weniger Nachhilfe brauchen. Ohne solche Hilfe kommt niemand aus. Was man etwa bei sich allein zu Ende bringen kann, sind leichte Störungen, niemals eine Neurose, die sich dem Ich wie etwas Fremdes entgegengestellt hat; zur Bewältigung einer solchen braucht es den andern, und soweit der andere helfen kann, soweit ist die Neurose heilbar. Wenn es im Wesen einer Neurose liegt, sich vom „andern" abzuwenden, wie es die Charakteristik der als Dementia praecox zusammengefaßten Zustände zu enthalten scheint, so sind eben darum diese Zustände für unsere Bemühung unheilbar. Es ist nun zugegeben, daß das Kind wegen der geringen Entwicklung seiner intellektuellen Systeme einer besonders intensiven Nachhilfe bedarf. Aber was der Arzt dem Patienten mitteilt, stammt doch selbst wieder aus analytischen Erfahrungen, und es ist wirklich beweisend genug, wenn mit dem Aufwande dieser ärztlichen Einmengung der Zusammenhang und die Lösung des pathogenen Materials erreicht wird.

Und doch hat unser kleiner Patient auch während der Analyse Selbständigkeit genug bewiesen, um ihn von dem Verdikte der „Suggestion" freisprechen zu können. Seine kindlichen Sexualtheorien wendet er auf sein Material an wie alle Kinder, ohne dazu eine Anregung zu erhalten. Dieselben sind dem Erwachsenen so überaus ferne gerückt; ja, in diesem Falle hatte ich es geradezu versäumt, den Vater darauf vorzubereiten, daß der Weg zum Thema der Geburt für Hans über den Exkretionskomplex führen müsse. Was infolge meiner Flüchtigkeit zu einer dunkeln Partie der Analyse wurde, ergab dann wenigstens ein gutes Zeugnis für die Echtheit und Selbständigkeit in Hansens Gedankenarbeit. Er war auf einmal mit dem „Lumpf" beschäftigt, ohne daß der

ta che scaturisca qualcosa. Questo indebolisce la forza probante dell'analisi; ma in tutte ci si comporta così. Una psicoanalisi non è una ricerca scientifica non orientata, ma un intervento terapeutico; in sé non vuole dimostrare niente, ma solo cambiare qualcosa. In psicoanalisi il medico fornisce sempre al paziente, in misura ora maggiore ora minore, le idee coscienti di aspettativa che possano metterlo in grado di riconoscere e capire l'inconscio. Ci sono casi che richiedono un aiuto maggiore e altri in cui l'aiuto è minore. Senza aiuto nessuno ne viene fuori. Uno può risolvere da solo solo disturbi leggeri, mai una nevrosi che si è contrapposta all'Io come qualcosa di estraneo; per superare una cosa simile ci vuole l'intervento di un'altra persona e la nevrosi può essere guarita per quel tanto che l'altro può essere di aiuto. E quando fare a meno dell'altro è la caratteristica stessa di una nevrosi, come sembra accadere negli stati raggruppati sotto il nome di *Dementia praecox*, proprio per questo tali stati sono considerati inguaribili. Bisogna riconoscere che il bambino, a causa dello scarso sviluppo del suo sistema intellettuale, ha bisogno di un aiuto notevole. Ma ciò che il medico comunica al paziente deriva anch'esso da esperienze analitiche, e comunque se prodigando questo intervento medico raggiugeremo il nocciolo e la soluzione del materiale patogeno, questo sarà una prova sufficiente.

Eppure il nostro piccolo paziente, anche durante l'analisi, ha mostrato un'autonomia tale da liberarlo dall'accusa di "suggestione". Come tutti i bambini, senza ricevere alcun incitamento a farlo, applica al suo materiale le proprie teorie sessuali infantili. Le quali sono estremamente lontane dalla mentalità dell'adulto; sì, in questo caso avevo addirittura trascurato di informare preventivamente il padre che il percorso sul tema della nascita sarebbe passato, per Hans, attraverso il complesso escrementizio. Quello che in seguito alla mia superficialità provocò un momentaneo offuscamento dell'analisi, fornì però un buon attestato della genuinità e dell'autonomia del lavoro mentale di Hans. D'un tratto cominciò a occuparsi della cacchetta senza che

angeblich suggerierende Vater verstehen konnte, wie er dazu kam und was daraus werden sollte. Ebensowenig Anteil kann man dem Vater an der Entwicklung der beiden Phantasien vom Installateur zuschreiben, die von dem frühzeitig erworbenen „Kastraktionskomplexe" ausgehen. Ich muß hier das Geständnis ablegen, daß ich dem Vater die Erwartung dieses Zusammenhanges völlig verschwiegen habe, aus theoretischem Interesse, um nur die Beweiskraft eines sonst schwer erreichbaren Beleges nicht verkümmern zu lassen.

Bei weiterer Vertiefung in das Detail der Analyse würden sich noch reichlich neue Beweise für die Unabhängigkeit unseres Hans von der „Suggestion" ergeben, aber ich breche hier die Behandlung des ersten Einwandes ab. Ich weiß, daß ich auch durch diese Analyse keinen überzeugen werde, der sich nicht überzeugen lassen will, und ich setze die Bearbeitung dieser Beobachtung für jene Leser fort, die sich eine Überzeugung von der Objektivität des unbewußten pathogenen Materials bereits erworben haben, nicht ohne die angenehme Gewißheit zu betonen, daß die Anzahl der letzteren in beständiger Zunahme begriffen ist.

Der erste dem Sexualleben zuzurechnende Zug bei dem kleinen Hans ist ein ganz besonders lebhaftes Interesse für seinen „Wiwimacher", wie dies Organ nach der kaum minder wichtigen seiner beiden Funktionen und nach jener, die in der Kinderstube nicht zu umgehen ist, genannt wird. Dieses Interesse macht ihn zum Forscher; er entdeckt so, daß man auf Grund des Vorhandenseins oder Fehlens des Wiwimachers Lebendes und Lebloses unterscheiden könne. Bei allen Lebewesen, die er als sich ähnlich beurteilt, setzt er diesen bedeutsamen Körperteil voraus, studiert ihn an den großen Tieren, vermutet ihn bei beiden Eltern und läßt sich auch durch den Augenschein nicht abhalten, ihn bei seiner neugeborenen Schwester zu statuieren. Es wäre eine zu gewaltige Erschütterung seiner „Weltanschauung", könnte man sagen, wenn er sich entschließen sollte, bei einem ihm ähnlichen Wesen auf ihn zu verzichten; es wäre so, als würde er ihm selbst entrissen. Eine Drohung der Mutter, die nichts geringeres als den Verlust des Wiwimachers zum Inhalte

il padre, il presunto suggeritore, potesse capire come lui ci fosse arrivato e che cosa ne sarebbe venuto fuori. Anche nello sviluppo delle due fantasie del fabbro e dell'idraulico, che derivano dal complesso di castrazione precocemente acquisito, la partecipazione del padre è esigua. Devo confessare di aver completamente nascosto al padre l'aspettativa di questo nesso, per interesse teorico, per non far diminuire la forza probante di una pezza d'appoggio altrimenti difficile da eguagliare.

Se ci addentrassimo ancora di più nei dettagli dell'analisi troveremmo molte altre dimostrazioni dell'autonomia del nostro Hans riguardo alla "suggestione", ma a questo punto interrompo l'esame della prima obiezione. So che neanche con questa analisi convincerò chi non si vuol far convincere, e continuo a rielaborare questo caso osservato per quei lettori che abbiano già acquisito una convinzione dell'oggettività del materiale patogeno inconscio, notando con piacere che il numero di questi ultimi è in costante aumento.

Il primo carattere che può essere attribuito alla vita sessuale del piccolo Hans è un interesse molto vivace per il suo favivì, come viene chiamato l'organo in base a quella delle sue due funzioni che è appena un po' meno importante e che nell'infanzia non si può aggirare. Questo interesse lo rende un ricercatore; scopre così che la presenza o l'assenza del favivì è il tratto distintivo della differenza tra animato e inanimato. In ogni essere vivente, che egli giudica simile a tutti gli altri, presuppone la presenza di questa importante parte del corpo: la studia sugli animali grossi, ne presuppone l'esistenza nei genitori e nemmeno la constatazione diretta può dissuaderlo dall'attribuirla anche alla sorellina appena nata. Dover rinunciare alla sua presenza in un qualche essere umano avrebbe costituito, per così dire, un duro colpo alla propria visione del mondo; sarebbe stato come se lo avessero strappato a lui. Una minaccia della madre che contemplava, niente meno, la perdita del fa-

hat, wird darum wahrscheinlich eiligst zurückgedrängt und darf erst in späteren Zeiten ihre Wirkung äußern. Die Einmengung der Mutter war erfolgt, weil er sich durch Berührung dieses Gliedes Lustgefühle zu verschaffen liebte; der Kleine hat die gewöhnlichste und — normalste Art der autoerotischen Sexualtätigkeit begonnen.

In einer Weise, die Alf. Adler sehr passend als „Triebverschränkung" bezeichnet hat,[1] verknüpft sich die Lust am eigenen Geschlechtsgliede mit der Schaulust in ihrer aktiven und ihrer passiven Ausbildung. Der Kleine sucht den Wiwimacher anderer Personen zu Gesicht zu bekommen, er entwickelt sexuelle Neugierde und liebt es, seinen eigenen zu zeigen. Einer seiner Träume aus der ersten Zeit der Verdrängung hat den Wunsch zum Inhalte, daß eine seiner kleinen Freundinnen ihm beim Wiwimachen behilflich sein, also dieses Anblickes teilhaftig werden solle. Der Traum bezeugt so, daß der Wunsch bis dahin unverdrängt bestanden hat, sowie spätere Mitteilungen bestätigen, daß er seine Befriedigung zu finden pflegte. Die aktive Richtung der sexuellen Schaulust verbindet sich bei ihm bald mit einem bestimmten Motiv. Wenn er sowohl dem Vater wie der Mutter wiederholt sein Bedauern zu erkennen gibt, daß er deren Wiwimacher noch nie gesehen habe, so drängt ihn dazu wahrscheinlich das Bedürfnis zu vergleichen. Das Ich bleibt der Maßstab, mit dem man die Welt ausmißt; durch beständiges Vergleichen mit der eigenen Person lernt man sie verstehen. Hans hat beobachtet, daß die großen Tiere soviel größere Wiwimacher haben als er; darum vermutet er das gleiche Verhältnis auch bei seinen Eltern und möchte sich davon überzeugen. Die Mama, meint er, hat gewiß einen Wiwimacher „wie ein Pferd". Er hat dann den Trost bereit, daß der Wiwimacher mit ihm wachsen werde; es ist, als ob der Größenwunsch des Kindes sich aufs Genitale geworfen hätte.

In der Sexualkonstitution des kleinen Hans ist also die Genitalzone von vornherein die am intensivsten lustbetonte unter

1 „Der Aggressionstrieb im Leben und in der Neurose". Fortschritte der Medizin. 1908. Nr. 19.

vivì, fu, probabilmente per questo, respinta in tutta fretta e poté manifestare il suo effetto in periodi successivi. L'ingerenza della madre aveva avuto successo perché lui amava procurarsi piacere toccandosi il membro; il piccolo aveva iniziato la più comune e – la più normale forma di attività sessuale autoerotica.

In un modo che A. Adler, molto adeguatamente, ha definito *"intreccio pulsionale"*,[2] il piacere ottenuto dal proprio membro genitale si collega al piacere legato al *voyeurismo*, nella sua forma attiva e passiva. Il piccolo cerca di arrivare a vedere il favivì di altre persone, sviluppa una curiosità sessuale e ama far vedere il proprio. Uno dei sogni che risaliva al primo periodo della rimozione, aveva come contenuto il desiderio che una delle sue amichette lo aiutasse a fare vivì, prendesse parte allo spettacolo. Il sogno dimostra che fino a quel punto il desiderio non aveva subìto rimozioni, esattamente come comunicazioni successive confermano che lui era abituato a soddisfarsi. La direzione attiva del piacere sessuale di tipo *voyeuristico* ben presto si ricollegò, in lui, a un altro motivo. Quando esprime ripetutamente, sia al padre che alla madre, il proprio rincrescimento per non aver ancora mai visto il loro favivì, probabilmente è spinto dal bisogno di *confrontare*. L'Io rimane il metro con cui si misura il mondo; lo si impara a conoscere attraverso un costante confronto con la propria persona. Hans ha osservato che gli animali grossi hanno dei favivì più grossi del suo; perciò suppone che la stessa cosa accada anche nel caso dei suoi genitori e vuole accertarsene. La mamma, pensa, ha sicuramente un favivì "come un cavallo". Ha pronta la consolazione che il favivì crescerà con lui; è come se il desiderio del bambino di diventare grande si fosse concentrato sul genitale.

Nella costituzione sessuale del piccolo Hans, fin dall'inizio è la zona genitale a essere, fra le zone erogene, la

[2] A.Adler, *Der Aggressiontrieb im Leben und in der Neurose*, in "Fortschr. Med.", vol. XXVI, 577, 1908.

den erogenen Zonen. Neben ihr ist nur noch die exkrementelle, an die Orifizien der Harn- und Stuhlentleerung geknüpfte Lust bei ihm bezeugt. Wenn er in seiner letzten Glücksphantasie, mit der sein Kranksein überwunden ist, Kinder hat, die er aufs Klosett führt, sie Wiwi machen läßt und ihnen den Podl auswischt, kurz, „alles mit ihnen tut, was man mit Kindern tun kann", so scheint es unabweisbar anzunehmen, daß diese selben Verrichtungen während seiner Kinderpflege eine Quelle der Lustempfindung für ihn waren. Diese Lust von erogenen Zonen wurde für ihn mit Hilfe der ihn pflegenden Person, der Mutter, gewonnen, führt also bereits zur Objektwahl; es bleibt aber möglich, daß er in noch früheren Zeiten gewohnt war, sich dieselbe autoerotisch zu verschaffen, daß er zu jenen Kindern gehört hat, die die Exkrete zurückzuhalten lieben, bis ihnen deren Entleerung einen Wollustreiz bereiten kann. Ich sage nur, es ist möglich, denn es ist in der Analyse nicht klargestellt worden; das „Krawallmachen mit den Beinen" (Zappeln), vor dem er sich später so sehr fürchtet, deutet nach dieser Richtung. Eine auffällige Betonung, wie bei anderen Kindern so häufig, haben diese Lustquellen bei ihm übrigens nicht. Er ist bald rein geworden, Bettnässen und tägliche Inkontinenz haben keine Rolle in seinen ersten Jahren gespielt; von der am Erwachsenen so häßlichen Neigung, mit den Exkrementen zu spielen, die am Ausgange der psychischen Rückbildungsprozesse wieder aufzutreten pflegt, ist an ihm nichts beobachtet worden.

Heben wir gleich an dieser Stelle hervor, daß während seiner Phobie die Verdrängung dieser beiden bei ihm gut ausgebildeten Komponenten der Sexualtätigkeit unverkennbar ist. Er schämt sich, vor anderen zu urinieren, klagt sich an, daß er den Finger zum Wiwimacher gebe, bemüht sich, auch die Onanie aufzugeben, und ekelt sich vor „Lumpf", „Wiwi" und allem, was daran erinnert. In der Phantasie von der Kinderpflege nimmt er diese letztere Verdrängung wieder zurück.

Eine Sexualkonstitution wie die unseres kleinen Hans scheint die Disposition zur Entwicklung von Perversionen oder ihrem Negativ (beschränken wir uns hier auf die Hysterie) nicht zu

fonte più intensa di piacere. Accanto ad essa, per lui, si attesta soltanto il piacere escretorio legato agli orifizi attraverso cui avviene l'evacuazione di orina e feci. Il presupposto della sua ultima fantasia di felicità, con cui ha superato la malattia e secondo la quale ha dei bambini che porta al gabinetto, fa far loro vivì e pulisce loro il popò, in breve, "fa con loro tutto quello che si può fare con i bambini", è che queste stesse operazioni fossero state per lui una fonte di sensazioni piacevoli, quando veniva accudito. Questo piacere delle zone erogene gli fu reso accessibile con l'aiuto della persona che lo aveva accudito, la madre, quindi conduce già alla scelta dell'oggetto; ma è anche possibile che, in tempi ancora anteriori, fosse abituato a raggiungere lo stesso risultato autoeroticamente, che fosse uno di quei bambini che amano trattenere gli escrementi fino al punto in cui la loro evacuazione può procurar loro uno stimolo che li fa godere. Dico solo che è possibile perché in analisi non è stato appurato; il "far baccano con le gambe" (scalpicciare), del quale in seguito ebbe così tanta paura, indica in questa direzione. Queste fonti di piacere non hanno in lui un risalto così vistoso, come accade frequentemente presso altri bambini. È diventato presto corretto: enuresi notturna e incontinenza diurna non hanno giocato alcun ruolo nei suoi primi anni. Né è stata osservata, in lui, traccia di quell'inclinazione a giocare con gli escrementi, considerata disdicevole dagli adulti, e che di solito ricompare a conclusione dei processi psichici di involuzione.

Rileviamo ancora che, durante la fobia, si manifesta un'evidente rimozione di queste due componenti dell'attività sessuale, in lui ben conformate. Si vergogna di urinare davanti agli altri, si accusa di portare il dito al favivì sforzandosi di eliminare anche l'onanismo e prova disgusto per la "cacchetta", la "vivì" e tutto quello che le ricorda. Nella fantasia dei bambini che lui accudisce, elimina di nuovo quest'ultima rimozione.

Una costituzione sessuale come quella del nostro piccolo Hans non pare contenere la disposizione allo sviluppo di perversioni o del loro negativo (limitiamoci qui all'iste-

enthalten. Soviel ich erfahren habe (es ist hier wirklich noch Zurückhaltung geboten), zeichnet sich die angeborene Konstitution der Hysteriker — bei den Perversen versteht es sich beinahe von selbst — durch das Zurücktreten der Genitalzonen gegen andere erogene Zonen aus. Eine einzige „Abirrung" des Sexuallebens muß von dieser Regel ausdrücklich ausgenommen werden. Bei den später Homosexuellen, die nach meiner Erwartung und nach den Beobachtungen von J. Sadger alle in der Kindheit eine amphigene Phase durchmachen, trifft man auf die nämliche infantile Präponderanz der Genitalzone, speziell des Penis. Ja, diese Hochschätzung des männlichen Gliedes wird zum Schicksal für die Homosexuellen. Sie wählen das Weib zum Sexualobjekt in ihrer Kindheit, solange sie auch beim Weibe die Existenz dieses ihnen unentbehrlich dünkenden Körperteiles voraussetzen; mit der Überzeugung, daß das Weib sie in diesem Punkte getäuscht hat, wird das Weib für sie als Sexualobjekt unannehmbar. Sie können den Penis bei der Person, die sie zum Sexualverkehre reizen soll, nicht entbehren und fixieren ihre Libido im günstigen Falle auf „das Weib mit dem Penis", den feminin erscheinenden Jüngling. Die Homosexuellen sind also Personen, welche durch die erogene Bedeutung des eigenen Genitales gehindert worden sind, bei ihrem Sexualobjekt auf diese Übereinstimmung mit der eigenen Person zu verzichten. Sie sind in der Entwicklung vom Autoerotismus zur Objektliebe an einer Stelle, dem Autoerotismus näher, fixiert geblieben.

Es ist ganz und gar unzulässig, einen besonderen homosexuellen Trieb zu unterscheiden; es ist nicht eine Besonderheit des Trieblebens, sondern der Objektwahl, die den Homosexuellen ausmacht. Ich verweise darauf, was ich in der „Sexualtheorie" ausgeführt habe, daß wir uns irrigerweise die Vereinigung von Trieb und Objekt im Sexualleben als eine zu innige vorgestellt haben. Der Homosexuelle kommt mit seinen — vielleicht normalen — Trieben von einem, durch eine bestimmte Bedingung ausgezeichneten Objekt nicht mehr los; in seiner Kindheit kann er sich, weil diese Bedingung überall als selbstverständlich erfüllt gilt, benehmen wie unser kleiner Hans, der unterschieds-

ria). Per quanto ho sperimentato (ma qui la riservatezza è veramente ancora d'obbligo) la costituzione innata dell'isterico – nei pervertiti si capisce da sé – è caratterizzata dal fatto che la zona genitale passa in secondo piano rispetto ad altre zone erogene. Un'unica "aberrazione" della vita sessuale deve essere esclusa espressamente da questa regola. In quelli che più tardi diventeranno soggetti omosessuali, i quali, secondo la mia aspettativa e secondo le osservazioni di J. Sadger, attraversano tutti nell'infanzia una fase anfigena, ci si imbatte nella stessa preponderanza infantile della zona genitale, in particolare del pene. È proprio l'altissima stima del membro maschile che segnerà il destino degli omosessuali. Nell'infanzia scelgono la femmina come oggetto sessuale finché presumono anche in lei l'esistenza di questa parte del corpo che a loro appare indispensabile; convinti che la femmina, su questo punto, li abbia imbrogliati, come oggetto sessuale diventa per loro inaccettabile. Non possono rinunciare alla presenza del pene nella persona che deve stimolarli al rapporto sessuale, e nel caso più favorevole fissano la loro libido sulla "donna con il pene", sul giovane effemminato. Gli omosessuali sono perciò persone alle quali il significato erogeno del loro genitale ha impedito di poter rinunciare alla presenza, nel loro oggetto sessuale, di questa estrema somiglianza con la loro persona. Nello sviluppo dall'autoerotismo all'amore oggettuale, sono rimasti fissi in una posizione vicina all'autoerotismo.

È del tutto inammissibile discriminare come omosessuale uno stimolo particolare; ciò che costituisce l'omosessuale, non è una particolarità della vita pulsionale, ma della scelta dell'oggetto. Faccio riferimento a quanto ho espresso nella *Teoria sessuale*, e cioè che ci siamo erroneamente rappresentati l'unione di pulsione e oggetto come qualcosa di intrinseco. L'omosessuale, con i suoi impulsi, forse normali, non riesce più a staccarsi da un oggetto caratterizzato da una particolare condizione; nell'infanzia, poiché questa condizione viene considerata naturalmente soddisfatta in modo generalizzato, egli si può comportare

los zärtlich ist mit Buben wie mit Mädchen und gelegentlich seinen Freund Fritzl für „sein liebstes Mäderl" erklärt. Hans ist homosexuell, wie es alle Kinder sein können, ganz im Einklange mit der nicht zu übersehenden Tatsache, daß er nur eine Art von Genitale kennt, ein Genitale wie das seinige.[2]

Die weitere Entwickelung unseres kleinen Erotikers geht aber nicht zur Homosexualität, sondern zu einer energischen, sich polygam gebärdenden Männlichkeit, die sich je nach ihren wechselnden weiblichen Objekten anders zu benehmen weiß, hier dreist zugreift und dort sehnsüchtig und verschämt schmachtet. In einer Zeit der Armut an anderen Objekten zur Liebe geht diese Neigung auf die Mutter zurück, von der her sie sich zu anderen gewendet hatte, um bei der Mutter in der Neurose zu scheitern. Erst dann erfahren wir, zu welcher Intensität die Liebe zur Mutter sich entwickelt und welche Schicksale sie durchgemacht hatte. Das Sexualziel, das er bei seinen Gespielinnen verfolgte, bei ihnen zu schlafen, rührte bereits von der Mutter her; es ist in die Worte gefaßt, die es auch im reifen Leben beibehalten kann, wenngleich der Inhalt dieser Worte eine Bereicherung erfahren wird. Der Knabe hatte auf dem gewöhnlichen Wege, von der Kinderpflege aus, den Weg zur Objektliebe gefunden und ein neues Lusterlebnis war für ihn bestimmend geworden, das Schlafen neben der Mutter, auf dessen Zusammensetzung wir die Berührungslust der Haut, die uns allen konstitutionell eignet, herausheben würden, während es nach der uns artifiziell erscheinenden Nomenklatur von Moll als Befriedigung des Kontrektationstriebes zu bezeichnen wäre.

In seinem Verhältnisse zu Vater und Mutter bestätigt Hans aufs grellste und greifbarste alles, was ich in der „Traumdeutung"

[2] [*Zusatz 1923:*] Ich habe später (1923) hervorgehoben, daß die Periode der Sexualentwicklung, in der sich auch unser kleiner Patient befindet, ganz allgemein dadurch ausgezeichnet ist, daß sie nur ein Genitale, das männliche, kennt; zum Unterschied von der späteren Periode der Reife besteht in ihr nicht ein Genitalprimat, sondern das Primat des Phallus.

come il nostro piccolo Hans, che è tenero con ragazzini e ragazzine indifferentemente e che, all'occasione, qualifica il suo amico Fritzl come "la sua più cara ragazzina". Hans è omosessuale come tutti i bambini possono esserlo, in perfetto accordo con il fatto, non trascurabile, che lui conosce *un solo tipo di genitale*, quello come il suo.[3]

Ma l'ulteriore sviluppo del nostro piccolo amatore non va in direzione dell'omosessualità, bensì di una energica virilità atteggiata a poligamia, con comportamenti differenziati al mutare dei suoi oggetti femminili: qui interviene sfrontatamente, là si strugge languido e pudico. In un periodo di penuria di altri oggetti amorosi, questa tendenza torna a volgersi alla madre, dalla quale si era distolta, naufragando così nella nevrosi. Solo allora capiamo in quale sentimento intenso si sia mutato l'amore per la madre e quali destini abbia attraversato. Lo scopo sessuale perseguito nei confronti delle amichette di gioco, quello *di dormire* da loro, derivava già dalla madre; questo scopo viene espresso in termini perfino appropriati a un'età matura, anche se il loro contenuto riceverà un arricchimento. Il bambino aveva trovato la via all'amore oggettuale seguendo il percorso comune, cioè attraverso l'accudimento ricevuto nella prima infanzia, e per lui era diventata determinante una nuova esperienza di piacere, quella di dormire accanto alla madre; un'esperienza che, secondo noi, consta del piacere legato al contatto epidermico, costituzionalmente proprio di noi tutti, mentre, seguendo la terminologia, un po' artificiosa di Moll, dovremmo caratterizzarla come soddisfacimento della pulsione di contrettazione.

Nei rapporti verso il padre e la madre Hans conferma, nel modo più vivo e tangibile, tutto quanto ho sostenuto sulle relazioni sessuali tra bambino e genitori ne *L'inter-*

[3] (Nota aggiunta nel 1923): Ho notato in seguito (1923) che il periodo di sviluppo sessuale nel quale anche il nostro piccolo paziente si trova, è generalmente caratterizzato dal fatto che si conosce un solo genitale, quello maschile; a differenza di quanto avviene nel successivo periodo della maturità, in esso non vi è primato del genitale, ma primato del fallo.

und in der „Sexualtheorie“ über die Sexualbeziehungen der Kinder zu den Eltern behauptet habe. Er ist wirklich ein kleiner Ödipus, der den Vater „weg“, beseitigt haben möchte, um mit der schönen Mutter allein zu sein, bei ihr zu schlafen. Dieser Wunsch entstand im Sommeraufenthalte, als die Abwechslungen von Anwesenheit und Abwesenheit des Vaters ihn auf die Bedingung hinwiesen, an welche die ersehnte Intimität mit der Mutter gebunden war. Er begnügte sich damals mit der Fassung, der Vater solle „wegfahren“, an welche später die Angst, von einem weißen Pferde gebissen zu werden, unmittelbar anknüpfen konnte, dank einem akzidentellen Eindrucke bei einer anderen Abreise. Er erhob sich später, wahrscheinlich erst in Wien, wo auf Verreisen des Vaters nicht mehr zu rechnen war, zum Inhalte, der Vater solle dauernd weg, solle „tot“ sein. Die aus diesem Todeswunsche gegen den Vater entspringende, also normal zu motivierende Angst vor dem Vater bildete das größte Hindernis der Analyse, bis sie in der Aussprache in meiner Ordination beseitigt wurde.[3]

Unser Hans ist aber wahrlich kein Bösewicht, nicht einmal ein Kind, bei welchem die grausamen und gewalttätigen Neigungen der menschlichen Natur um diese Zeit des Lebens noch ungehemmt entfaltet sind. Er ist im Gegenteil von ungewöhnlich gutmütigem und zärtlichem Wesen; der Vater hat notiert, daß sich die Verwandlung der Aggressionsneigung in Mitleiden bei ihm sehr frühzeitig vollzogen hat. Lange vor der Phobie wurde er unruhig, wenn er im Ringelspiele die Pferde schlagen sah, und er blieb nie ungerührt, wenn jemand in seiner Gegenwart weinte. An einer Stelle der Analyse kommt in einem gewissen Zusammenhange ein unterdrücktes Stück Sadismus bei ihm zum Vorschein;[4] aber es war unterdrückt, und wir werden später aus dem Zusammenhange zu erraten haben, wofür es steht und was es ersetzen soll. Hans liebt auch den Vater innig, gegen den er diese Todeswünsche

[3] Die beiden Einfälle Hansens: Himbeersaft und Gewehr zum Totschießen werden gewiß nicht nur einseitig determiniert gewesen sein. Sie haben wahrscheinlich mit dem Hasse gegen den Vater ebensoviel zu tun wie mit dem Verstopfungskomplex. Der Vater, der die letztere Zurückführung selbst errät, denkt bei „Himbeersaft“ auch an „Blut“.

[4] Die Pferde schlagen und necken wollen.

pretazione dei sogni e nella *Teoria sessuale*. Egli è veramente un piccolo Edipo, che vorrebbe mandar via, eliminare il padre, per restare solo con la bella madre, dormire con lei. Il desiderio era nato durante le vacanze estive, quando l'alternanza di presenza e assenza del padre gli aveva indicato la condizione alla quale era legata l'ambita intimità con la madre. Allora si contentò di pensare che il padre sarebbe "partito", idea alla quale in seguito poté direttamente collegarsi la paura di essere morso da un cavallo bianco, grazie a una impressione casuale dovuta all'osservazione di un'altra partenza. Più tardi, probabilmente a Vienna, dove non c'era più da contare sulla partenza del padre, arrivò a concepire l'idea che il padre avrebbe dovuto partire per sempre, essere "morto". La paura sgorgata da questo desiderio di morte rivolto contro il padre, quindi del tutto motivata, costituì il più grosso impedimento dell'analisi, fino a quando non venne eliminata durante il colloquio avvenuto nel mio studio.[4]

Ma il nostro Hans non è né un bambino malvagio né uno in cui si manifestino, ancora liberamente in questo stadio della vita, le tendenze crudeli e violente della natura umana. Al contrario, è di indole insolitamente buona e dolce; il padre ha notato come in lui la trasformazione dell'aggressività in pietà abbia avuto luogo molto presto. Molto prima della fobia, si agitava se vedeva picchiare i cavalli al circo, e non restava indifferente di fronte al pianto di un'altra persona in sua presenza. A un certo punto dell'analisi viene in luce, in un determinato contesto, una parte di sadismo che lui ha represso[5]; ma era appunto represso e il contesto ci farà indovinare più tardi per che cosa stia e che cosa debba sostituirlo. Hans inoltre ama profondamente il padre contro il quale rivolge questo desiderio di morte e,

[4] Le due associazioni di Hans, lo "sciroppo di lamponi" e il "fucile per ammazzare" non sono sicuramente state determinate univocamente. Probabilmente hanno a che fare sia con l'odio verso il padre che con il complesso di costipazione. Il padre, che indovina il secondo rapporto, pensa anche allo "sciroppo di lamponi" come "sangue".

[5] Voler picchiare e punzecchiare i cavalli.

hegt, und während seine Intelligenz den Widerspruch beanständet,[5] muß er dessen tatsächliches Vorhandensein demonstrieren, indem er den Vater schlägt und sofort darauf die geschlagene Stelle küßt. Auch wir wollen uns hüten, diesen Widerspruch anstößig zu finden; aus solchen Gegensatzpaaren ist das Gefühlsleben der Menschen überhaupt zusammengesetzt;[6] ja, es käme vielleicht nicht zur Verdrängung und zur Neurose, wenn es anders wäre. Diese Gefühlsgegensätze, die dem Erwachsenen gewöhnlich nur in der höchsten Liebesleidenschaft gleichzeitig bewußt werden, sonst einander zu unterdrücken pflegen, bis es dem einen gelingt, das andere verdeckt zu halten, finden im Seelenleben des Kindes eine ganze Weile über friedlich nebeneinander Raum.

Die größte Bedeutung für die psychosexuelle Entwicklung unseres Knaben hat die Geburt einer kleinen Schwester gehabt, als er 3½ Jahre alt war. Dieses Ereignis hat seine Beziehungen zu den Eltern verschärft, seinem Denken unlösliche Aufgaben gestellt, und das Zuschauen bei der Kinderpflege hat dann die Erinnerungsspuren seiner eigenen frühesten Lusterlebnisse wiederbelebt. Auch dieser Einfluß ist ein typischer; in einer unerwartet großen Anzahl von Lebens- und Krankengeschichten muß man dieses Aufflammen der sexuellen Lust und der sexuellen Wißbegierde, das an die Geburt des nächsten Kindes anknüpft, zum Ausgangspunkte nehmen. Hansens Benehmen gegen den Ankömmling ist das in der „Traumdeutung"[7] geschilderte. Im Fieber wenige Tage nachher verrät er, wie wenig er mit diesem Zuwachs einverstanden ist. Hier ist die Feindseligkeit das zeitlich Vorangehende, die Zärtlichkeit mag nachfolgen.[8] Die Angst, daß noch ein neues Kind nachkommen könne, hat seither eine Stelle in seinem bewußten Denken. In

5 Vgl. die kritischen Fragen an den Vater (oben p. 126).

6 „Das macht, ich bin kein ausgeklügelt Buch.
Ich bin ein Mensch mit seinem Widerspruch."
C. F. Meyer, Huttens letzte Tage.

7 p. 172, 8. Aufl.

8 Vgl. seine Vorsätze, wenn die Kleine erst sprechen kann (oben p. 178).

mentre la sua intelligenza rileva la contraddizione,[6] ne dimostra la concreta sussistenza colpendo il padre e baciando immediatamente la parte colpita. Guardiamoci dal trovare indecente questa contraddizione; la vita sentimentale degli uomini è fondamentalmente composta di coppie di opposti[7]; se le cose andassero diversamente, forse non si giungerebbe alla rimozione e alla nevrosi. Questi opposti del sentimento che nell'adulto di solito diventano coscienti, nella loro sincronicità, solo al colmo della passione d'amore e altrimenti si reprimono a vicenda finché uno non riesce a tener nascosto l'altro, nella vita dell'anima del bambino, invece, trovano tranquillamente spazio l'uno accanto all'altro per un bel po'.

Il fatto di maggior importanza, per lo sviluppo psicosessuale del nostro bambino, è stato la nascita di una sorellina, quando lui aveva tre anni e mezzo. Questo evento ha inasprito i suoi rapporti con i genitori, ha posto al suo pensiero questioni insolubili, e l'osservazione di come si accudisce un bambino ha risvegliato le tracce mnestiche delle proprie primissime esperienze di piacere. Anche questo influsso è tipico; in un numero inaspettatamente grande di storie, cliniche e di vita, come punto di partenza si deve sempre prendere questa fiammata di piacere e di curiosità sessuale legata alla nascita del bambino successivo. Il comportamento di Hans verso la nuova venuta è quello descritto ne *L'interpretazione dei sogni*.[8] Pochi giorni dopo, febbricitante, svela quanto sia in disaccordo con questo incremento della famiglia. Qui è l'ostilità a prevalere da un punto di vista cronologico, la tenerezza può manifestarsi successivamente.[9] Da quel momento comincia a trovar spazio nei suoi pensieri consci la paura che possa nascere ancora

[6] Confronta con le sue domande critiche al padre di p. 127.

[7] "Das macht, ich bin kein ausgeklügelt Buch./Ich bin ein Mensch mit seinem Widerspruch." "Io non sono un libro ingegnoso/sono un uomo con le sue contraddizioni." C.F. Meyer, *Huttens letzte Tage*.

[8] *Op. cit.*, pp. 237 sgg.

[9] Confronta con quanto si ripropone di fare quando la bambina saprà parlare. (Sopra p. 179).

der Neurose ist die bereits unterdrückte Feindseligkeit durch eine besondere Angst, die vor der Badewanne, vertreten; in der Analyse bringt er den Todeswunsch gegen die Schwester unverhohlen zum Ausdrucke, nicht bloß in Anspielungen, die der Vater vervollständigen muß. Seine Selbstkritik läßt ihm diesen Wunsch nicht so arg erscheinen wie den analogen gegen den Vater; aber er hat offenbar beide Personen in gleicher Weise im Unbewußten behandelt, weil sie beide ihm die Mammi wegnehmen, ihn im Alleinsein mit ihr stören.

Dies Ereignis und die mit ihm verknüpften Erweckungen haben übrigens seinen Wünschen eine neue Richtung gegeben. In der sieghaften Schlußphantasie zieht er dann die Summe aller seiner erotischen Wunschregungen, der aus der autoerotischen Phase stammenden und der mit der Objektliebe zusammenhängenden. Er ist mit der schönen Mutter verheiratet und hat ungezählte Kinder, die er nach seiner Weise pflegen kann.

2

Hans erkrankt eines Tages an Angst auf der Straße. Er kann noch nicht sagen, wovor er sich fürchtet, aber zu Beginn seines Angstzustandes verrät er auch dem Vater das Motiv seines Krankseins, den Krankheitsgewinn. Er will bei der Mutter bleiben, mit ihr schmeicheln; die Erinnerung, daß er auch von ihr getrennt war zur Zeit, als das Kind kam, mag, wie der Vater meint, zu dieser Sehnsucht beitragen. Bald erweist sich, daß diese Angst nicht mehr in Sehnsucht zurückzuübersetzen ist, er fürchtet sich auch, wenn die Mutter mit ihm geht. Unterdes erhalten wir Anzeichen von dem, woran sich die zur Angst gewordene Libido fixiert hat. Er äußert die ganz spezialisierte Furcht, daß ihn ein weißes Pferd beißen wird.

Wir benennen einen solchen Krankheitszustand eine „Phobie" und könnten den Fall unseres Kleinen der Agoraphobie zurechnen, wenn diese Affektion nicht dadurch ausgezeichnet wäre, daß die sonst unmögliche Leistung im Raume jedesmal durch die Begleitung einer gewissen dazu auserwählten Person, im äußersten Falle des

un altro bambino. Nella nevrosi, l'ostilità già repressa è sostituita da una paura particolare, quella della vasca da bagno; durante l'analisi esprime apertamente, e non soltanto per accenni, che al padre spetterebbe completare il desiderio di morte rivolto contro la sorella. La sua autocritica non gli fa apparire questo desiderio così brutto come quello analogo rivolto contro il padre; ma chiaramente, nell'inconscio, ha trattato le due persone alla stessa maniera, perché entrambi gli sottraggono la mami, gli impediscono di stare da solo con lei.

Inoltre questo evento, insieme con i risvegli che vi sono collegati, ha impresso una nuova direzione ai suoi desideri. Nella vittoriosa fantasia conclusiva traccia la somma di tutti i suoi moti erotici di desiderio, di quelli derivanti dalla fase autoerotica e di quelli connessi all'amore oggettuale. È sposato con la bella madre, e ha numerosissimi figli che può accudire a modo suo.

2

Un giorno, per strada, Hans contrae una fobia. Non sa ancora dire di cosa ha paura, ma già dall'inizio del suo stato fobico rivela al padre il motivo della sua malattia, il guadagno che ne ricava. Vuole restare accanto alla madre, fare le moine con lei; il ricordo di esser stato separato da lei nel periodo in cui nacque la sorellina, può, secondo il padre, contribuire a questa nostalgia. Ben presto diventa chiaro che questa paura non può essere ritradotta in nostalgia: ha paura anche quando la madre va fuori con lui. Nel frattempo alcuni indizi ci indicano su cosa si sia fissata la libido trasformatasi in angoscia. Manifesta la paura, del tutto singolare, di essere morso da un cavallo bianco.

Uno stato morboso di questo tipo lo denominiamo "fobia" e potremmo annoverare il caso del nostro piccolo tra quelli d'agorafobia, se questa affezione non fosse caratterizzata dal fatto che l'attraversamento di uno spazio, a cose normali impossibile, è sempre reso facilmente attuabile dall'accompagnamento di una determinata persona, op-

Arztes, leicht möglich wird. Hansens Phobie hält diese Bedingung nicht ein, sieht bald vom Raume ab und nimmt immer deutlicher das Pferd zum Objekte; in den ersten Tagen äußert er auf der Höhe des Angstzustandes die Befürchtung: „Das Pferd wird ins Zimmer kommen", die mir das Verständnis seiner Angst so sehr erleichtert hat.

Die Stellung der „Phobien" im System der Neurosen ist bisher eine unbestimmte gewesen. Sicher scheint, daß man in den Phobien nur Syndrome erblicken darf, die verschiedenen Neurosen angehören können, ihnen nicht die Bedeutung besonderer Krankheitsprozesse einzuräumen braucht. Für die Phobien von der Art wie die unseres kleinen Patienten, die ja die häufigsten sind, scheint mir die Bezeichnung „Angsthysterie" nicht unzweckmäßig; ich habe sie Herrn Dr. W. Stekel vorgeschlagen, als er die Darstellung der nervösen Angstzustände unternahm, und ich hoffe, daß sie sich einbürgern wird.[9] Sie rechtfertigt sich durch die vollkommene Übereinstimmung im psychischen Mechanismus dieser Phobien mit der Hysterie bis auf einen, aber entscheidenden und zur Sonderung geeigneten Punkt. Die aus dem pathogenen Material durch die Verdrängung entbundene Libido wird nämlich nicht konvertiert, aus dem Seelischen heraus zu einer körperlichen Innervation verwendet, sondern wird als Angst frei. In den vorkommenden Krankheitsfällen kann sich diese „Angsthysterie" mit der „Konversionshysterie" in beliebigem Ausmaße vermengen. Es gibt auch reine Konversionshysterie ohne jede Angst sowie bloße Angsthysterie, die sich in Angstempfindungen und Phobien äußert, ohne Konversionszusatz; ein Fall letzterer Art ist der unseres kleinen Hans.

Die Angsthysterien sind die häufigsten aller psychoneurotischen Erkrankungen, vor allem aber die zuerst im Leben auftretenden, es sind geradezu die Neurosen der Kinderzeit. Wenn eine Mutter

[9] W. Stekel. Nervöse Angstzustände und ihre Behandlung. 1908.

portunamente scelta, nei casi estremi da quello del medico. La fobia di Hans non soddisfa questa condizione, prescinde presto dallo spazio e ha sempre più chiaramente il cavallo come oggetto; nei primi giorni, l'intensità dello stato d'angoscia gli fa esprimere il timore che "il cavallo verrà in camera", dichiarazione che mi ha estremamente facilitato la comprensione della sua paura.

Il posto da assegnare alle fobie entro il sistema delle nevrosi non è finora stato determinato. La cosa sicura sembra essere che nelle fobie si possano solo osservare sindromi, che potrebbero appartenere a diverse nevrosi, e alle quali non c'è bisogno di assegnare il significato di processo morboso particolare. Per le fobie del tipo di quella del nostro piccolo Hans, che sono le più frequenti, la designazione di "isteria d'angoscia" non mi sembra inadeguata; l'ho proposta al Dott. W. Stekel, quando intraprese la descrizione degli stati nervosi d'angoscia e spero che diventerà d'uso comune.[10] A giustificarla è il completo accordo del meccanismo psichico di queste fobie con quello dell'isteria, almeno fino a un punto decisivo a partire dal quale poi si separano. La libido uscita dal materiale patogeno per via della rimozione non viene convertita, non viene utilizzata al di fuori della sfera psichica in una innervazione corporea, ma viene liberata come angoscia. Nella pratica clinica "isteria d'angoscia" e "isteria di conversione" si possono trovare combinate insieme in qualsiasi proporzione. Si dà anche una pura isteria di conversione senza qualsivoglia angoscia, così come una pura isteria d'angoscia che si manifesta in sensazioni d'angoscia e fobie senza aggiunta di conversione; un caso di questo tipo è quello del nostro piccolo Hans.

Le isterie d'angoscia sono le più comuni fra le malattie psiconevrotiche, soprattutto son quelle che nella vita compaiono per prime, sono addirittura le nevrosi dell'infanzia. Quando una madre racconta che il figlio è molto "nervoso",

[10] W. Stekel, *Nervöse Angstzustände und ihre Behandlung*, 1908.

etwa von ihrem Kind erzählt, es sei sehr „nervös", so kann man in 9 unter 10 Fällen darauf rechnen, daß das Kind irgend eine Art von Angst oder viele Ängstlichkeiten zugleich hat. Leider ist der feinere Mechanismus dieser so bedeutsamen Erkrankungen noch nicht genügend studiert; es ist noch nicht festgestellt, ob die Angsthysterie zum Unterschiede von der Konversionshysterie und von anderen Neurosen ihre einzige Bedingung in konstitutionellen Momenten oder im akzidentellen Erleben hat, oder in welcher Vereinigung von beiden sie sie findet.[10] Es scheint mir, daß es diejenige neurotische Erkrankung ist, welche die geringsten Ansprüche auf eine besondere Konstitution erhebt und im Zusammenhange damit am leichtesten zu jeder Lebenszeit akquiriert werden kann.

Ein wesentlicher Charakter der Angsthysterien läßt sich leicht hervorheben. Die Angsthysterie entwickelt sich immer mehr zur „Phobie"; am Ende kann der Kranke angstfrei geworden sein, aber nur auf Kosten von Hemmungen und Einschränkungen, denen er sich unterwerfen mußte. Es gibt bei der Angsthysterie eine von Anfang an fortgesetzte psychische Arbeit, um die frei gewordene Angst wieder psychisch zu binden, aber diese Arbeit kann weder die Rückverwandlung der Angst in Libido herbeiführen noch an dieselben Komplexe anknüpfen, von denen die Libido herrührt. Es bleibt ihr nichts anderes übrig, als jeden der möglichen Anlässe zur Angstentwicklung durch einen psychischen Vorbau von der Art einer Vorsicht, einer Hemmung, eines Verbots zu sperren, und diese Schutzbauten sind es, die uns als Phobien erscheinen und für unsere Wahrnehmung das Wesen der Krankheit ausmachen.

Man darf sagen, daß die Behandlung der Angsthysterie bisher eine rein negative gewesen ist. Die Erfahrung hat gezeigt, daß es unmöglich, ja unter Umständen gefährlich ist, die Heilung der Phobie auf gewalttätige Art zu erreichen, indem man den Kranken in eine Situation bringt, in welcher er die Angstentbindung durch-

[10] [*Zusatz 1923:*] Die hier aufgeworfene Frage ist zwar nicht weiter verfolgt worden. Es besteht aber kein Grund, für die Angsthysterie eine Ausnahme von der Regel anzunehmen, daß Anlage und Erleben für die Ätiologie einer Neurose zusammenwirken müssen. Ein besonderes Licht auf die in der Kindheit so starke Disposition zur Angsthysterie scheint die Auffassung Rank's von der Wirkung des Geburtstraumas zu werfen.

nove casi su dieci si può star certi che ha una forma di angoscia, o più d'una contemporaneamente. Purtroppo il meccanismo più sottile di queste malattie così importanti non è stato ancora sufficientemente studiato; non si è ancora stabilito se l'isteria d'angoscia, a differenza dell'isteria di conversione e altre nevrosi, dipenda da fattori costituzionali o dall'esperienza contingente o abbia un legame con entrambe le cose.[11] A me pare che sia la malattia nervosa meno dipendente da una particolare costituzione e conseguentemente anche quella che in un qualsiasi momento della vita si può contrarre più facilmente.

Si può mettere facilmente in evidenza un carattere essenziale delle isterie d'angoscia. L'isteria d'angoscia si sviluppa sempre di più in "fobia"; alla fine il malato può essersi liberato dall'angoscia, ma solo a costo di inibizioni e restrizioni a cui deve sottostare. Nell'isteria d'angoscia viene fin dall'inizio condotto un lavoro psichico, per legare di nuovo psichicamente l'angoscia che si è liberata, ma questo lavoro non può né provocare la ritrasformazione dell'angoscia in libido, né ricollegarsi allo stesso complesso dal quale proviene la libido. Non rimane nient'altro che sbarrare tutte le possibili occasioni di sviluppo dell'angoscia attraverso un avancorpo psichico come una cautela, una inibizione, un divieto, e sono queste costruzioni di difesa che ci appaiono come fobie e per le nostre percezioni costituiscono l'essenza della malattia.

Si può dire che il trattamento della isteria di angoscia è stato fino a questo momento puramente negativo. L'esperienza ha mostrato che è impossibile, e in certe condizioni pericoloso, raggiungere la guarigione della fobia in modo violento, portando il malato in una situazione in cui deve

[11] (Nota aggiunta nel 1923): La questione qui sollevata non è stata ulteriormente approfondita. Ma non c'è ragione di presumere che per l'isteria d'angoscia valga un'eccezione alla regola secondo cui predisposizione ed esperienza possono cooperare nell'etiologia di una nevrosi. La concezione di Rank sugli effetti del trauma della nascita mi pare getti particolarmente luce sulla forte predisposizione infantile all'isteria d'angoscia.

machen muß, nachdem man ihm seine Deckung entzogen hat. So läßt man ihn notgedrungen Schutz suchen, wo er ihn zu finden glaubt, und bezeugt ihm eine wirkungslose Verachtung wegen seiner „unbegreiflichen Feigheit".

Für die Eltern unseres kleinen Patienten stand von Beginn der Erkrankung an fest, daß man ihn weder auslachen noch brutalisieren dürfe, sondern den Zugang zu seinen verdrängten Wünschen auf psychoanalytischem Wege suchen müsse. Der Erfolg belohnte die außerordentliche Bemühung seines Vaters, dessen Mitteilungen uns Gelegenheit geben werden, in das Gefüge einer solchen Phobie einzudringen und den Weg der bei ihr vorgenommenen Analyse zu verfolgen.

Es ist mir nicht unwahrscheinlich, daß die Analyse durch ihre Ausdehnung und Ausführlichkeit dem Leser einigermaßen undurchsichtig geworden ist. Ich will darum zuerst ihren Verlauf verkürzt wiederholen mit Weglassung alles störenden Beiwerks und Hervorhebung der Ergebnisse, die sich schrittweise erkennen lassen.

Wir erfahren zunächst, daß der Ausbruch des Angstzustandes kein so plötzlicher war, wie es auf den ersten Blick erschien. Einige Tage vorher war das Kind aus einem Angsttraum erwacht, dessen Inhalt war, die Mama sei weg und er habe jetzt keine Mama zum Schmeicheln. Schon dieser Traum weist auf einen Verdrängungsvorgang von bedenklicher Intensität. Seine Aufklärung kann nicht lauten, wie bei vielen Angstträumen sonst, daß das Kind aus irgend welchen somatischen Quellen im Traume Angst verspürt und diese Angst nun zur Erfüllung eines sonst intensiv verdrängten Wunsches aus dem Unbewußten benutzt hat (vgl. Traumdeutung 8. Aufl., p. 399), sondern es ist ein echter Straf- und Verdrängungstraum, bei dem auch die Funktion des Traumes fehlschlägt, da das Kind mit Angst aus dem Schlaf erwacht. Der eigentliche Vorgang im Unbewußten läßt sich leicht rekonstruieren.

sopportare lo scioglimento dell'angoscia dopo che gli è stata tolta la sua protezione. Lo si mette nella condizione di cercare difesa dove lui, costretto dalla necessità, pensa di trovarne e gli si manifesta un inutile disprezzo per la sua "inconcepibile viltà".

I genitori del nostro piccolo paziente, fin dall'inizio della malattia non ebbero dubbi sul fatto che non lo si dovesse né deridere né trattar male, ma che si dovesse invece cercare l'accesso ai suoi desideri rimossi attraverso le vie psicoanalitiche. Il successo premiò la non comune pazienza del padre, le cui comunicazioni ci daranno occasione di entrare nella struttura di una fobia di questo genere e seguire la strada, che ci siamo prefissa, della sua analisi.

Non ritengo improbabile che per il lettore l'analisi sia diventata in qualche misura oscura per via delle dimensioni e della ricchezza dei dettagli. Per questo ricapitolo brevemente il suo decorso, omettendo tutti gli orpelli ingombranti e dando rilievo ai risultati che via via diventano riconoscibili.

Veniamo subito a sapere che lo scoppio dello stato di angoscia non si è verificato così improvvisamente come sembrava a prima vista. Alcuni giorni prima il bambino si era svegliato da un sogno d'angoscia il cui contenuto era che la mamma se ne era andata e che lui non aveva più una mamma con cui fare le moine. Già questo sogno è indice di un processo di rimozione di preoccupante intensità. Non lo si può spiegare, come invece accade per molti sogni d'angoscia, dicendo che il bambino prova, in sogno, un'angoscia di una qualche fonte somatica e ha utilizzato questa angoscia come soddisfacimento di un desiderio rimosso, altrimenti intenso, proveniente dall'inconscio (vedi *L'interpretazione dei sogni*, p. 225), bensì questo è un vero sogno di punizione e rimozione, in cui anche la funzione del sogno viene meno, perché il bambino si sveglia angosciato. È facile ricostruire il processo vero e proprio avvenuto nell'inconscio. Il bambi-

Das Kind hat von Zärtlichkeiten mit der Mutter geträumt, bei ihr geschlafen, alle Lust ist in Angst und aller Vorstellungsinhalt in sein Gegenteil verwandelt worden. Die Verdrängung hat den Sieg über den Traummechanismus davongetragen.

Aber die Anfänge dieser psychologischen Situation gehen noch weiter zurück. Schon im Sommer gab es ähnliche sehnsüchtig-ängstliche Stimmungen, in denen er ähnliches äußerte, und die ihm damals den Vorteil brachten, daß ihn die Mutter zu sich ins Bett nahm. Seit dieser Zeit etwa dürften wir den Bestand einer gesteigerten sexuellen Erregung bei Hans annehmen, deren Objekt die Mutter ist, deren Intensität sich in zwei Verführungsversuchen an der Mutter äußert — der letzte ganz kurz vor dem Ausbruche der Angst —, und die sich nebenbei in allabendlicher masturbatorischer Befriedigung entlädt. Ob dann der Umschlag dieser Erregung sich spontan vollzieht oder infolge der Abweisung der Mutter oder durch die zufällige Erweckung früherer Eindrücke bei der später zu erfahrenden „Veranlassung" der Erkrankung, das ist nicht zu entscheiden, ist wohl auch gleichgültig, da die drei verschiedenen Fälle nicht als Gegensätze aufgefaßt werden können. Die Tatsache ist die des Umschlags der sexuellen Erregung in die Angst.

Von dem Benehmen des Kindes in der ersten Zeit der Angst haben wir schon gehört, auch daß der erste Inhalt, den es seiner Angst gibt, lautet: Ein Pferd wird es beißen. Hier findet nun die erste Einmengung der Therapie statt. Die Eltern weisen darauf hin, daß die Angst die Folge der Masturbation sei, und leiten ihn zur Entwöhnung von derselben an. Ich sorge dafür, daß die Zärtlichkeit für die Mutter, die er gegen die Angst vor den Pferden vertauschen möchte, kräftig vor ihm betont werde. Eine geringfügige Besserung nach dieser ersten Einflußnahme geht bald in einer Zeit körperlichen Krankseins unter. Der Zustand ist unverändert. Bald darauf findet Hans die Ableitung der Furcht, daß ihn ein Pferd beißen wird, von der Reminiszenz eines Eindruckes in Gmunden. Ein Vater warnte damals sein Kind bei der Abreise: Gib den Finger nicht zum Pferde, sonst wird es dich beißen. Der Wortlaut,

no ha sognato di scambi di tenerezze con la madre, di dormire da lei; tutto il piacere si è mutato in angoscia e ogni contenuto immaginativo nel proprio contrario. La rimozione ha riportato la vittoria sul meccanismo del sogno.

Ma gli inizi di questa situazione psicologica risalgono ancora più indietro. Già in estate c'erano stati umori di tipo nostalgico-angoscioso, con i quali espresse qualcosa di analogo e che gli procurarono il beneficio di esser preso a letto con sé dalla mamma. A proposito di questo periodo, dobbiamo presumere la sussistenza, in Hans, di una eccitazione sessuale accresciuta, il cui oggetto è la madre, la cui intensità si manifesta in due diversi tentativi di seduzione rivolti sempre a lei – l'ultimo immediatamente prima dello scoppio dell'angoscia – e che, tra l'altro, sfocia ogni sera in un soddisfacimento ottenuto con la masturbazione. Se il rovesciamento dell'eccitazione in angoscia sia accaduto spontaneamente o in seguito al rifiuto della madre o per il casuale risveglio di precedenti impressioni in relazione al "pretesto" della malattia, del quale parleremo più tardi, è del tutto indifferente perché i tre diversi casi non possono esser considerati incompatibili. Il fatto è quello del capovolgimento dell'eccitazione sessuale in angoscia.

Del comportamento del bambino nel periodo iniziale dell'angoscia abbiamo già saputo, come abbiamo saputo che il primo contenuto che dà alla sua paura è che un cavallo lo morda. Qui ha luogo il primo inserimento della terapia. I genitori gli suggeriscono che l'angoscia è la conseguenza della masturbazione, e lo invitano a togliersene l'abitudine. Io mi preoccupo che a lui venga sottolineata energicamente la tenerezza nei confronti della madre, che lui vorrebbe mutare in paura dei cavalli. Un leggero miglioramento, che segue questo primo intervento, si vanifica quasi subito durante un periodo di malattia fisica. Lo stato è immutato. Poco dopo Hans trova il collegamento della paura che un cavallo lo morda con la reminiscenza di una impressione ricevuta a Gmunden. Quella volta un padre, al momento della partenza, ammonì la figlia: non mettere il dito sul cavallo, altrimenti ti morde. L'espressione

in den Hans die Warnung des Vaters kleidet, erinnert an die Wortfassung der Onanieverwarnung (den Finger hingeben). Die Eltern scheinen so zuerst recht zu behalten, daß Hans sich vor seiner onanistischen Befriedigung schreckt. Der Zusammenhang ist aber noch ein loser und das Pferd scheint zu seiner Schreckensrolle recht zufällig geraten zu sein.

Ich hatte die Vermutung geäußert, daß sein verdrängter Wunsch jetzt lauten könnte. er wolle durchaus den Wiwimacher der Mutter sehen. Da sein Benehmen gegen ein neu eingetretenes Hausmädchen dazu stimmt, wird ihm vom Vater die erste Aufklärung erteilt: Frauen haben keinen Wiwimacher. Er reagiert auf diese erste Hilfeleistung mit der Mitteilung einer Phantasie, er habe die Mama gesehen, wie sie ihren Wiwimacher gezeigt habe.[11] Diese Phantasie und eine im Gespräch geäußerte Bemerkung, sein Wiwimacher sei doch angewachsen, gestatten den ersten Einblick in die unbewußten Gedankengänge des Patienten. Er stand wirklich unter dem nachträglichen Eindruck der Kastrationsdrohung der Mutter, die 1 1/4 Jahre früher vorgefallen war, denn die Phantasie, daß die Mutter das gleiche tue, die gewöhnliche „Retourkutsche" beschuldigter Kinder, soll ja seiner Entlastung dienen; sie ist eine Schutz- und Abwehrphantasie. Indes müssen wir uns sagen, daß es die Eltern waren, welche aus dem in Hans wirksamen pathogenen Material das Thema der Beschäftigung mit dem Wiwimacher hervorgeholt haben. Er ist ihnen darin gefolgt, hat aber noch nicht selbsttätig in die Analyse eingegriffen. Ein therapeutischer Erfolg ist nicht zu beobachten. Die Analyse ist weit weg von den Pferden, und die Mitteilung, daß Frauen keinen Wiwimacher haben, ist durch ihren Inhalt eher geeignet, seine Besorgnis um die Erhaltung des eigenen Wiwimachers zu steigern.

Es ist aber nicht der therapeutische Erfolg, den wir an erster Stelle anstreben, sondern wir wollen den Patienten in den Stand setzen, seine unbewußten Wunschregungen bewußt zu erfassen.

[11] Aus dem Zusammenhange ist zu ergänzen: und dabei berührt habe (S. 104). Er kann ja seinen Wiwimacher nicht zeigen, ohne ihn zu berühren.

con cui Hans esprime l'ammonimento del padre, ricorda la formulazione dell'ammonimento contro l'onanismo (il metterci il dito). I genitori, di primo acchito, sembrano perciò aver ragione nel ritenere che Hans abbia orrore del proprio piacere onanistico. La connessione, però, è ancora vaga, e il cavallo sembra aver assunto il suo ruolo terrorizzante solo per caso.

Avevo espresso la supposizione che il suo desiderio rimosso si sarebbe adesso tradotto nell'aspirazione a vedere il favivì della mamma. Siccome la supposizione viene confermata dal suo comportamento verso una domestica appena assunta, gli faccio comunicare dal padre la prima spiegazione: le donne non hanno un favivì. A questo primo soccorso reagì esprimendo la fantasia di aver visto la mamma che esibiva il proprio favivì.[12] Questa fantasia e una osservazione espressa in un colloquio, quella che il proprio favivì era attaccato, consentono di dare un primo sguardo entro i percorsi di pensiero inconsci del paziente. Si trovava sotto l'effetto ritardato della minaccia di castrazione espressa dalla madre un anno e quattro mesi prima, perché la fantasia che la madre abbia fatto la stessa cosa, "controaccusa" di solito espressa dai bambini incolpati, serve di alleggerimento; è una fantasia di protezione e di difesa. Frattanto dobbiamo riconoscere che sono stati i genitori a estrapolare, dal materiale patogeno all'opera in Hans, il tema del darsi da fare con il favivì. Lui su questo punto li ha seguiti, ma non si è ancora inserito nell'analisi spontaneamente. Non si osserva alcun successo terapeutico. L'analisi si è allontanata dai cavalli e la comunicazione che le donne non hanno un favivì è più idonea, per il suo contenuto, ad aumentare la sua preoccupazione per la salvaguardia del proprio.

Tuttavia il successo terapeutico non è la nostra prima aspirazione; quello che vogliamo è mettere il paziente in grado di afferrare in modo conscio i suoi moti di desiderio

[12] In base al contesto va aggiunto: "e che lo toccava" (p. 105). Lui non può certo mostrare il proprio favivì senza toccarlo.

Dies erreichen wir, indem wir auf Grund der Andeutungen, die er uns macht, mit Hilfe unserer Deutekunst den unbewußten Komplex mit unseren Worten vor sein Bewußtsein bringen. Das Stück Ähnlichkeit zwischen dem, was er gehört hat, und dem, was er sucht, das sich selbst, trotz aller Widerstände, zum Bewußtsein durchdrängen will, setzt ihn in den Stand, das Unbewußte zu finden. Der Arzt ist ihm im Verständnisse um ein Stück voraus; er kommt auf seinen eigenen Wegen nach, bis sie sich am bezeichneten Ziel treffen. Anfänger in der Psychoanalyse pflegen diese beiden Momente zu verschmelzen und den Zeitpunkt, in dem ihnen ein unbewußter Komplex des Kranken kenntlich geworden ist, auch für den zu halten, in dem der Kranke ihn erfaßt. Sie erwarten zu viel, wenn sie mit der Mitteilung dieser Erkenntnis den Kranken heilen wollen, während er das Mitgeteilte nur dazu verwenden kann, mit dessen Hilfe den unbewußten Komplex in seinem Unbewußten, dort wo er verankert ist, aufzufinden. Einen ersten Erfolg dieser Art erzielen wir nun bei Hans. Er ist jetzt nach der partiellen Bewältigung des Kastrationskomplexes imstande, seine Wünsche auf die Mutter mitzuteilen, und er tut dies in noch entstellter Form durch die Phantasie von den beiden Giraffen, von denen die eine erfolglos schreit, weil er von der anderen Besitz ergreift. Die Besitzergreifung stellt er unter dem Bilde des Sichdaraufsetzens dar. Der Vater erkennt in dieser Phantasie eine Reproduktion einer Szene, die sich morgens im Schlafzimmer zwischen den Eltern und dem Kinde abgespielt hat, und versäumt nicht, dem Wunsche die ihm noch anhaftende Entstellung abzustreifen. Er und die Mutter sind die beiden Giraffen. Die Einkleidung in die Giraffenphantasie ist hinreichend determiniert durch den Besuch bei diesen großen Tieren in Schönbrunn wenige Tage vorher, durch die Giraffenzeichnung, die der Vater aus früheren Zeiten aufbewahrt hat, vielleicht auch durch eine unbewußte Vergleichung, die an den langen und steifen Hals der Giraffe anknüpft.[12] Wir merken, daß die Giraffe als großes und durch

[12] Dazu stimmt die spätere Bewunderung Hansens für den Hals seines Vaters.

inconsci. E lo facciamo presentandogli alla coscienza *con le nostre parole*, cioè utilizzando la nostra capacità interpretativa sulla base degli accenni che lui fornisce, il suo complesso inconscio. La parte di somiglianza fra quello che ha udito e quello che cerca, che, nonostante tutte le resistenze, si fa strada da solo nella coscienza, lo mette in grado di trovare l'inconscio. Il medico lo anticipa parzialmente nella comprensione; egli segue per la propria strada, finché i due si incontrano nel punto di arrivo prestabilito. Gli psicoanalisti alle prime armi di solito confondono questi due momenti e ritengono che, non appena un complesso inconscio del malato è diventato loro noto, venga automaticamente compreso anche da lui. Pretendono troppo quando si aspettano che basti comunicare al malato quello che loro hanno capito per farlo guarire, mentre quello che il malato può fare è utilizzare ciò che gli è stato detto per rintracciare il complesso inconscio *nel punto in cui è ancorato* nell'inconscio. Un primo successo di questo tipo lo otteniamo adesso con Hans. Ora che domina parzialmente il complesso di castrazione, è in grado di comunicare i propri desideri riguardo alla madre e lo fa in forma ancora travisata, con la *fantasia delle due giraffe*, una delle quali grida inutilmente perché lui si è impossessato dell'altra. Il possedere lo rappresenta con l'immagine del sedersi sopra. Il padre riconosce in questa fantasia la riproduzione di una scena che si svolge la mattina in camera da letto fra genitori e bambino, e non trascura di eliminare il travisamento che ancora riveste il desiderio. Lui e la madre sono le due giraffe. A determinare il travisamento espresso con la fantasia delle giraffe sono sufficienti la visita, avvenuta qualche giorno prima, ai grossi animali che ci sono a Schönbrunn, il disegno della giraffa fatto in epoca precedente, che il padre ha conservato, e forse anche un confronto inconscio che si ricollega al collo lungo e rigido di questo animale.[13]

[13] Questo concorda con la meraviglia provata successivamente da Hans per il collo del padre.

seinen Wiwimacher interessantes Tier ein Konkurrent der Pferde in ihrer Angstrolle hätte werden können, und auch daß Vater und Mutter beide als Giraffen vorgeführt werden, gibt einen vorläufig noch nicht verwerteten Wink für die Deutung der Angstpferde.

Zwei kleinere Phantasien, die Hans unmittelbar nach der Giraffendichtung bringt, daß er in Schönbrunn sich in einen verbotenen Raum drängt, daß er in der Stadtbahn ein Fenster zerschlägt, wobei beide Male das Strafbare der Handlung betont ist und der Vater als Mitschuldiger erscheint, entziehen sich leider der Deutung des Vaters. Ihre Mitteilung bringt darum auch Hans keinen Nutzen. Aber was so unverstanden geblieben ist, das kommt wieder; es ruht nicht, wie ein unerlöster Geist, bis es zur Lösung und Erlösung gekommen ist.

Das Verständnis der beiden verbrecherischen Phantasien bietet uns keine Schwierigkeiten. Sie gehören zum Komplex des Besitzergreifens von der Mutter. In dem Kinde ringt es wie eine Ahnung von etwas, was er mit der Mutter machen könnte, womit die Besitzergreifung vollzogen wäre, und er findet für das Unfaßbare gewisse bildliche Vertretungen, denen das Gewalttätige, Verbotene gemeinsam ist, deren Inhalt uns so merkwürdig gut zur verborgenen Wirklichkeit zu stimmen scheint. Wir können nur sagen, es sind symbolische Koitusphantasien, und es ist keineswegs nebensächlich, daß der Vater dabei mittut: „Ich möchte mit der Mama etwas tun, etwas Verbotenes, ich weiß nicht was, aber ich weiß, du tust es auch."

Die Giraffenphantasie hatte bei mir eine Überzeugung verstärkt, die sich bereits bei der Äußerung des kleinen Hans: „Das Pferd wird ins Zimmer kommen", geregt hatte, und ich fand den Moment geeignet, ihm als ein wesentlich zu postulierendes Stück seiner unbewußten Regungen mitzuteilen: seine Angst vor dem Vater wegen seiner eifersüchtigen und feindseligen Wünsche gegen ihn. Damit hatte ich ihm teilweise die Angst vor den Pferden gedeutet, der Vater mußte das Pferd sein, vor dem er sich mit guter innerer Begründung fürchtete.

Notiamo che la giraffa, in quanto animale grosso, il cui fa-vivì lo aveva interessato, avrebbe potuto costituire un concorrente del cavallo nel ruolo di animale oggetto di fobia, e anche il fatto che padre e madre vengano presentati come giraffe ci offre un primo indizio, non ancora utilizzato, per l'interpretazione della fobia del cavallo.

Due fantasie più brevi, riferite da Hans immediatamente dopo il racconto delle giraffe, nelle quali viene sottolineato l'aspetto punibile di una azione, di cui il padre è complice, e cioè la fantasia per cui, a Schönbrunn, si introduce in uno spazio proibito, e l'altra in cui rompe il vetro di un finestrino alla stazione, sfuggono purtroppo all'interpretazione del padre. Perciò l'averle comunicate non arreca a Hans alcuna utilità. Ma quello che è rimasto incompreso, si ripresenta sempre e di continuo; non trova pace, come uno spirito in pena, finché non raggiunge la soluzione e la liberazione.

La comprensione delle due fantasie criminose non ci richiede alcuna difficoltà. Fanno parte del complesso che riguarda il possesso della madre. Il bambino ha come un presentimento del fatto che potrebbe compiere con la madre un atto, con cui si consumerebbe la presa di possesso e trova delle immagini sostitutive per quello che non sa concepire, immagini il cui contenuto sembra concordare alla perfezione con la realtà nascosta. Possiamo solo dire che sono fantasie simboliche di coito e non è irrilevante il fatto che il padre vi compaia come complice: "Vorrei fare qualcosa con la mamma, qualcosa di proibito, non so che cos'è, ma so che anche tu lo fai".

La fantasia delle giraffe aveva rafforzato in me quella convinzione che era già stata risvegliata dalla dichiarazione di Hans che "il cavallo verrà in camera" e trovai il momento opportuno per comunicargli quello che si doveva ritenere un pezzo importante dei suoi moti inconsci: aveva paura del padre per via dei sentimenti di gelosia e di ostilità verso di lui. In questo modo gli avevo dato una parziale interpretazione della paura dei cavalli: il padre doveva essere il cavallo, del quale lui aveva paura per profonde

Gewisse Einzelheiten, das Schwarze am Munde und das vor den Augen (Schnurrbart und Augengläser als Vorrechte des erwachsenen Mannes), vor denen Hans Angst äußerte, schienen mir direkt vom Vater auf die Pferde versetzt zu sein.

Mit dieser Aufklärung hatte ich den wirksamsten Widerstand gegen die Bewußtmachung der unbewußten Gedanken bei Hans beseitigt, da ja der Vater selbst die Rolle des Arztes bei ihm spielte. Die Höhe des Zustandes war von da an überschritten, das Material floß reichlich, der kleine Patient zeigte Mut, die Einzelheiten seiner Phobie mitzuteilen, und griff bald selbständig in den Ablauf der Analyse ein.[13]

Man erfährt erst jetzt, vor welchen Objekten und Eindrücken Hans Angst hat. Nicht allein vor Pferden und daß Pferde ihn beißen, davon wird es bald stille, sondern auch vor Wagen, Möbelwagen und Stellwagen, als deren Gemeinsames sich alsbald die schwere Belastung herausstellt, vor Pferden, die sich in Bewegung setzen, Pferden, die groß und schwer aussehen, Pferden, die schnell fahren. Den Sinn dieser Bestimmungen gibt Hans dann selbst an; er hat Angst, daß die Pferde umfallen, und macht so alles zum Inhalte seiner Phobie, was dies Umfallen der Pferde zu erleichtern scheint.

Es ist gar nicht selten, daß man den eigentlichen Inhalt einer Phobie, den richtigen Wortlaut eines Zwangsimpulses u. dgl. erst nach einem Stücke psychoanalytischer Bemühung zu hören bekommt. Die Verdrängung hat nicht nur die unbewußten Komplexe getroffen, sie richtet sich auch noch fortwährend gegen deren Abkömmlinge und hindert den Kranken an der Wahrnehmung seiner Krankheitsprodukte selbst. Man ist da in der seltsamen Lage, als Arzt der Krankheit zu Hilfe zu kommen,

13 Die Angst vor dem Vater spielt noch in den Analysen, die man als Arzt mit Fremden vornimmt, eine der bedeutsamsten Rollen als Widerstand gegen die Reproduktion des unbewußten pathogenen Materials. Die Widerstände sind zum Teil von der Natur der „Motive", überdies ist, wie in diesem Beispiel, ein Stück des unbewußten Materials inhaltlich befähigt, als Hemmung gegen die Reproduktion eines andern Stückes zu dienen.

buone ragioni. Certi particolari, dei quali Hans aveva paura, come il nero intorno alla bocca e la cosa davanti agli occhi (i baffi e gli occhiali come privilegi dell'uomo adulto) mi apparvero trasferiti direttamente dal padre ai cavalli.

Con questa spiegazione avevo tolto di mezzo la più forte resistenza contro il passaggio alla coscienza dei pensieri inconsci di Hans, visto che era proprio il padre a fare la parte del medico con lui. Il culmine dello stato da quel momento in poi fu superato: il materiale fluì copiosamente, il piccolo paziente dimostrò il coraggio di comunicare le particolarità della sua fobia e presto intervenne in modo autonomo nel decorso dell'analisi.[14]

Soltanto adesso veniamo a sapere di quali oggetti e impressioni Hans abbia paura. Non solo dei cavalli e che i cavalli lo mordano, anzi, presto non ne parlerà più, ma anche delle carrozze, carri da traslochi e omnibus, che hanno la caratteristica comune di esser tutti pesantemente carichi, di cavalli che si mettono in moto, di cavalli grossi e pesanti, e infine di cavalli che vanno di corsa. Il senso di queste determinazioni lo dà lo stesso Hans; ha paura che i cavalli cadano e tutto quello che sembra facilitare la caduta dei cavalli diventa contenuto della sua fobia.

Non è per niente strano che si venga a conoscere il vero contenuto di una fobia, l'espressione verbale di un impulso coatto e simili, solo dopo una parte di fatica psicoanalitica. La rimozione non ha riguardato solo i complessi inconsci, ma si è diretta ininterrottamente anche sui loro derivati e così impedisce al malato la percezione dei prodotti stessi della sua malattia. Come medico, ci si trova nella strana situazione di aiutare la malattia, per richiamare

[14] Anche nelle analisi, intraprese dal medico con estranei, la paura del padre gioca uno dei ruoli più significativi come resistenza contro la riproduzione del materiale patogeno inconscio. Le resistenze hanno in parte la natura di "motivi", inoltre, come in questo esempio, una parte del materiale inconscio, *grazie al proprio contenuto*, è in grado di servire come impedimento contro la riproduzione di un'altra parte del materiale.

um Aufmerksamkeit für sie zu werben, aber nur wer das Wesen der Psychoanalyse völlig verkennt, wird diese Phase der Bemühung hervorheben und darob eine Schädigung durch die Analyse erwarten. Die Wahrheit ist, daß die Nürnberger keinen henken, den sie nicht zuvor in die Hand bekommen haben, und daß es einiger Arbeit bedarf, um der krankhaften Bildungen, die man zerstören will, habhaft zu werden.

Ich erwähnte schon in den die Krankengeschichte begleitenden Glossen, daß es sehr instruktiv ist, sich so in das Detail einer Phobie zu vertiefen und sich den sicheren Eindruck einer sekundär hergestellten Beziehung zwischen der Angst und ihren Objekten zu holen. Daher das eigentümlich diffuse und dann wiederum so streng bedingte Wesen einer Phobie. Das Material zu diesen Speziallösungen hat sich unser kleiner Patient offenbar aus den Eindrücken geholt, die er infolge der Lage der Wohnung gegenüber dem Hauptzollamte tagsüber vor Augen haben kann. Er verrät auch in diesem Zusammenhang eine jetzt durch die Angst gehemmte Regung, mit den Ladungen der Wagen, dem Gepäcke, den Fässern und Kisten wie die Buben der Gasse zu spielen.

In diesem Stadium der Analyse findet er das an sich nicht bedeutsame Erlebnis wieder, welches dem Ausbruche der Krankheit unmittelbar vorausgegangen ist, und das wohl als die Veranlassung für diesen Ausbruch angesehen werden darf. Er ging mit der Mama spazieren und sah ein Stellwagenpferd umfallen und mit den Füßen zappeln. Dies machte auf ihn einen großen Eindruck. Er erschrak heftig, meinte, das Pferd sei tot; von jetzt ab würden alle Pferde umfallen. Der Vater weist ihn darauf hin, daß er bei dem fallenden Pferde an ihn, den Vater, gedacht und gewünscht haben muß, er solle so fallen und tot sein. Hans sträubt sich nicht gegen diese Deutung; eine Weile später akzeptiert er durch ein Spiel, das er aufführt, indem er den Vater beißt, die Identifizierung des Vaters mit dem gefürchteten Pferde und benimmt sich von da ab frei und furchtlos, ja, selbst ein wenig übermütig gegen seinen Vater. Die Angst vor Pferden hält aber noch an, und infolge welcher Verkettung das fallende Pferd seine unbewußten Wünsche aufgerührt hat, ist uns noch nicht klar.

Fassen wir zusammen, was sich bisher ergeben hat: Hinter

su di essa l'attenzione, ma solo chi misconosce completamente l'essenza della psicoanalisi può dare rilievo a questa fatica sostenendo che l'analisi sia dannosa. La verità è che nessuno può impiccare i malfattori senza prima averli tra le mani e che ci vuole del lavoro per impossessarsi delle formazioni patologiche che vogliamo distruggere.

Nei commenti di accompagnamento al caso, ho già menzionato che è istruttivo approfondire i dettagli di una fobia e farsi un'idea precisa del fatto che il rapporto tra la paura e i propri oggetti si è stabilito secondariamente. Di qui l'essenza, insieme singolarmente diffusa e fortemente condizionata, di una fobia. Il nostro piccolo paziente ha palesemente tratto il materiale per queste soluzioni speciali da quello che osserva quotidianamente grazie alla posizione dell'appartamento, situato davanti alla Dogana centrale. In questo contesto mostra anche un impulso, per ora inibito dall'angoscia, a giocare con il carico dei carri, i bagagli, i barili, le casse, come i monelli di strada.

In questo stadio dell'analisi egli ritrova l'esperienza, in sé non significativa, che ha immediatamente preceduto l'insorgere della malattia e che lo ha causato. Andando a passeggio con la mamma, vide cadere e scalciare il cavallo di un omnibus. Questo gli fece una grande impressione. Aveva avuto il terrore che il cavallo fosse morto; da adesso in poi, tutti i cavalli sarebbero caduti. Il padre gli fece osservare che vedendo cadere il cavallo doveva aver pensato a lui, al padre, e desiderato che cadesse e morisse. Hans non si oppose a questa interpretazione; un po' dopo, con il gioco di mordere il padre, accettò l'identificazione tra padre e cavallo di cui aveva paura, e da questo momento in poi si liberò dalla paura, comportandosi perfino un po' spavaldamente con suo padre. Ma la paura dei cavalli in parte sussisteva ancora, e non ci era ancora chiaro in base a quale concatenazione il cavallo caduto avesse risvegliato i suoi desideri inconsci.

Ricapitoliamo quello di cui fin qui disponiamo: dietro

der erst geäußerten Angst, das Pferd werde ihn beißen, ist die tiefer liegende Angst, die Pferde werden umfallen, aufgedeckt worden, und beide, das beißende wie das fallende Pferd, sind der Vater, der ihn strafen wird, weil er so böse Wünsche gegen ihn hegt. Von der Mutter sind wir unterdes in der Analyse abgekommen.

Ganz unerwartet und gewiß ohne Dazutun des Vaters beginnt nun Hans sich mit dem „Lumpfkomplex" zu beschäftigen und Ekel vor Dingen zu zeigen, die ihn an die Stuhlentleerung erinnern. Der Vater, der hier nur ungern mitgeht, setzt mittendrin die Fortsetzung der Analyse durch, wie er sie leiten möchte, und bringt Hans zur Erinnerung eines Erlebnisses in Gmunden, dessen Eindruck sich hinter dem des fallenden Stellwagenpferdes verbarg. Fritzl, sein geliebter Spielgenosse, vielleicht auch sein Konkurrent bei den vielen Gespielinnen, hatte im Pferdespiele mit dem Fuße an einen Stein gestoßen, war umgefallen und der Fuß hatte geblutet. An diesen Unfall hatte das Erlebnis mit dem fallenden Stellwagenpferd erinnert. Es ist bemerkenswert, daß Hans, der zurzeit mit anderen Dingen beschäftigt ist, das Umfallen Fritzls, das den Zusammenhang herstellt, zuerst leugnet, erst in einem späteren Stadium der Analyse zugesteht. Für uns mag es aber interessant sein hervorzuheben, wie sich die Verwandlung von Libido in Angst auf das Hauptobjekt der Phobie, das Pferd, projiziert. Pferde waren ihm die interessantesten großen Tiere, Pferdespiel das liebste Spiel mit seinen kindlichen Genossen. Die Vermutung, daß der Vater ihm zuerst als Pferd gedient hat, wird durch Erkundigung beim Vater bestätigt, und so konnte sich bei dem Unfalle in Gmunden der Person des Vaters die Fritzls substituieren. Nach eingetretenem Verdrängungsumschwunge mußte er sich nun vor den Pferden fürchten, an die er vorher soviel Lust geknüpft hatte.

Aber wir sagten schon, daß wir diese letzte bedeutsame Aufklärung über die Wirksamkeit des Krankheitsanlasses dem Eingreifen des Vaters verdanken. Hans ist bei seinen Lumpfinteressen und wir müssen ihm endlich dorthin folgen. Wir erfahren, daß er sich früher der Mutter als Begleiter aufs Klosett aufzudrängen pflegte, und daß er dies bei der damaligen Stellvertreterin der Mutter, seiner Freundin Berta, wiederholte, bis es bekannt und

la paura manifestata per prima, quella che il cavallo lo morda, è stata scoperta la paura più profonda che il cavallo cada, ed entrambi i cavalli, quello che morde e quello che cade, sono il padre, il quale lo punirà per i cattivi sentimenti nutriti nei suoi confronti. Nel frattempo, nell'analisi, ci siamo allontanati dalla madre.

In modo del tutto inatteso e senza alcun intervento da parte del padre, Hans comincia a occuparsi del "complesso della cacchetta" e a mostrare disgusto per cose che gli ricordano l'evacuazione intestinale. Il padre, che qui lo segue solo malvolentieri, costringe l'analisi a proseguire come lui vorrebbe condurla e induce Hans al ricordo di una esperienza avvenuta a Gmunden, la cui impressione si celava dietro quella del cavallo caduto dell'omnibus. Fritzl, il suo amato compagno di gioco, giocando al cavallo, aveva inciampato in una pietra, era caduto e il piede gli aveva sanguinato. Era questo l'incidente che l'esperienza del cavallo caduto dell'omnibus gli aveva ricordato. È degno di nota che Hans, occupato in questo momento con altre cose, di primo acchito nega, e soltanto in uno stadio successivo dell'analisi, conferma. Ma per noi può essere interessante rilevare in che modo venga proiettata sull'oggetto principale della fobia, il cavallo, la trasformazione della libido in angoscia. I cavalli per lui erano gli animali grossi più interessanti, fare il cavallo con gli amichetti era il suo gioco preferito. La supposizione che il padre avesse giocato con lui facendo il cavallo, su esplicita domanda, fu da lui confermata e così, nell'incidente di Gmunden, la persona del padre poté sostituire quella di Fritzl. Con la svolta imposta dalla rimozione subentrata, adesso doveva avere paura dei cavalli, ai quali prima di allora aveva collegato così tanto piacere.

Abbiamo già detto che dobbiamo all'intervento del padre questo importante chiarimento sul modo in cui ha agito il motivo della malattia. Hans è preso dai suoi interessi per la cacchetta e su questo terreno alla fine dobbiamo seguirlo. Abbiamo saputo che precedentemente Hans aveva avuto l'abitudine di imporsi come accompagnatore della madre al gabinetto, e che la cosa si era ripetuta anche con quella che allora era un sostituto della madre, la sua amica

verboten wurde. Die Lust, bei den Verrichtungen einer geliebten Person zuzuschauen, entspricht auch einer „Triebverschränkung“, von der wir bei Hans bereits ein Beispiel bemerkt hatten. Endlich geht auch der Vater auf die Lumpfsymbolik ein und anerkennt eine Analogie zwischen einem schwer beladenen Wagen und einem mit Stuhlmassen belasteten Leibe, der Art, wie der Wagen aus dem Tore hinausfährt, und wie man den Stuhl aus dem Leib entläßt u. dgl.

Die Stellung Hansens in der Analyse hat sich aber gegen frühere Stadien wesentlich geändert. Konnte ihm der Vater früher voraussagen, was kommen würde, bis Hans, der Andeutung folgend, nachgetrabt war, so eilt er jetzt mit sicherem Schritte voraus und der Vater hat Mühe ihm zu folgen. Hans bringt wie unvermittelt eine neue Phantasie: Der Schlosser oder Installateur hat die Badewanne losgeschraubt, in welcher Hans sich befindet, und ihm dann mit seinem großen Bohrer in den Bauch gestoßen. Von jetzt an hinkt unser Verständnis dem Materiale nach. Wir können erst später erraten, daß dies die angstentstellte Umarbeitung einer Zeugungsphantasie ist. Die große Badewanne, in der Hans im Wasser sitzt, ist der Mutterleib; der „Bohrer“, der schon dem Vater als ein großer Penis kenntlich wird, dankt seine Erwähnung dem Geborenwerden. Es klingt natürlich sehr merkwürdig, wenn wir der Phantasie die Deutung geben müssen: Mit deinem großen Penis hast du mich „gebohrt“ (zur Geburt gebracht) und mich in den Mutterleib hineingesetzt. Aber vorläufig entgeht die Phantasie der Deutung und dient Hans nur als Anknüpfung zur Fortführung seiner Mitteilungen.

Vor dem Baden in der großen Wanne zeigt Hans eine Angst, die wiederum zusammengesetzt ist. Ein Anteil derselben entgeht uns noch, der andere wird durch eine Beziehung zum Baden der kleinen Schwester alsbald aufgeklärt. Hans gibt den Wunsch zu, daß die Mutter die Kleine beim Baden fallen lassen möge, so daß sie sterbe; seine eigene Angst beim Baden war die vor der Vergeltung für diesen bösen Wunsch, vor der Strafe, daß es ihm so ergehen werde. Er verläßt nun das Thema des Lumpfes und übergeht unmittelbar darauf auf das der kleinen Schwester. Aber wir können ahnen, was diese Aneinanderreihung bedeutet.

Berta, finché il fatto fu scoperto e proibito. Il piacere di osservare la persona amata mentre soddisfa i propri bisogni corrisponde anch'esso a quell'"intreccio istintuale" del quale in Hans abbiamo già osservato un esempio. Alla fine anche il padre approda alla simbolica della cacchetta e individua l'analogia tra una carrozza pesantemente carica e un intestino costipato, tra l'uscita di una çarrozza dal portone e una evacuazione intestinale ecc.

Ma,rispetto ai primi stadi, la posizione di Hans nell'analisi è profondamente cambiata. Se prima il padre era in grado di prevedere quel che sarebbe accaduto e Hans trottava seguendo la traccia, ora è Hans ad anticipare, il padre a seguirlo a fatica. Hans porta repentinamente una nuova fantasia: il fabbro o l'idraulico ha svitato la vasca nella quale Hans si trova e lo ha colpito nella pancia con il suo grosso succhiello. Da questo momento in poi la nostra comprensione non riesce a stare al passo con il materiale. Solo dopo riusciamo a indovinare che è la rielaborazione, travisata dall'angoscia, di una *fantasia di procreazione*. La grossa vasca, nella quale Hans si trova immerso, è il ventre materno; il "succhiello" (*Bohrer*) , in cui già il padre riconosce un grande pene, è menzionato per via della sua relazione all' esser fatto nascere (*Geborenwerden*). Sarebbe naturalmente molto singolare che dovessimo interpretare così la fantasia: col tuo grosso pene mi hai forato (*gebohrt*), fatto nascere, e deposto nel ventre materno. Ma per il momento la fantasia sfugge all'interpretazione e serve a Hans solo come aggancio per proseguire le proprie comunicazioni.

Del bagno nella vasca grande Hans dimostra di avere una grande paura, che, ancora una volta, è composita. Una parte, per ora, ci sfugge, l'altra viene subito spiegata in relazione al bagno della sorellina. Hans confessa il desiderio che durante il bagno la madre faccia cadere la piccola, in modo che muoia; la sua paura del bagno era paura che, per vendetta di questo suo desiderio malvagio, gli toccasse in punizione la stessa sorte. Adesso abbandona il tema della cacchetta per passare immediatamente a quello della sorellina. Ma possiamo intuire come mai i temi si sussegua-

Nichts anderes, als daß die kleine Hanna selbst ein Lumpf ist, daß alle Kinder Lumpfe sind und wie Lumpfe geboren werden. Wir verstehen nun, daß alle Möbel-, Stell- und Lastwagen nur Storchenkistenwagen sind, auch nur als symbolische Vertretungen der Gravidität Interesse für ihn hatten, und daß er im Umfallen der schweren oder schwer belasteten Pferde nichts anderes gesehen haben kann als eine — Entbindung, ein Niederkommen. Das fallende Pferd war also nicht nur der sterbende Vater, sondern auch die Mutter in der Niederkunft.

Und nun bringt Hans die Überraschung, auf welche wir in der Tat nicht vorbereitet waren. Er hat die Gravidität der Mutter, die ja mit der Geburt der Kleinen endigte, als er $3^1/_2$ Jahre war, bemerkt und sich den richtigen Sachverhalt, wenigstens nach der Entbindung, konstruiert, wohl ohne ihn zu äußern, vielleicht ohne ihn äußern zu können; es war damals nur zu beobachten, daß er unmittelbar nach der Entbindung sich so sehr skeptisch gegen alle Zeichen, die auf die Anwesenheit des Storches deuten sollten, benahm. Aber daß er im Unbewußten und ganz im Gegensatze zu seinen offiziellen Reden gewußt, woher das Kind kam und wo es früher verweilt hatte, das wird durch diese Analyse gegen jeden Zweifel sicher dargetan; es ist vielleicht das unerschütterlichste Stück derselben.

Den zwingenden Beweis dafür erbringt die hartnäckig festgehaltene, mit soviel Einzelheiten ausgeschmückte Phantasie, daß Hanna schon im Sommer vor ihrer Geburt mit ihnen in Gmunden war, wie sie hingereist ist und damals soviel mehr leisten konnte als ein Jahr später, nach ihrer Geburt. Die Frechheit, mit der Hans diese Phantasie vorträgt, die ungezählten tollen Lügen, die er in sie einflicht, sind beileibe nicht sinnlos; das alles soll seiner Rache am Vater dienen, dem er wegen der Irreführung durch das Storchmärchen grollt. Es ist ganz so, als ob er sagen wollte: hast du mich für so dumm gehalten und mir zugemutet zu glauben, daß der Storch die Hanna gebracht hat, so kann ich dafür von dir verlangen, daß du meine Erfindungen für Wahrheit nimmst. In durchsichtigem Zusammenhange mit diesem Racheakte des kleinen

no. Non può significare nient'altro se non che la piccola Hanna è una cacchetta, tutti i bambini sono cacchette e vengono fatti nascere come cacchette. Adesso capiamo che tutti i carri da traslochi, gli omnibus, le carrozze cariche sono semplicemente carri di casse della cicogna e anche che per lui hanno interesse solo in quanto rappresentano simbolicamente la gravidanza: nella caduta dei cavalli pesanti o pesantemente carichi non può aver visto niente altro che... un parto, l'atto del partorire. Il cavallo che cade non era perciò soltanto il padre morente, ma anche la madre al momento del parto.

E adesso Hans ci fa una sorpresa, alla quale effettivamente non eravamo preparati. Aveva notato la gravidanza della madre, conclusasi con la nascita della piccola quando lui aveva tre anni e mezzo, e, senza darlo a intendere o forse senza poterlo dare a intendere, si era costruito correttamente il fatto, almeno dopo il parto; a quel tempo si poteva solo osservare che si era comportato molto scetticamente nei confronti di tutti i segni che potessero alludere all'esistenza della cicogna. Ma che, al contrario di quanto dichiarava ufficialmente, nell'inconscio sapesse da dove fosse provenuta e dove si trovasse la piccola prima di nascere, fu accertato da quest'analisi in modo indubitabile; anzi forse è la parte più inattaccabile dell'analisi.

Ne è una prova lampante la fantasia, sostenuta caparbiamente e infiorettata con tutti quei particolari, che riguardava la presenza di Hanna a Gmunden, insieme a loro, già l'estate prima della nascita, il modo in cui avesse viaggiato e le molte cose che sapesse fare allora, molte più che non l'anno successivo, dopo essere nata. L'impertinenza con cui Hans comunica questa fantasia, le innumerevoli balle di cui la infarcisce, non sono affatto prive di senso; gli servono per vendicarsi del padre, al quale porta rancore perché lo ha raggirato con la storia della cicogna. È proprio come se dicesse: "Tu mi hai considerato tanto scemo da pensare di farmi credere che Hanna l'abbia portata la cicogna, io posso pretendere che tu consideri vere le mie invenzioni". Palesemente connessa a questo atto di vendetta

Forschers an seinem Vater reiht sich nun die Phantasie vom Necken und Schlagen der Pferde an. Sie ist wiederum doppelt gefügt, lehnt sich einerseits an die Neckerei an, der er eben den Vater unterzogen hat, und bringt anderseits jene dunkeln sadistischen Gelüste gegen die Mutter wieder, die sich, zuerst von uns noch unverstanden, in den Phantasien vom verbotenen Tun geäußert hatten. Bewußt gesteht er auch die Lust, die Mammi zu schlagen, ein.

Nun haben wir nicht mehr viel Rätsel zu erwarten. Eine dunkle Phantasie vom Zugversäumen scheint eine Vorläuferin der späteren Unterbringung des Vaters bei der Großmutter in Lainz zu sein, da sie eine Reise nach Lainz behandelt und die Großmutter in ihr vorkommt. Eine andere Phantasie, in der ein Bub dem Kondukteur 50.000 fl. gibt, damit er ihn mit dem Wagen fahren läßt, klingt fast wie ein Plan, dem Vater, dessen Stärke ja zum Teil in seinem Reichtume liegt, die Mutter abzukaufen. Dann gesteht er den Wunsch, den Vater zu beseitigen, und die Begründung desselben, weil er seine Intimität mit der Mutter störe, mit einer Offenheit ein, zu welcher er es bisher noch nicht gebracht hatte. Wir dürfen uns nicht verwundern, wenn dieselben Wunschregungen im Laufe der Analyse wiederholt auftreten; die Monotonie entsteht nämlich erst durch die angeknüpften Deutungen; für Hans sind es nicht bloße Wiederholungen, sondern fortschreitende Entwicklungen von der schüchternen Andeutung bis zur vollbewußten, von jeder Entstellung freien Klarheit.

Was nun noch folgt, sind solche von Hans ausgehende Bestätigungen der für unsere Deutung bereits gesicherten analytischen Ergebnisse. Er zeigt in einer unzweideutigen Symptomhandlung, die er nur vor dem Hausmädchen, nicht vor dem Vater, leicht verkleidet, wie er sich eine Geburt vorstellt; aber wenn wir genauer zusehen, zeigt er noch mehr, deutet auf etwas hin, was in der Analyse nicht mehr zur Sprache kommt. Durch die runde Lücke im Gummileibe einer Puppe steckt er ein kleines Messerchen hinein, das der Mama gehört, und läßt es wieder herausfallen, indem er ihr die Beine auseinanderreißt. Die darauffolgende Aufklärung durch die Eltern, daß Kinder tatsächlich im Leibe der Mutter wachsen und wie ein Lumpf herausbefördert werden, kommt zu

del piccolo ricercatore verso il padre, segue ora la fantasia dei cavalli punzecchiati e picchiati. Di nuovo è composta in modo duplice, riconnettendosi da una parte alla punzecchiatura alla quale aveva sottoposto il padre, e riproponendo dall'altra quelle oscure voglie sadiche contro la madre che si erano manifestate, inizialmente senza che noi le capissimo, nelle fantasie delle azioni proibite. Il piacere di picchiare la mami lo confessa in modo consapevole.

A questo punto non dobbiamo aspettarci più molti enigmi. Una oscura fantasia di perdere il treno sembra essere una anticipazione della successiva sistemazione del padre presso la nonna a Lainz, visto che concerne un viaggio a Lainz e che vi compare anche la nonna. Un'altra fantasia in cui un ragazzo dà al conducente 50.000 fiorini, perché lo lasci andare con la carrozza, suona quasi come un piano per comprare la madre al padre, la cui forza consiste, in parte, nella ricchezza. Confessa poi, con una sincerità mai dimostrata prima d'ora, il desiderio di eliminare il padre e ciò che lo motiva: il fatto che il padre disturbi la sua intimità con la madre. Non dobbiamo stupirci se gli stessi moti di desiderio si ripresentino ripetutamente nel corso dell'analisi; la monotonia dipende soltanto dalle interpretazioni che vi sono collegate; per Hans non sono semplici ripetizioni ma sviluppi progressivi, a partire dall'accenno timido per arrivare alla piena chiarezza libera da qualsiasi deformazione.

Ormai, da parte di Hans, non seguono che conferme di quelli che, in base alla nostra interpretazione, erano risultati analitici già sicuri. Con un'azione sintomatica inequivocabile, che maschera facilmente solo davanti alla domestica, ma non davanti al padre, mostra come si immagina una nascita; ma se guardiamo meglio, mostra anche di più, allude a qualcosa che in analisi non viene più detto. Nel forellino rotondo della pancia di gomma di una bambola infila un temperino che appartiene alla mamma e lo fa uscire fuori separando le gambe l'una dall'altra. La successiva spiegazione da parte dei genitori, che i bambini nascono in pancia alla mamma e vengono espulsi fuori come una cacchetta, arriva

spät; sie kann ihm nichts mehr Neues sagen. Durch eine andere, wie zufällig erfolgende Symptomhandlung gibt er zu, daß er den Vater tot gewünscht hat, indem er ein Pferd, mit dem er spielt, umfallen läßt, d. h. umwirft, in dem Momente, da der Vater von diesem Todeswunsche spricht. Mit Worten bekräftigt er, daß die schwer beladenen Wagen ihm die Gravidität der Mutter vorstellten, und daß das Umfallen des Pferdes so war, wie wenn man ein Kind bekommt. Die köstlichste Bestätigung in diesem Zusammenhange, der Beweis, daß Kinder „Lumpfe" sind, durch die Erfindung des Namens „Lodi" für sein Lieblingskind kommt nur verspätet zu unserer Kenntnis, denn wir hören, daß er mit diesem Wurstkinde schon die längste Zeit gespielt hat.[14]

Die beiden abschließenden Phantasien Hansens, mit denen seine Herstellung vollkommen wird, haben wir bereits gewürdigt. Die eine, vom Installateur, der ihm einen neuen und, wie der Vater errät, größeren Wiwimacher ansetzt, ist doch nicht bloß die Wiederholung der früheren, die sich mit dem Installateur und der Badewanne beschäftigte. Sie ist eine siegreiche Wunschphantasie und enthält die Überwindung der Kastrationsangst. Die zweite Phantasie, die den Wunsch eingesteht, mit der Mutter verheiratet zu sein und viele Kinder mit ihr zu haben, erschöpft nicht bloß den Inhalt jener unbewußten Komplexe, die sich beim Anblicke des fallenden Pferdes gerührt und Angst entwickelt hatten, — sie korrigiert auch, was an jenen Gedanken schlechterdings unannehmbar war, indem sie, anstatt den Vater zu töten, ihn durch Erhöhung zur Ehe mit der Großmutter unschädlich macht. Mit dieser Phantasie schließen Krankheit und Analyse berechtigterweise ab.

Während der Analyse eines Krankheitsfalles kann man einen anschaulichen Eindruck von der Struktur und Entwicklung der

[14] Ein zunächst befremdender Einfall des genialen Zeichners Th. Th. Heine, der auf einem Blatte im Simplizissimus darstellt, wie das Kind des Selchermeisters in die Wurstmaschine gerät und dann als Würstchen von den Eltern betrauert, eingesegnet wird und gen Himmel fliegt, findet durch die Lodiepisode unserer Analyse seine Zurückführung auf eine infantile Wurzel.

troppo tardi; non può più dirgli niente di nuovo. Con un'altra azione sintomatica, compiuta quasi casualmente, confessa di aver desiderato la morte del padre, quando lascia cadere un cavallo col quale gioca, cioè gettandolo in terra nel momento esatto in cui il padre parla di questo desiderio di morte. A parole conferma che le carrozze pesantemente cariche rappresentavano per lui la gravidanza della madre e che la caduta del cavallo era come avere un bambino. In questo contesto la conferma più splendida, la dimostrazione del fatto che i bambini sono cacchette attraverso l'invenzione del nome "Lata" per la sua bambina preferita, ci giunge in ritardo, quando apprendiamo che già da parecchio tempo giocava con questa bambina salsiccia.[15]

Le due fantasie finali di Hans, con le quali si completa la sua guarigione, le abbiamo già apprezzate. Una, quella dell'idraulico, che gli applica un nuovo e, come il padre indovina, più grosso favivì non è semplicemente la ripetizione di quella precedente, che riguardava il fabbro e la vasca da bagno. È una fantasia di desiderio vittoriosa, che implica il superamento della paura della castrazione. La seconda fantasia, che rivela il desiderio di essere sposato con la madre e avere con lei molti bambini, non solo esaurisce il contenuto di quei complessi inconsci che si erano originati alla vista del cavallo caduto e si erano sviluppati in paura – ma corregge anche l'elemento che in quei pensieri era assolutamente inaccettabile, ossia l'uccisione del padre, rendendolo invece inoffensivo con l'elevarlo a nozze con la nonna. Con questa fantasia legittimamente si chiudono malattia e analisi.

Durante l'analisi di un caso non si può ottenere una impressione chiara della struttura e dello sviluppo della ne-

[15] Un'idea, di primo acchito sorprendente, del geniale disegnatore Th.Th. Heine, che in una pagina di "Simplizissimus" illustra come il bambino del salumiere finisca nella macchina dei salumi, e, ridotto a salsiccia, venga pianto dai genitori, benedetto e assunto in cielo, viene ricondotta a una radice infantile dall'episodio di Lata presentato dalla nostra analisi.

Neurose nicht gewinnen. Es ist das die Sache einer synthetischen Arbeit, der man sich nachher unterziehen muß. Wenn wir diese Synthese bei der Phobie unseres kleinen Hans unternehmen, so knüpfen wir an die Schilderung seiner Konstitution, seiner leitenden sexuellen Wünsche und seiner Erlebnisse bis zur Geburt der Schwester an, die wir auf früheren Seiten dieser Abhandlung gegeben haben.

Die Ankunft dieser Schwester brachte ihm mehrerlei, was ihn von nun an nicht zur Ruhe kommen ließ. Zunächst ein Stück Entbehrung, zu Anfang eine zeitweilige Trennung von der Mutter und dann später eine dauernde Verminderung ihrer Fürsorge und Aufmerksamkeit, die er mit der Schwester zu teilen sich gewöhnen mußte. Zuzweit eine Wiederbelebung seiner Lusterlebnisse aus der Kinderpflege, hervorgerufen durch all das, was er die Mutter mit der kleinen Schwester vornehmen sah. Aus beiden Einflüssen ergab sich eine Steigerung seiner erotischen Bedürftigkeit, der es an Befriedigung zu mangeln begann. Für den Verlust, den ihm die Schwester gebracht hatte, entschädigt er sich durch die Phantasie, daß er selbst Kinder habe, und solange er (bei seinem zweiten Aufenthalte) in Gmunden mit diesen Kindern wirklich spielen konnte, fand seine Zärtlichkeit genügende Ableitung. Aber nach Wien zurückgekehrt, war er wieder einsam, heftete alle seine Ansprüche an die Mutter und litt weitere Entbehrung, da er seit dem Alter von $4^1/_2$ Jahren aus dem Schlafzimmer der Eltern verbannt worden war. Seine gesteigerte erotische Erregbarkeit äußerte sich nun in Phantasien, welche die Sommergespielen in seine Einsamkeit beschworen, und in regelmäßigen autoerotischen Befriedigungen durch masturbatorische Reizung des Genitales.

Drittens brachte ihm aber die Geburt der Schwester die Anregung zu einer Denkarbeit, die einerseits nicht zur Lösung zu bringen war, anderseits ihn in Gefühlskonflikte verstrickte. Das große Rätsel stellte sich für ihn ein, woher die Kinder kommen, das erste Problem vielleicht, dessen Lösung die Geisteskräfte des Kindes in Anspruch nimmt, von dem das Rätsel der thebanischen Sphinx wahrscheinlich nur eine Entstellung wiedergibt. Die ihm gebotene Aufklärung, der Storch habe die Hanna gebracht, wies er ab. Er hatte doch bemerkt, daß die Mutter Monate vor der

vrosi. Questo è il compito di un lavoro di sintesi che deve essere compiuto in un secondo tempo. Nell'intraprendere tale sintesi per il caso di fobia del piccolo Hans, ci ricollegheremo alla descrizione, fatta nelle prime pagine di questo testo, della sua costituzione, dei suoi desideri sessuali dominanti e delle sue esperienze, fino alla nascita della sorella.

L'arrivo di questa sorella comportò per lui tutta una serie di cose che, da questo momento in poi, gli avrebbero tolto la pace. Tanto per cominciare qualche rinuncia, come l'iniziale, temporanea, separazione dalla madre, cui seguì una permanente diminuzione di cure e attenzioni, che dovette ormai abituarsi a dividere con la sorella. Poi, con la vista della madre che accudisce la neonata, una reviviscenza del piacere provato durante l'accudimento che era stato riservato a lui. Da entrambi questi influssi derivò un aumento del suo bisogno erotico, che cominciò a restare insoddisfatto. Si consolò della perdita che la sorella gli aveva causato, immaginando di avere lui stesso bambini e finché a Gmunden (nel suo secondo soggiorno) con questi bambini poté davvero giocare, la sua tenerezza trovò sufficiente sfogo. Ma dopo il ritorno a Vienna, restato di nuovo solo, concentrò tutte le sue richieste affettive sulla madre e subì un'ulteriore perdita quando, all'età di quattro anni e mezzo, fu allontanato dalla camera dei genitori. La sua accresciuta eccitabilità erotica si manifestò in fantasie, che nella solitudine rievocavano i giochi estivi, e in regolari appagamenti di tipo autoerotico con la stimolazione masturbatoria del genitale.

In terzo luogo la nascita della sorella animò in lui l'impulso a una attività di pensiero che da una parte era irresolubile e dall'altra lo gettò in un conflitto emotivo. Gli si presentò l'enigma della provenienza dei bambini, che è forse il primo dei problemi la cui soluzione metta a dura prova le capacità spirituali del bambino e di cui l'indovinello della sfinge tebana è probabilmente solo una riedizione mascherata. La spiegazione ricevuta, che era stata la cicogna a portare Hanna, non lo convinse. Aveva certo notato che qual-

Geburt der Kleinen einen großen Leib bekommen hatte, daß sie dann zu Bett gelegen, bei der Geburt gestöhnt hatte und dann schlank aufgestanden war. Er schloß also, die Hanna sei im Leibe der Mutter gewesen und dann herausgekommen wie ein „Lumpf". Dieses Gebären konnte er sich lustvoll vorstellen, unter Anknüpfung an eigene früheste Lustempfindungen beim Stuhlgange, konnte sich also mit doppelter Motivierung wünschen, selbst Kinder zu haben, um sie mit Lust zu gebären und dann (mit Vergeltungslust gleichsam) zu pflegen. In all dem lag nichts, was ihn zu Zweifel oder zu Konflikt geführt hätte.

Aber es war noch etwas anderes da, was ihn stören mußte. Der Vater mußte etwas mit der Geburt der kleinen Hanna zu tun haben, denn er behauptete, Hanna und er selbst, Hans, seien seine Kinder. Er hatte sie aber gewiß nicht in die Welt gesetzt, sondern die Mama. Dieser Vater war ihm bei der Mutter im Wege. Wenn er da war, konnte er nicht bei der Mutter schlafen, und wenn die Mutter Hans ins Bett nehmen wollte, schrie der Vater. Hans hatte erfahren, wie gut er's bei Abwesenheit des Vaters haben könnte, und der Wunsch, den Vater zu beseitigen, war nur gerechtfertigt. Nun erhielt diese Feindseligkeit eine Verstärkung. Der Vater hatte ihm die Lüge vom Storch erzählt, und es ihm damit unmöglich gemacht, ihn in diesen Dingen um Aufklärung zu bitten. Er hinderte ihn nicht nur, bei der Mutter im Bette zu sein, sondern vorenthielt ihm auch das Wissen, nach dem er strebte. Er benachteiligte ihn nach beiden Richtungen, und dies offenbar zu seinem eigenen Vorteile.

Daß er nun diesen selben Vater, den er als Konkurrenten hassen mußte, seit jeher geliebt hatte und weiter lieben mußte, daß er ihm Vorbild war, sein erster Spielgenosse und gleichfalls sein Pfleger aus den ersten Jahren, das ergab den ersten, zunächst nicht lösbaren Gefühlskonflikt. Wie Hansens Natur sich entwickelt hatte, mußte die Liebe vorläufig die Oberhand behalten und den Haß unterdrücken, ohne ihn aufheben zu können, denn er wurde von der Liebe zur Mutter her immer von neuem gespeist.

Der Vater wußte aber nicht nur, woher die Kinder kommen, er übte es auch wirklich aus, das, was Hans nur dunkel ahnen

che mese prima della nascita della sorella la mamma aveva il pancione, poi si era messa a letto, il giorno della nascita si erano sentiti gemiti e quando si era alzata era tornata snella. Concluse che Hanna era stata nella pancia della mamma e ne era uscita come una "cacchetta". Facendo riferimento alle proprie precedenti sensazioni piacevoli legate all'evacuazione, si immaginava il parto come qualcosa di piacevole, e quindi era doppiamente motivato nel desiderio di avere bambini: per partorirli con piacere e poi (col piacere di contraccambiare) accudirli. In tutto questo non c'era niente di dubbioso o conflittuale.

Ma c'era un elemento di disturbo. Il padre doveva aver a che fare con la nascita della piccola Hanna, perché sosteneva che Hanna e lui, Hans, erano figli suoi. Eppure non li aveva di certo messi lui al mondo, ma la mamma. Questo padre si metteva sempre in mezzo fra lui e la madre. Quando c'era lui, non poteva dormire con la madre, e quando la madre voleva prenderlo a letto, il padre gridava. Si era reso conto di come tutto andasse bene quando il padre era assente, e il desiderio di eliminarlo era perciò giustificato. Ora questa ostilità subì un rafforzamento. Il padre gli aveva raccontato la bugia della cicogna, rendendogli così impossibile di chiedere a lui spiegazioni su queste cose. Non solo gli impediva di stare a letto con la mamma, ma per di più gli precludeva quel genere di sapere a cui tanto ambiva. Lo ostacolava su entrambi i fronti, e questo lo faceva, evidentemente, a proprio esclusivo vantaggio.

Che questo padre, odiato come concorrente, lui lo avesse sempre amato e dovesse continuare ad amarlo, che fosse per lui un modello, il suo primo compagno di giochi e contemporaneamente quello che lo aveva accudito nei primi anni, questo provocò il primo conflitto affettivo inizialmente insolubile. Per come si era sviluppata l'indole di Hans, l'amore aveva preso il sopravvento sull'odio, che era stato represso senza essere neutralizzato, perché sempre e di nuovo alimentato dall'amore per la madre.

Ora, il padre non solo sapeva da dove provengono i bambini, ma metteva anche in pratica qualcosa che Hans

konnte. Der Wiwimacher mußte etwas damit zu tun haben, dessen Erregung all diese Gedanken begleitete, und zwar ein großer, größer als Hans seinen fand. Folgte man den Empfindungsandeutungen, die sich da ergaben, so mußte es sich um eine Gewalttätigkeit handeln, die man an der Mama verübte, um ein Zerschlagen, ein Öffnungschaffen, ein Eindringen in einen abgeschlossenen Raum, den Impuls dazu konnte das Kind in sich verspüren; aber obwohl es auf dem Wege war, von seinen Penissensationen aus, die Vagina zu postulieren, so konnte es doch das Rätsel nicht lösen, denn so etwas, wie der Wiwimacher es brauchte, bestand ja in seiner Kenntnis nicht; vielmehr stand der Lösung die Überzeugung im Wege, daß die Mama einen Wiwimacher wie er besitze. Der Lösungsversuch, was man mit der Mama anfangen müßte, damit sie Kinder bekomme, versank im Unbewußten, und beiderlei aktive Impulse, der feindselige gegen den Vater wie der sadistisch-zärtliche gegen die Mutter, blieben verwendungslos, der eine infolge der neben dem Hasse vorhandenen Liebe, der andere vermöge der Ratlosigkeit, die sich aus den infantilen Sexualtheorien ergab.

Nur in dieser Weise vermag ich, auf die Resultate der Analyse gestützt, die unbewußten Komplexe und Wunschregungen zu konstruieren, deren Verdrängung und Wiedererweckung die Phobie des kleinen Hans zum Vorscheine brachte. Ich weiß, daß damit dem Denkvermögen eines Kindes zwischen 4 und 5 Jahren viel zugemutet ist, aber ich lasse mich von dem leiten, was wir neu erfahren haben, und halte mich durch die Vorurteile unserer Unwissenheit nicht für gebunden. Vielleicht hätte man die Angst vor dem „Krawallmachen mit den Beinen" benutzen können, um noch Lücken in unserem Beweisverfahren auszufüllen. Hans gab zwar an, es erinnere ihn an das Zappeln mit den Beinen, wenn er gezwungen werden sollte, sein Spiel zu unterbrechen, um Lumpf zu machen, so daß dieses Element der Neurose in Beziehung zu dem Problem gerät, ob die Mama gerne oder nur gezwungen Kinder bekomme, aber ich habe nicht den Eindruck, daß hiemit die volle Aufklärung für das „Krawallmachen mit den

poteva solo oscuramente presagire. Qualcosa alla quale il favivì non doveva essere estraneo, visto che tutti questi pensieri ne accompagnavano l'eccitazione, e doveva trattarsi di un favivì grosso, molto più grosso di quello di Hans. Seguendo le allusioni provenienti dalle sensazioni che si verificavano a questo proposito, doveva trattarsi di un'attività violenta, praticata sulla madre, come un infrangere, un aprire, un irrompere in uno spazio chiuso, il cui impulso il bambino lo rintracciava in se stesso; sebbene, dalle sensazioni legate al proprio pene, fosse stato messo in grado di postulare l'esistenza della vagina, l'enigma non poté essere sciolto perché quella cosa di cui il pene sentiva il bisogno era fuori dalla portata delle sue conoscenze; la soluzione era ostacolata dalla convinzione che la madre possedesse un favivì come il suo. Il tentativo di soluzione riguardo a quello che dovesse fare con la mamma per farle avere bambini sprofondò nell'inconscio e i due impulsi, quello ostile contro il padre e quello tenero-sadico verso la madre rimasero inoperanti, il primo per via dell'amore presente in concomitanza con l'odio, il secondo per l'enigmaticità proveniente dalle teorie sessuali infantili.

Soltanto così, basandomi sui risultati dell'analisi, fui in grado di costruire i complessi inconsci e i moti di desiderio, la cui rimozione e il cui risveglio portò alla luce la fobia del piccolo Hans. So che in questo modo si pretende molto dalla capacità mentale di un bambino di quattro-cinque anni, ma mi lascio guidare dalle cose nuove di cui abbiamo fatto esperienza, senza farmi bloccare dai pregiudizi dovuti alla nostra ignoranza. Forse si potrebbe utilizzare la paura del "far baccano con le gambe" per colmare qualche altra lacuna del procedimento di dimostrazione. Hans affermò che gli ricordava il dimenare le gambe quando era costretto a lasciare i giochi per fare cacchetta, quindi mise in relazione questo elemento della nevrosi con il problema se la mamma facesse bambini per scelta o per costrizione, ma io non ho l'impressione che in questo modo al "fare baccano con le gambe" sia stata data una interpretazione esauriente. Avevo espresso la supposizione che nel bambino si

Beinen“ gegeben ist. Meine Vermutung, daß sich bei dem Kinde eine Reminiszenz an einen von ihm im Schlafzimmer beobachteten sexuellen Verkehr der Eltern geregt habe, konnte der Vater nicht bestätigen. Begnügen wir uns also mit dem, was wir erfahren haben.

Durch welchen Einfluß es in der geschilderten Situation bei Hans zum Umkippen, zur Verwandlung der libidinösen Sehnsucht in Angst gekommen ist, an welchem Ende da die Verdrängung eingesetzt hat, das ist schwer zu sagen und könnte wohl nur durch die Vergleichung mit mehreren ähnlichen Analysen zu entscheiden sein; ob das intellektuelle Unvermögen des Kindes, das schwierige Problem der Kinderzeugung zu lösen und die durch die Annäherung an die Lösung entbundenen aggressiven Impulse zu verwerten, den Ausschlag gab oder ein somatisches Unvermögen, eine Intoleranz seiner Konstitution gegen die regelmäßig geübte masturbatorische Befriedigung, ob die bloße Fortdauer der sexuellen Erregung in so hoher Intensität zum Umschlage führen mußte, das stelle ich als fraglich hin, bis uns weitere Erfahrung zu Hilfe kommt.

Dem Gelegenheitsanlasse für den Ausbruch der Krankheit zu viel Einfluß zuzuschreiben, verbieten die zeitlichen Verhältnisse, denn Andeutungen von Ängstlichkeit waren bei Hans lange vorher, ehe er das Stellwagenpferd auf der Straße umfallen sah, zu beobachten.

Immerhin knüpfte die Neurose direkt an dieses akzidentelle Erlebnis an und bewahrte die Spur desselben in der Erhebung des Pferdes zum Angstobjekt. Eine „traumatische Kraft“ kommt diesem Eindrucke an und für sich nicht zu; nur die frühere Bedeutung des Pferdes als Gegenstand der Vorliebe und des Interesses und die Anknüpfung an das traumatisch geeignetere Erlebnis in Gmunden, wie Fritzl beim Pferdespiele umfiel, sowie der leichte Assoziationsweg von Fritzl zum Vater, haben den zufällig beobachteten Unfall mit so großer Wirksamkeit ausgestattet. Ja, wahrscheinlich hätten auch diese Beziehungen nicht ausgereicht, wenn nicht dank der Schmiegsamkeit und der Vieldeutigkeit der Assoziationsverknüpfungen der gleiche Eindruck sich auch geeignet

fosse risvegliato il ricordo di un rapporto sessuale tra i genitori da lui osservato in camera da letto, ma il padre non la confermò. Perciò dobbiamo accontentarci di quello di cui siamo venuti a conoscenza.

Attraverso quale influsso, nella situazione descritta, si sia verificato in Hans il ribaltamento, la metamorfosi del desiderio libidico in angoscia è difficile dirlo e potrebbe essere deciso solo dal confronto con svariate analisi simili; se a dare il colpo decisivo sia stata l'impotenza intellettuale del bambino a risolvere il difficile problema della procreazione e a utilizzare gli impulsi aggressivi legati al processo di avvicinamento alla soluzione, oppure se invece il mutamento repentino sia stato provocato da una impotenza somatica, una intolleranza della sua costituzione all'appagamento raggiunto con una regolare pratica della masturbazione, o magari la pura e semplice permanenza dell'eccitazione sessuale a tali intensità, resta un interrogativo, fino a quando non ci venga in aiuto un'esperienza ulteriore.

I nessi cronologici ci impediscono di annettere ai motivi occasionali un influsso preponderante nell'insorgenza della malattia, perché in Hans tracce di angoscia erano già rilevabili anche prima che vedesse cadere il cavallo dell'omnibus per strada.

Comunque la nevrosi rimase collegata direttamente a questa esperienza accidentale, la cui traccia si conservò nel fatto che il cavallo fosse elevato a oggetto di angoscia. A questa impressione, in sé e per sé, non spetta una "forza traumatica"; solo l'importanza che il cavallo aveva avuto in precedenza come oggetto preferenziale di interesse e il collegamento con l'esperienza più propriamente traumatica di Gmunden, quando Fritzl cadde mentre giocava al cavallo, come pure la facilità del percorso associativo da Fritzl al padre, hanno dotato di tutto questo potere l'incidente osservato per caso. Probabilmente neanche queste relazioni sarebbero bastate se la flessibilità e la polivalenza dei collegamenti associativi non avessero consentito a questa impressione di dimostrarsi anche idonea a risvegliare il se-

erwiesen hätte, an den zweiten der im Unbewußten bei Hans lauernden Komplexe, an den von der Niederkunft der graviden Mutter, zu rühren. Von da an war der Weg zur Wiederkehr des Verdrängten eröffnet, und nun wurde er in der Weise beschritten, daß *das pathogene Material auf den Pferdekomplex umgearbeitet (transponiert) und die begleitenden Affekte uniform in Angst verwandelt erschienen.*

Bemerkenswerterweise mußte sich der nunmehrige Vorstellungsinhalt der Phobie noch eine Entstellung und Ersetzung gefallen lassen, ehe das Bewußtsein Kenntnis von ihm nahm. Der erste Wortlaut der Angst, den Hans äußerte, war: das Pferd wird mich beißen; er rührt aus einer anderen Szene in Gmunden her, die einerseits Beziehung zum feindseligen Wunsche gegen den Vater hat, anderseits an die Onanieverwarnung erinnert. Es hat sich da ein ablenkender Einfluß geltend gemacht, der vielleicht von den Eltern ausging; ich bin nicht sicher, ob die Berichte über Hans damals sorgfältig genug abgefaßt wurden, um uns entscheiden zu lassen, ob er seiner Angst diesen Ausdruck gegeben, *ehe oder erst nachdem* ihn die Mutter wegen seiner Masturbation zur Rede gestellt hatte. Im Gegensatze zur Darstellung der Krankengeschichte möchte ich das letztere vermuten. Im übrigen ist unverkennbar, daß der feindselige Komplex gegen den Vater bei Hans überall den lüsternen gegen die Mutter verdeckt, sowie er auch in der Analyse zuerst aufgedeckt und erledigt wurde.

In anderen Krankheitsfällen fände sich weit mehr über die Struktur einer Neurose, ihre Entwicklung und Ausbreitung zu sagen, aber die Krankheitsgeschichte unseres kleinen Hans ist sehr kurz; sie wird alsbald nach ihrem Beginne von der Behandlungsgeschichte abgelöst. Wenn die Phobie sich während der Behandlung dann weiter zu entwickeln schien, neue Objekte und neue Bedingungen in ihren Bereich zog, so war der selbst behandelnde Vater natürlich einsichtsvoll genug, darin nur ein Zumvorscheinkommen des bereits Fertigen und nicht eine Neuproduktion, die man der Behandlung zur Last legen könnte, zu erblicken. Auf solche Einsicht darf man dann in anderen Fällen von Behandlung nicht immer rechnen.

Ehe ich diese Synthese für beendigt erkläre, muß ich noch

condo dei complessi appostati nell'inconscio di Hans: quello del parto della madre gravida. Da quel momento in poi il ritorno del rimosso ebbe via libera e avvenne in modo tale che *il materiale patogeno fu rielaborato (trasferito) nel complesso dei cavalli e gli affetti concomitanti parvero mutarsi uniformemente in angoscia.*

È notevole che il contenuto immaginativo attuale della fobia dovesse sopportare ancora un travisamento e una sostituzione prima di diventare una conoscenza di cui la coscienza potesse prendere atto. La prima formulazione della paura espressa da Hans fu: "Il cavallo mi morderà"; l'origine è in un'altra scena di Gmunden, che da una parte è in relazione con i sentimenti ostili verso il padre, dall'altra è un ricordo dell'ammonimento contro l'onanismo. Qui si è fatto valere un influsso deviante che probabilmente è provenuto dai genitori; non sono sicuro che in quel periodo il resoconto su Hans sia stato compilato in modo sufficientemente scrupoloso da metterci in grado di decidere se questa formulazione della sua paura sia avvenuta *prima o soltanto dopo* che la madre si era espressa contro la masturbazione. Opponendomi alla descrizione della storia clinica, propendo per la seconda ipotesi. È del resto evidente che in Hans il complesso ostile verso il padre più che altro nasconde quello legato al suo desiderio della madre, e difatti anche nell'analisi viene scoperto e liquidato per primo.

In altri casi di malattia si troverebbe da dire molto di più sulla struttura della nevrosi, il suo sviluppo e la sua diffusione, ma la storia del nostro piccolo Hans è molto breve; poco dopo il suo inizio a essa subentra la storia del trattamento. Quando, durante il trattamento, la fobia sembrò svilupparsi ulteriormente trascinando nel proprio ambito oggetti nuovi e nuove condizioni, il padre, sufficientemente pratico di trattamenti per esperienza personale, vi ravvisò, naturalmente, solo la comparsa di materiale preesistente, e non la produzione di qualcosa di nuovo imputabile al trattamento. In altri casi di trattamento non sempre si può contare su un acume simile.

Prima che dichiari chiusa questa sintesi, devo ancora

einen andern Gesichtspunkt würdigen, bei dem wir mitten in die Schwierigkeiten der Auffassung neurotischer Zustände geraten werden. Wir sehen, wie unser kleiner Patient von einem wichtigen Verdrängungsschube befallen wird, der gerade seine herrschenden sexuellen Komponenten betrifft.[15] Er entäußert sich der Onanie, er weist mit Ekel von sich, was an Exkremente und an Zuschauen bei den Verrichtungen erinnert. Es sind aber nicht diese Komponenten, welche beim Krankheitsanlasse (beim Anblicke des fallenden Pferdes) angeregt werden, und die das Material für die Symptome, den Inhalt der Phobie, liefern.

Man hat also da Anlaß, eine prinzipielle Unterscheidung aufzustellen. Wahrscheinlich gelangt man zu einem tieferen Verständnisse des Krankheitsfalles, wenn man sich jenen anderen Komponenten zuwendet, welche die beiden letztgenannten Bedingungen erfüllen. Dies sind bei Hans Regungen, die bereits vorher unterdrückt waren und sich, soviel wir erfahren, niemals ungehemmt äußern konnten, feindselig-eifersüchtige Gefühle gegen den Vater und sadistische, Koitusahnungen entsprechende, Antriebe gegen die Mutter. In diesen frühzeitigen Unterdrückungen liegt vielleicht die Disposition für die spätere Erkrankung. Diese aggressiven Neigungen haben bei Hans keinen Ausweg gefunden, und sobald sie in einer Zeit der Entbehrung und gesteigerten sexuellen Erregung verstärkt hervorbrechen wollen, entbrennt jener Kampf, den wir die „Phobie" nennen. Während derselben dringt ein Teil der verdrängten Vorstellungen als Inhalt der Phobie, entstellt und auf einen anderen Komplex überschrieben, ins Bewußtsein; aber kein Zweifel, daß dies ein kümmerlicher Erfolg ist. Der Sieg verbleibt der Verdrängung, die bei dieser Gelegenheit auf andere als die vordringliche Komponente übergreift. Das ändert nichts daran, daß das Wesen des Krankheitszustandes durchaus an die Natur der zurückzuweisenden Trieb-

[15] Der Vater hat sogar beobachtet, daß gleichzeitig mit dieser Verdrängung ein Stück Sublimierung bei ihm eintritt. Er zeigt vom Beginne der Ängstlichkeit an ein gesteigertes Interesse für Musik und entwickelt seine hereditäre musikalische Begabung.

considerare un altro punto di vista, che ci immette direttamente al centro delle difficoltà inerenti alla comprensione degli stati nevrotici. Vediamo come il nostro piccolo paziente venga colto da una poderosa spinta della rimozione, che riguarda proprio le sue componenti sessuali dominanti.[16] Rinuncia all'onanismo, allontana con disgusto tutto quello che ricorda gli escrementi e l'atto di guardare l'evacuazione altrui. Tuttavia non sono queste le componenti che furono stimolate quando si occasionò la malattia (alla vista del cavallo caduto) e che forniscono il materiale per i sintomi, il contenuto della fobia.

A questo punto si ha motivo di enunciare una distinzione di principio. Probabilmente, per comprendere il caso più a fondo, dobbiamo rivolgerci a quelle altre componenti che soddisfano entrambe le condizioni suddette. In Hans questi sono moti che già da prima erano repressi e, per quanto ne sappiamo, non si sono mai potuti manifestare senza inibizioni: i sentimenti di ostilità nei confronti del padre, dovuti alla gelosia, le pulsioni sadiche, corrispondenti a vaghe intuizioni del coito, verso la madre. Queste precoci repressioni probabilmente determinarono la predisposizione di Hans alla malattia che poi si istaurò. In lui queste tendenze aggressive non hanno mai trovato sbocco e non appena hanno tentato di erompere, rafforzate, in un periodo di privazione e di accresciuta eccitazione sessuale, scoppiò quella lotta che chiamiamo "fobia". Durante il suo decorso, una parte delle idee rimosse, travisata e ascritta a un altro complesso, penetra nella coscienza e forma il contenuto della fobia; ma non c'è dubbio che si tratti di un misero risultato. La vittoria resta appannaggio della rimozione, *che in questa circostanza si estende ad altre componenti, oltre che a quelle impellenti*. Questo non cambia niente nel fatto che l'essenza degli stati di malattia resta senz'altro le-

[16] Il padre ha perfino osservato che, contemporaneamente a questa rimozione, ha luogo in lui una parte di sublimazione. Dopo l'inizio dell'ansietà mostra un accresciuto interesse per la musica e sviluppa la sue doti musicali ereditarie.

komponenten gebunden bleibt. Absicht und Inhalt der Phobie ist eine weitgehende Einschränkung der Bewegungsfreiheit, sie ist also eine machtvolle Reaktion gegen die dunklen Bewegungsim pulse, die sich besonders gegen die Mutter wenden wollten. Das Pferd war für den Knaben immer das Vorbild der Bewegungslust („Ich bin ein junges Pferd", sagt Hans im Herumspringen), aber da diese Bewegungslust den Koitusimpuls einschließt, wird die Bewegungslust von der Neurose eingeschränkt und das Pferd zum Sinnbild des Schreckens erhoben. Es scheint, daß den verdrängten Trieben in der Neurose nichts anderes verbleibt als die Ehre, der Angst im Bewußtsein die Vorwände zu liefern. Aber so deutlich auch der Sieg der Sexualablehnung in der Phobie ist, so läßt doch die Kompromißnatur der Krankheit nicht zu, daß das Verdrängte nichts anderes erreiche. Die Phobie vor dem Pferde ist doch wieder ein Hindernis, auf die Gasse zu gehen, und kann als Mittel dienen, um bei der geliebten Mutter im Hause zu bleiben. Darin hat sich also die Zärtlichkeit für die Mutter siegreich durchgesetzt; der Liebhaber klammert sich infolge der Phobie an sein geliebtes Objekt, aber freilich ist nun dafür gesorgt, daß er unschädlich bleibt. In diesen beiden Wirkungen offenbart sich die eigentliche Natur einer neurotischen Erkrankung.

Alf. Adler hat kürzlich in einer gedankenreichen Arbeit,[16] der ich vorhin die Bezeichnung Triebverschränkung entnommen habe, ausgeführt, daß die Angst durch die Unterdrückung des von ihm sogenannten „Aggressionstriebes" entstehe, und in weitumfassender Synthese diesem Triebe die Hauptrolle im Geschehen, „im Leben und in der Neurose" zugewiesen. Wenn wir zum Schlusse gelangt sind, daß in unserem Falle von Phobie die Angst durch die Verdrängung jener Aggressionsneigungen, der feindseligen gegen den Vater und der sadistischen gegen die Mutter, zu erklären sei, scheinen wir eine eklatante Bestätigung für die Anschauung Adlers erbracht zu haben. Und doch kann ich derselben, die ich für eine irreführende Verallgemeinerung halte, nicht beipflichten. Ich kann mich nicht entschließen, einen besonderen Aggressions-

16 S. o.

gata alla natura delle componenti pulsionali che sono da respingere. Intento e insieme contenuto della fobia è un'ampia riduzione della libertà di movimento, cioè una potente reazione agli oscuri impulsi di movimento che tendenzialmente si rivolgevano, in particolare, alla madre. Il cavallo era sempre stato, per il bambino, il prototipo del piacere legato al movimento ("Sono un cavallino," dice Hans, saltando in su e in giù) ma poiché questo piacere legato al movimento include il coito, la nevrosi lo riduce, elevando il cavallo a emblema del terrore. Sembra che, nelle nevrosi, agli impulsi rimossi non resti che l'onore di fornire all'angoscia i pretesti per irrompere nella coscienza. Ma per quanto nella fobia possa esser chiara la vittoria del rifiuto della sessualità, la natura compromissoria della malattia non impedisce al rimosso di ottenere qualche altra cosa. La fobia del cavallo, essendo un impedimento ad andare per strada, può servire come mezzo per rimanere a casa, vicino all'amata madre. Quindi la tenerezza per la madre si è vittoriosamente imposta; l'innamorato, in seguito alla fobia, resta aggrappato all'oggetto amato, ma chiaramente ci resta dopo aver preso tutte le precauzioni per essere inoffensivo. In questi due effetti si estrinseca la vera natura di una malattia nevrotica.

A. Adler, in un lavoro ricco di idee,[17] dal quale ho ricavato il termine "intreccio pulsionale", ha recentemente sostenuto che l'angoscia dipende dalla repressione di quello che ha denominato "impulso aggressivo", e al quale, in una vasta sintesi, ha assegnato la principale responsabilità di ciò che accade "nella vita e nella nevrosi". Concludendo che nel nostro caso di fobia l'angoscia vada spiegata con la rimozione delle tendenze aggressive, ostili nei confronti del padre e sadiche nei confronti della madre, sembriamo aver fornito alla visione di Adler una formidabile pezza d'appoggio. Eppure non posso concordare con questa che ritengo una generalizzazione fuorviante. Non posso decider-

[17] A. Adler, *op. cit.*, cfr. p. 241.

trieb neben und gleichberechtigt mit den uns vertrauten Selbsterhaltungs- und Sexualtrieben anzunehmen.[17] Es scheint mir, daß Adler einen allgemeinen und unerläßlichen Charakter aller Triebe, eben das „Triebhafte", Drängende in ihnen, was wir als die Fähigkeit, der Motilität Anstoß zu geben, beschreiben können, zu einem besonderen Triebe mit Unrecht hypostasiert habe. Von den anderen Trieben erübrigte dann nichts anderes als die Beziehung zu einem Ziele, nachdem ihnen die Beziehung zu den Mitteln, dieses Ziel zu erreichen, durch den „Aggressionstrieb" abgenommen wird; trotz all der Unsicherheit und Ungeklärtheit unserer Trieblehre, möchte ich vorläufig an der gewohnten Auffassung festhalten, welche jedem Triebe sein eigenes Vermögen, aggressiv zu werden, beläßt, und in den beiden bei unserem Hans zur Verdrängung gelangenden Trieben würde ich altbekannte Komponenten der sexuellen Libido erkennen.

3

Ehe ich nun in die voraussichtlich kurz gehaltenen Erörterungen eintrete, was aus der Phobie des kleinen Hans allgemein Wertvolles für Kinderleben und Kindererziehung zu entnehmen ist, muß ich dem lange aufgesparten Einwande begegnen, der uns mahnt, daß Hans ein Neurotiker, Hereditarier, Dégéneré ist, kein normales Kind, von dem aus auf andere Kinder übertragen werden darf. Es tut mir lange schon leid, daran zu denken, wie alle die Bekenner des „Normalmenschen" unseren armen kleinen Hans mißhandeln werden, nachdem sie

[17] [*Zusatz 1923:*] Das im Text Stehende ist zu einer Zeit geschrieben worden, da Adler noch auf dem Boden der Psychoanalyse zu stehen schien, vor seiner Aufstellung des männlichen Protests und seiner Verleugnung der Verdrängung. Ich habe seither auch einen „Aggressionstrieb" statuieren müssen, der nicht mit dem Adler'schen zusammenfällt. Ich ziehe es vor, ihn „Destruktions- oder „Todestrieb" zu heißen („Jenseits des Lustprinzips", „Das Ich und das Es"). Sein Gegensatz zu den libidinösen Trieben kommt in der bekannten Polarität von Lieben und Hassen zum Ausdruck. Auch mein Widerspruch gegen die Adler'sche Aufstellung, die einen allgemeinen Charakter der Triebe überhaupt zu Gunsten eines einzigen beeinträchtigt, bleibt aufrecht.

mi a postulare una particolare pulsione aggressiva accanto, e sullo stesso piano, di quelle pulsioni di autoconservazione e sessuali che ci sono familiari.[18] Mi sembra che Adler abbia, a torto, assegnato a una pulsione particolare quello che è un carattere generale e indispensabile di tutte le pulsioni, l'aspetto, appunto, "impulsivo", urgente che c'è in loro, quello che potremmo descrivere come la loro capacità di avviare la motilità. Delle altre pulsioni, allora, non resterebbe altro che la relazione a uno scopo, dopo che dall'"impulso aggressivo" è stata loro sottratta la relazione ai mezzi per raggiungere questo scopo; nonostante tutta l'insicurezza e la mancanza di chiarezza della nostra teoria delle pulsioni, attualmente preferisco attenermi alla concezione usuale, che lascia a ogni pulsione la propria facoltà di diventare aggressiva, e nelle due pulsioni soggette, nel nostro Hans, a rimozione riconosce ben note componenti della libido sessuale.

3

Prima di addentrarmi nelle considerazioni, che prevedo brevi, sull'insegnamento da trarre dalla fobia del piccolo Hans per la vita e l'educazione del bambino, devo trattare l'obiezione, a lungo accantonata, che ci ammonisce che il piccolo Hans è un nevrotico tarato ereditariamente, non un bambino normale, dal quale si possa desumere qualcosa di valido per gli altri. Penso già da molto con dispiacere a come tutti i sostenitori dell'"uomo normale" maltratteranno il nostro povero piccolo Hans, dopo aver saputo che

[18] (Nota aggiunta nel 1923): Quanto riferito nel testo, è stato scritto in un periodo in cui Adler sembrava ancora trovarsi sul terreno della psicoanalisi, prima che enunciasse la protesta virile e rinnegasse la rimozione. Da allora ho dovuto anch'io postulare una "pulsione aggressiva", che comunque non coincide con quella adleriana. Preferisco chiamarla pulsione di distruzione o di morte(*Al di là del principio di piacere* e *L'Io e l'Es*). Il suo antagonismo con le pulsioni libidiche si esprime nella nota polarità di amore e odio. Anche la mia opposizione all'enunciato di Adler, che riduce a vantaggio di una sola pulsione un carattere generale delle pulsioni, resta inalterata.

erst erfahren haben, daß ihm tatsächlich hereditäre Belastung nachgewiesen werden kann. Seiner schönen Mutter, die in einem Konflikte ihrer Mädchenzeit neurotisch erkrankte, hatte ich damals Hilfe geleistet, und dies war sogar der Anfang meiner Beziehungen zu seinen Eltern. Ich getraue mich nur ganz schüchtern, einiges zu seinen Gunsten vorzubringen.

Zunächst, daß Hans nicht das ist, was man sich nach der strengen Observanz unter einem degenerierten, zur Nervosität erblich bestimmten Kinde vorstellen würde, sondern vielmehr ein körperlich wohlgebildeter, heiterer, liebenswürdiger und geistig reger Geselle, an dem nicht nur der eigene Vater seine Freude haben kann. An seiner sexuellen Frühreife freilich ist kein Zweifel, aber es fehlt da viel Vergleichsmaterial zum richtigen Urteile. Aus einer Sammeluntersuchung aus amerikanischer Quelle habe ich z. B. ersehen, daß ähnlich frühe Objektwahl und Liebesempfinden bei Knaben nicht gar so selten angetroffen wird, und aus der Kindergeschichte von später als „groß" erkannten Männern weiß man das nämliche, so daß ich meinen möchte, die sexuelle Frühreife sei ein selten fehlendes Korrelat der intellektuellen, und darum bei begabten Kindern häufiger anzutreffen, als man erwarten sollte.

Ferner mache ich in meiner eingestandenen Parteilichkeit für den kleinen Hans geltend, daß er nicht das einzige Kind ist, das zu irgend einer Zeit seiner Kinderjahre von Phobien befallen wird. Solche Erkrankungen sind bekanntlich ganz außerordentlich häufig, auch bei Kindern, deren Erziehung an Strenge nichts zu wünschen übrig läßt. Die betreffenden Kinder werden später entweder neurotisch, oder sie bleiben gesund. Ihre Phobien werden in der Kinderstube niedergeschrien, weil sie der Behandlung unzugänglich und gewiß sehr unbequem sind. Sie lassen dann im Laufe von Monaten oder Jahren nach, heilen anscheinend; welche psychischen Veränderungen eine solche Heilung bedingt, welche Charakterveränderungen mit ihr verknüpft sind, darin hat niemand Einsicht. Wenn man dann einmal einen erwachsenen Neurotiker in psychoanalytische Behandlung nimmt, der, nehmen wir an, erst in reifen Jahren manifest erkrankt ist, so erfährt man regelmäßig, daß seine Neurose an jene Kinderangst anknüpft, die Fortsetzung derselben darstellt, und daß also eine unausgesetzte, aber auch ungestörte psychische Arbeit sich von jenen Kinder-

effettivamente si può reperire in lui una tara ereditaria. Un tempo, e questo fu l'inizio del mio rapporto con i suoi genitori, avevo prodigato aiuto alla sua bella madre che in un conflitto dell'età giovanile, si era ammalata nevroticamente. Oserò solo timidamente addurre qualche considerazione a favore di Hans.

In primo luogo che Hans non è quello che, a rigor di termini, si intende con un bambino tarato, predisposto ereditariamente alla malattia nervosa, ma è un tipo fisicamente gradevole, sereno, amabile e mentalmente sveglio, che piace, e non solo al proprio padre. Sulla sua precocità sessuale non ci sono dubbi; ma qui, per giudicare correttamente, ci manca molto materiale. Da una ricerca collettiva di fonte americana ho ricavato, per esempio, che non è così raro riscontrare nei bambini una scelta oggettuale e una sensibilità amorosa altrettanto precoci, e lo stesso si può constatare nell'infanzia di quelli che sono poi passati alla storia come "grandi" uomini; perciò debbo pensare che la precocità sessuale sia quasi sempre un correlato di quella intellettuale e quindi, nei bambini dotati, riscontrabile più frequentemente di quanto ci si potrebbe aspettare.

Inoltre, nella mia confessa parzialità per il piccolo Hans, faccio notare che non è il solo bambino a essere colpito da fobie in un dato momento dell'infanzia. Tali malattie sono notoriamente del tutto frequenti, anche in bambini la cui educazione non ha lasciato niente a desiderare quanto a severità. Più tardi i bambini in questione diventeranno nevrotici oppure rimarranno sani. Siccome sono refrattarie alla cura e certamente molto scomode, le loro fobie vengono trattate subissandole di sgridate. Nel giro di mesi o anni diminuiscono e apparentemente guariscono; quali modificazioni psichiche e caratteriali determini una guarigione di questo tipo, nessuno lo sa. Quando si tratta psicoanaliticamente un adulto nevrotico che supponiamo si sia ammalato in modo manifesto solo in età matura, regolarmente si sperimenta che la sua nevrosi si ricollega a

konflikten an durchs Leben fortgesponnen hat, ohne Rücksicht darauf, ob deren erstes Symptom Bestand hatte oder unter dem Drange der Verhältnisse zurückgezogen wurde. Ich meine also, unser Hans ist vielleicht nicht stärker erkrankt gewesen als so viele andere Kinder, die nicht als „Degenerierte" gebrandmarkt werden; aber da er ohne Einschüchterung, mit möglichster Schonung und möglichst geringem Zwang erzogen wurde, hat sich seine Angst kühner hervorgewagt. Die Motive des schlechten Gewissens und der Furcht vor der Strafe haben ihr gefehlt, die sonst gewiß zu ihrer Verkleinerung beitragen. Mir will scheinen, wir geben zu viel auf Symptome und kümmern uns zu wenig um das, woraus sie hervorgehen. In der Kindererziehung gar wollen wir nichts anderes als in Ruhe gelassen werden, keine Schwierigkeiten erleben, kurz, das brave Kind züchten und achten sehr wenig darauf, ob dieser Entwicklungsgang dem Kinde auch frommt Ich könnte mir also vorstellen, daß es heilsam für unseren Hans war, diese Phobie produziert zu haben, weil sie die Aufmerksamkeit der Eltern auf die unvermeidlichen Schwierigkeiten lenkte, welche die Überwindung der angeborenen Triebkomponenten in der Kulturerziehung dem Kinde bereiten muß, und weil diese seine Störung die Hilfeleistung des Vaters nach sich zog. Vielleicht hat er nun vor anderen Kindern das voraus, daß er nicht mehr jenen Keim verdrängter Komplexe in sich trägt, der fürs spätere Leben jedesmal etwas bedeuten muß, der gewiß Charakterverbildung in irgend einem Ausmaße mit sich bringt, wenn nicht die Disposition zu einer späteren Neurose. Ich bin geneigt, so zu denken, aber ich weiß nicht, ob noch viele andere mein Urteil teilen werden, weiß auch nicht, ob die Erfahrung mir recht geben wird.

Ich muß aber fragen, was hat nun bei Hans das Anslichtziehen der nicht nur von den Kindern verdrängten, sondern auch von den Eltern gefürchteten Komplexe geschadet? Hat der Kleine nun etwa Ernst gemacht mit seinen Ansprüchen auf die Mutter, oder sind an Stelle der bösen Absichten gegen den Vater Tätlichkeiten getreten? Sicherlich werden das viele befürchtet haben, die das Wesen der Psychoanalyse verkennen und meinen,

quella angoscia infantile, costituendone la prosecuzione, e quindi che un lavoro psichico continuo e indisturbato ha continuato a svilupparsi nel corso della vita a partire da quei conflitti infantili, nell'indifferenza per la persistenza del primo sintomo o per la sua scomparsa sotto il peso degli avvenimenti. Penso dunque che il nostro Hans non sia stato più gravemente malato di tanti altri bambini, che non vengono bollati come "tarati"; ma che la sua angoscia si sia mostrata più audacemente perché era stato educato senza intimidazioni, con più riguardi e meno costrizioni possibili. Non aveva né rimorso di coscienza né timore delle punizioni, che sicuramente comportano un ridimensionamento dell'angoscia. Mi sembra che diamo troppa importanza ai sintomi e ci preoccupiamo troppo poco della loro origine. Nell'educare i bambini il nostro unico scopo è quello di esser lasciati in pace, di non aver problemi, in breve, alleviamo il bravo bambino, senza preoccuparci affatto che questo processo di sviluppo giovi o meno anche a lui. Immagino che per Hans sia stato salutare produrre questa fobia, sia perché essa ha attirato l'attenzione dei genitori sulle inevitabili difficoltà comportate dal superamento delle componenti pulsionali innate durante l'educazione del bambino, sia perché questo suo disturbo ha fatto accorrere il padre in suo aiuto. Forse ora ha sugli altri bambini il vantaggio di non portarsi più dentro quel germe di complessi rimossi che successivamente ha il suo peso nella vita, che sicuramente comporta un qualche mutamento caratteriale, se non proprio la disposizione a una successiva nevrosi. Sono incline a pensare in questi termini; non so se molti condivideranno il mio giudizio né se i fatti mi daranno ragione.

Mi chiedo solo questo: "Che danno ha provocato a Hans il fatto di portare alla luce complessi, non solo rimossi dai bambini, ma anche temuti dai genitori? È forse successo che il piccolo abbia davvero avanzato pretese nei confronti della madre o tradotto in pratica le cattive intenzioni verso il padre?" È quello che avranno temuto i molti che travisano l'essenza della psicoanalisi e pensano che rendere co-

man verstärke die bösen Triebe, wenn man sie bewußt mache. Diese Weisen handeln dann nur konsequent, wenn sie um Gotteswillen von jeder Beschäftigung mit den bösen Dingen abraten, die hinter den Neurosen stecken. Sie vergessen dabei allerdings, daß sie Ärzte sind, und geraten in eine fatale Ähnlichkeit mit Shakespeares Holzapfel in „Viel Lärm um nichts", der der ausgeschickten Wache gleichfalls den Rat gibt, sich von jeder Berührung mit den etwa angetroffenen Dieben, Einbrechern recht fernzuhalten. Solches Gesindel sei kein Umgang für ehrliche Leute.[18]

Die einzigen Folgen der Analyse sind vielmehr, daß Hans gesund wird, sich vor Pferden nicht mehr fürchtet, und daß er mit seinem Vater, wie dieser belustigt mitteilt, eher familär verkehrt. Aber was der Vater an Respekt etwa einbüßt, das gewinnt er an Vertrauen zurück: „Ich hab' geglaubt, du weißt alles, weil du das vom Pferd gewußt hast." Die Analyse macht nämlich den Erfolg der Verdrängung nicht rückgängig; die Triebe, die damals unterdrückt wurden, bleiben die unterdrückten, aber sie erreicht diesen Erfolg auf anderem Weg, ersetzt den Prozeß der Verdrängung, der ein automatischer und exzessiver ist, durch die maß- und zielvolle Bewältigung mit Hilfe der höchsten seelischen Instanzen, mit einem Worte: sie ersetzt die Verdrängung durch die Verurteilung. Sie scheint uns den lang gehegten Beweis zu erbringen, daß das Bewußtsein eine biologische Funktion hat, daß mit seinem Insspieltreten ein bedeutsamer Vorteil verbunden ist.[19]

Hätte ich allein die Verfügung darüber gehabt, so hätte ich's gewagt, dem Kinde auch noch die eine Aufklärung zu geben, welche ihm von den Eltern vorenthalten wurde. Ich hätte seine

[18] Ich kann die verwunderte Frage hier nicht unterdrücken, woher diese Gegner meiner Anschauungen ihr so sicher vorgetragenes Wissen beziehen, ob die verdrängten Sexualtriebe eine Rolle in der Ätiologie der Neurosen spielen und welche, wenn sie den Patienten den Mund verschließen, sobald sie von ihren Komplexen und deren Abkömmlingen zu reden beginnen? Meine und meiner Anhänger Mitteilungen sind ja dann die einzige Wissenschaft, die ihnen zugänglich bleibt.

[19] [*Zusatz 1923:*] Ich gebrauche hiedurch das Wort Bewußtsein in einem Sinne, den ich später vermieden habe, für unser normales bewußtseinsfähiges Denken. Wir wissen, daß auch solche Denkprozesse vorbewußt vor sich gehen können und tun gut, deren „Bewußtsein" rein phänomenologisch zu werten. Natürlich wird der Erwartung, auch das Bewußtwerden erfülle eine biologische Funktion, hiemit nicht widersprochen.

scienti i cattivi impulsi significhi rinforzarli. Dunque queste sagge persone non fanno che seguire la coerenza quando, per l'amor di Dio, sconsigliano di occuparsi delle cosacce che stanno dietro a una nevrosi. In questo modo, per la verità, dimenticano di essere medici e finiscono per assomigliare fatalmente al Sanguinello shakespeariano di *Molto rumore per nulla*, il quale consiglia alla ronda di guardarsi da ogni contatto con i ladri e gli scassinatori nei quali si imbatte. Una simile marmaglia non è la compagnia adatta per gente onesta.[19]

Le uniche conseguenze dell'analisi sono piuttosto che Hans guarisce, non ha più paura dei cavalli, si comporta in modo più confidenziale con il padre, come riferisce quest'ultimo divertito. Ma ciò che il padre perde in rispetto, lo riguadagna in fiducia: "Ho pensato che tu sapessi tutto, visto che sapevi quella cosa del cavallo". L'analisi, insomma, non annulla l'effetto della rimozione; gli impulsi che erano stati repressi rimangono tali, ma questo risultato viene raggiunto in un altro modo, sostituendo il processo della rimozione, che è automatico ed eccessivo, con un dominio graduale e mirato, grazie all'aiuto delle più nobili istanze psichiche, in altre parole: sostituisce la rimozione con la condanna. Ci sembra fornisca la prova, a lungo inseguita, che la coscienza ha una funzione biologica, che quando entra in gioco si produce un importante giovamento.[20]

Se fosse dipeso da me, avrei osato dare al bambino anche quell'unica spiegazione che i genitori gli hanno negato.

[19] Non posso fare a meno di chiedermi stupito da dove gli oppositori delle mie vedute ricavino il loro sapere, declamato con tanta sicurezza, sul problema se le pulsioni sessuali rimosse giochino un ruolo, e quale, nell'etiologia delle nevrosi, visto che chiudono la bocca ai pazienti non appena cominciano a parlare dei loro complessi e derivati. L'unica conoscenza che hanno a disposizione sono le comunicazioni mie e dei miei seguaci.

[20] (Aggiunta del 1923): Adopero qui la parola coscienza in un senso che più tardi ho evitato, per la nostra normale attività di pensiero conscio. Sappiamo che anche questi processi di pensiero possono verificarsi in modo preconscio ed è bene valutare dal punto di vista puramente fenomenologico il loro "essere consci". Naturalmente questo non contraddice l'aspettativa che anche il diventar conscio adempia una funzione biologica.

triebhaften Ahnungen bestätigt, indem ich ihm von der Existenz der Vagina und des Koitus erzählt hätte, so den ungelösten Rest um ein weiteres Stück verkleinert und seinem Fragedrang ein Ende gemacht. Ich bin überzeugt, er hätte weder die Liebe zur Mutter noch sein kindliches Wesen infolge dieser Aufklärungen verloren und hätte eingesehen, daß seine Beschäftigung mit diesen wichtigen, ja imposanten Dingen nun ruhen muß, bis sich sein Wunsch, groß zu werden, erfüllt hat. Aber das pädagogische Experiment wurde nicht so weit geführt.

Daß man zwischen „nervösen" und „normalen" Kindern und Erwachsenen keine scharfe Grenze ziehen darf, daß „Krankheit" ein rein praktischer Summationsbegriff ist, daß Disposition und Erleben zusammentreffen müssen, um die Schwelle für die Erreichung dieser Summation überschreiten zu lassen, daß infolgedessen fortwährend viele Individuen aus der Klasse der Gesunden in die der nervös Kranken übertreten und eine weit geringere Anzahl den Weg auch in umgekehrter Richtung macht, das sind Dinge, die so oft gesagt worden sind und soviel Anklang gefunden haben, daß ich mit ihrer Behauptung gewiß nicht allein stehe. Daß die Erziehung des Kindes einen mächtigen Einfluß geltend machen kann, zugunsten oder ungunsten der bei dieser Summation in Betracht kommenden Krankheitsdisposition, ist zum mindesten sehr wahrscheinlich, aber was die Erziehung anzustreben und wo sie einzugreifen hat, das erscheint noch durchaus fragwürdig. Sie hat sich bisher immer nur die Beherrschung, oft richtiger Unterdrückung der Triebe zur Aufgabe gestellt; der Erfolg war kein befriedigender und dort, wo es gelang, geschah es zum Vorteil einer kleinen Anzahl bevorzugter Menschen, von denen Triebunterdrückung nicht gefordert wird. Man fragte auch nicht danach, auf welchem Wege und mit welchen Opfern die Unterdrückung der unbequemen Triebe erreicht wurde. Substituiert man dieser Aufgabe eine andere, das Individuum mit der geringsten Einbuße an seiner Aktivität kulturfähig und sozial verwertbar zu machen, so haben die durch die Psychoanalyse gewonnenen Aufklärungen über die Herkunft der pathogenen Komplexe und über den Kern einer jeden Neurose eigentlich den Anspruch, vom Erzieher als unschätzbare

Avrei confermato le sue intuizioni istintive parlandogli dell'esistenza della vagina e del coito, per ridurre ancora di più i residui irrisolti e metter fine all'assillo di domande. Sono convinto che questa spiegazione non avrebbe fatto venir meno né il suo amore per la madre, né i suoi connotati infantili, ma gli avrebbe fatto riconoscere che il suo interesse per queste importanti, anzi, imponenti, questioni doveva essere rinviato fino al momento in cui il suo desiderio di diventar grande si sarebbe realizzato. Ma l'esperimento pedagogico non fu spinto fino a quel punto.

Che nei bambini, come negli adulti, non si possa tracciare un confine netto tra "nervosi" e "normali", che quello di "malattia" sia un concetto del tutto convenzionale definito estensionalmente che predisposizione ed esperienza di vita debbano incontrarsi per far attraversare la soglia che incrementa questa estensione, che, di conseguenza, molti individui passino continuamente dalla classe dei sani a quella dei malati di nervi e un numero molto minore compia il cammino anche in senso inverso, son cose così spesso dette e largamente accettate, che la loro affermazione sicuramente non fa di me un caso isolato. Che l'educazione del bambino possa esercitare un forte influsso a favore o a sfavore della disposizione che decide l'inclusione nella classe dei malati è, come minimo, molto probabile, ma cosa debba perseguire l'educazione e dove debba intervenire è ancora assolutamente incerto. Finora ha sempre e solo avuto il compito di dominare, spesso, più esattamente, di reprimere le pulsioni; il risultato non è stato soddisfacente e dove il successo c'è stato, è stato esclusivo appannaggio di una esigua minoranza di privilegiati, che non rivelano repressione pulsionale. Naturalmente non ci si è neanche chiesti attraverso quali strade e con quali sacrifici si pervenga a reprimere le pulsioni scomode. Se a questo compito sostituiamo l' altro, quello di rendere un individuo civile e adatto al vivere sociale influenzando la sua attività il meno possibile, allora i chiarimenti sull'origine dei complessi patogeni e sul nucleo di ciascuna nevrosi ottenuti con la psicoanalisi hanno tutto il diritto di essere considerati dall'educatore suggerimenti di inestimabile valore nel

Winke für sein Benehmen gegen das Kind gewürdigt zu werden. Welche praktischen Schlüsse sich hieraus ergeben, und inwieweit die Erfahrung die Anwendung derselben innerhalb unserer sozialen Verhältnisse rechtfertigen kann, dies überlasse ich anderen zur Erprobung und Entscheidung.

Ich kann von der Phobie unseres kleinen Patienten nicht Abschied nehmen, ohne die Vermutung auszusprechen, welche mir deren zur Heilung führende Analyse besonders wertvoll macht. Ich habe aus dieser Analyse, streng genommen, nichts Neues erfahren, nichts, was ich nicht schon, oft in weniger deutlicher und mehr vermittelter Weise, bei anderen im reifen Alter behandelten Patienten hatte erraten können. Und da die Neurosen dieser anderen Kranken jedesmal auf die nämlichen infantilen Komplexe zurückzuführen waren, die sich hinter der Phobie Hansens aufdecken ließen, bin ich versucht, für diese Kinderneurose eine typische und vorbildliche Bedeutung in Anspruch zu nehmen, als ob die Mannigfaltigkeit der neurotischen Verdrängungserscheinungen und die Reichhaltigkeit des pathogenen Materials einer Ableitung von sehr wenigen Prozessen an den nämlichen Vorstellungskomplexen nicht im Wege stünden.

comportamento da tenere verso il bambino. Quali risultati pratici ne scaturiscano e fino a che punto l'esperienza possa giustificarne l'applicazione entro il nostro sistema sociale, lo lascio giudicare e decidere ad altri.

Non posso prendere congedo dalla fobia del nostro piccolo paziente senza formulare la supposizione che per me costituisce il valore peculiare dell'analisi conclusasi con la guarigione.

A rigor di termini, da quest'analisi non ho appreso nulla di nuovo, niente che non avessi potuto già indovinare, spesso in modo meno chiaro e più mediato, da altri pazienti curati in età matura. E poiché le nevrosi di questi altri malati erano ogni volta riconducibili agli stessi complessi infantili portati alla luce dietro la fobia di Hans, sono tentato di rivendicare a queste nevrosi infantili un significato tipico, di prototipo, come se la varietà dei fenomeni nevrotici di rimozione e l'abbondanza del materiale patogeno non impedissero una derivazione da pochissimi processi riguardanti gli stessi complessi rappresentativi.

NACHSCHRIFT ZUR ANALYSE DES KLEINEN HANS

Vor einigen Monaten — im Frühjahr des Jahres 1922 — stellte sich mir ein junger Mann vor und erklärte, er sei der „kleine Hans", über dessen kindliche Neurose ich im Jahre 1909 berichtet hatte. Ich war sehr froh, ihn wiederzusehen, denn er war mir etwa zwei Jahre nach Abschluß seiner Analyse aus den Augen geraten und ich hatte seit länger als einem Jahrzent nichts von seinen Schicksalen erfahren. Die Veröffentlichung dieser ersten Analyse an einem Kinde hatte viel Aufsehen und noch mehr Entrüstung hervorgerufen und dem armen Jungen war großes Unheil prophezeit worden, weil er in so zartem Alter „entharmlost" und zum Opfer einer Psychoanalyse gemacht worden war.

Nichts von all diesen Befürchtungen ist aber eingetroffen. Der kleine Hans war jetzt ein stattlicher Jüngling von 19 Jahren. Er behauptete, sich durchaus wohl zu befinden und an keinerlei Beschwerden oder Hemmungen zu leiden. Er war nicht nur ohne Schädigung durch die Pubertät gegangen, sondern hatte auch eine der schwersten Belastungsproben für sein Gefühlsleben gut bestanden. Seine Eltern hatten sich voneinander geschieden und jeder Teil eine neue Ehe geschlossen. Er lebe infolgedessen allein, stehe aber mit beiden Eltern gut und bedaure nur, daß er durch die Auflösung der Familie von seiner lieben jüngeren Schwester getrennt worden sei.

Eine Mitteilung des kleinen Hans war mir besonders merkwürdig. Ich getraue mich auch nicht, eine Erklärung für sie zu geben. Als er seine Krankengeschichte las, erzählte er, es sei ihm alles fremd vorgekommen, er erkannte sich nicht, konnte sich an nichts erinnern, und nur als er auf die Reise nach Gmunden

POSCRITTO ALL'ANALISI DEL PICCOLO HANS

Qualche mese fa – nel febbraio del 1922 – mi si presentò un giovane dicendo di essere il "piccolo Hans", sulla cui nevrosi infantile avevo pubblicato nel 1909. Fui molto felice di rivederlo, perché due anni dopo la conclusione dell'analisi lo persi di vista e per più di un decennio non avevo saputo nulla di lui. La pubblicazione di questa prima analisi condotta su di un bambino fece molto scalpore e suscitò collera in misura anche maggiore; gli era stata profetizzata una grande sventura perché nell'"ingenuità" della sua tenera età era stato vittima di una psicoanalisi.

Ma nessuna delle cose temute si era verificata. Il piccolo Hans era adesso un prestante giovanotto di 19 anni. Mi disse che stava bene e che non soffriva di disturbi o inibizioni di nessun tipo. Non solo aveva attraversato senza danno la pubertà, ma aveva anche superato una delle più dure prove della sua vita affettiva. I genitori si erano separati e si erano entrambi risposati. Lui perciò viveva da solo, anche se era rimasto in buoni rapporti con loro; quello che gli dispiaceva era che lo scioglimento della famiglia lo avesse separato dalla sorella più giovane, alla quale era molto affezionato.

Fra le cose che mi disse, una mi parve particolarmente interessante. Non oso neanche darne una spiegazione. Raccontò che quando lesse la sua storia clinica non si ricordava di nulla e solo l'episodio del viaggio a Gmunden,

stieß, dämmerte ihm etwas wie ein Schimmer von Erinnerung auf, das könnte er selbst gewesen sein. Die Analyse hatte also die Begebenheit nicht vor der Amnesie bewahrt, sondern war selbst der Amnesie verfallen. Ähnlich ergeht es dem mit der Psychoanalyse Vertrauten manchmal im Schlafe. Er wird durch einen Traum geweckt, beschließt ihn ohne Aufschub zu analysieren, schläft, mit dem Ergebnis seiner Bemühung zufrieden, wieder ein und am nächsten Morgen sind Traum und Analyse vergessen.

gli fece balenare qualcosa, quasi un barlume di ricordo che potesse trattarsi di lui. L'analisi perciò non aveva protetto l'evento dall'amnesia, era essa stessa soggiaciuta all'amnesia. A chi abbia familiarità con la psicoanalisi, qualcosa di simile succede a volte nel sonno. Si sveglia da un sogno, decide di analizzarlo senza indugio, si riaddormenta, soddisfatto del risultato della propria fatica, e la mattina dopo sogno e analisi sono dimenticati.

Indice

Made in United States
Troutdale, OR
11/03/2026

56845265R00196